잠언으로 여는 365일

잠언으로 여는 365일

조용기 지음

개정판(합본) 1쇄 발행 2013년 5월 1일
개정판(합본) 7쇄 발행 2020년 7월 20일

편 집 인   김호성
발 행 처   서울말씀사

출판등록   제2016-000172호
주   소   서울시 영등포구 여의도동 11
           여의도순복음교회 제1교육관 4층
전   화   02-846-9222
팩   스   02-846-9225

본서의 저작권과 판권은
서울말씀사 소유이며 무단 전재, 복제를 금합니다.

생명으로 여는 365일

정진 목요일로 시작하는 지혜로운 마음

사랑이 / 조용기 엮음

사랑말씀사

머리말

하나님 아버지께 영광돌리면서 이 시대를 이끌어 가실 세대를 진심으로 사랑하면서(요 3:16)이 글을 썼습니다. 이는 예수님으로 인하여 자신이 구원받았고 성령님의 인도를 받아 믿음생활(히 11:1)하고 있습니다. 이들 청소년들을 더욱 사랑해야 하겠습니다. 예수님을 닮아가면서 사랑으로 세대를 이끌어가는 꿈을 가지고 살아가는 청소년 시대를 열어 갈 주인공들입니다.

"무릇 지킬만한 것보다 더욱 네 마음을 지키라 생명의 근원이 이에서 남이니라(잠 4:23)."

내가 가장 사랑하는 우리 이 땅의 청소년 한 장 한 장에 마음을 담아 십대에게 실제적으로 부탁하고 싶은 글들을 체계적으로 나타내고 싶었습니다. 상황별로 꼭 필요한 말들을 담아 청소년기에 이해해야 할 믿음생활과 특히 가정과 이성교재 진로와 대학진학에 관한 점들을 보다 더 깊이 다루고 싶었습니다. 그러므로 매일 매일 이 시대의 청소년들이 깊이 생각해야 할 점들을 매일 공급하고자 했습니다. 그래서 상황별로 매일 한 장씩의 말씀을 깊이 생각하는 시간을 가져야 할 청소년 시기에 많은 도움이 되리라 믿습니다.

이 시대의 말씀을 깊이 읽히고 깊이 묵상하는 것입니다.

이 시대의 부모님들이나 교사 모든 분들에게 자녀와 학생들을 깊이 사랑할 수 있는 계기가 되기를 간절히 바랍니다. 특히 외로 움과 미래와 함께 변화의 물결 속에 살아가는 청소년들을 매일 짐심으로 사랑하며 함께 하는 공감대를 이루어야 합니다. 그래서 단순한 만남이 아니라 함께 고민하며 이해하는 분위기의 만남에서 격려와 소망으로 깊이 기도할 수 있어야 합니다. 특히 믿음의 선배로써 어떻게 지도할까에 대하여 진지하게 담아내고자 하는 정성 을 담았습니다.

이 책이 아무쪼록 이 시대의 자녀를 이해하는 사랑으로 동기부 여가 되시기 바랍니다. 가능한 매일 매일 365일 한 장씩이 계속될 수 있도록 이끌어 주세요. 그래서 이 세대를 이끌어 가는 청소년들이 진정한 꿈과 희망이 되기를 기원합니다.

2000년 12월
늘 너를 사랑하는
에버그린성경교회
청사 조용기

잠언으로 여는 365일

(1월~6월)

잠언으로 여는 365일

1월

"여호와를 경외하는 것이 지식의 근본이어늘 미련한 자는 지혜와 훈계를 멸시하느니라"

"다윗의 아들 이스라엘 왕 솔로몬의 잠언이라 이는 지혜와
훈계를 알게 하며 명철의 말씀을 깨닫게 하며"

잠 1:1-2

1월 1일

"지식은 박식함을 자랑하지만, 지혜는 자신의 무지를 부끄러워한다"

이 말은 영국 시인 쿠퍼의 "한겨울 낮의 산책"이란 시에 나오는 구절입니다.

지식은 얄팍한 박식을 뽐내는 것에 지나지 않지만, 진정한 지혜는 예리한 통찰력과 풍부한 경험을 가지고 사물을 정확히 판단하며, 모든 일을 큰 성공으로 이끌 수 있게 처리하는 능력을 의미합니다. 특히 자신이 지닌 것을 경박하게 자랑하지 않고, 오히려 겸허한 태도를 취하는 것을 의미합니다.

예수 그리스도를 믿는 성도는 하나님께 기도로 구함으로써 하나님의 지혜를 풍성히 얻을 수 있습니다(약 1:5). 또한 그 마음에 성령께서 내주하시는 모든 성도는 '지혜와 총명의 신'(사 11:2)이신 성령께서 주시는 지혜를 얻을 수 있습니다. 또한 지혜로운 사람의 경험담을 듣는 것 또한 지혜를 얻는 방법 중 하나입니다. 그러므로 그리스도인은 예수 그리스도를 의지함으로, 성령충만을 통해 지식보다 훨씬 값진 지혜를 받아 인생에서 성공하는 사람이 되어야 할 것입니다.

 당신은 하나님의 인도를 받기 위해서 구체적으로 무엇을 준비하고 있습니까?

> "지혜롭게, 의롭게, 공평하게, 정직하게 행할 일에 대하여 훈계를 받게 하며"
>
> 잠 1:3

1월 2일

어느 겨울, 한 산악회에서 등반을 나섰습니다. 전날 내린 많은 양의 눈으로 산은 온통 은빛이었습니다. 그런데 그들이 산 중턱쯤 이르렀을 때 갑자기 다시 눈발이 날리기 시작하더니 점점 거세어져서 결국 그들은 아쉽지만 등반을 포기하기로 하고, 리더를 선두로 다시 되돌아 내려가고 있었습니다. 한참을 리더 뒤를 따라가던 어떤 회원이 앞을 보니 가까운 길을 택하지 않고 자꾸만 먼 길로 돌아가고 있는 것이었습니다. 그래서 그는 리더에게 물었습니다. "여보시오, 가까운 길로 가지 않고 왜 이렇게 자꾸 먼 데로 돌아가는 거요?" 이렇게 물어도 리더는 그냥 잠자코 따라오라고만 할 뿐 계속 그 길을 가는 것이었습니다. 그는 '가까운 길이 있는데 구태여 먼 길로 돌아가다니…'라고 생각하며 자기 생각에 가까워 보이는 길로 홀로 발길을 돌렸습니다. 그리고 그는 얼마 가지 못해서 눈 속에 빠져 목숨을 잃고 말았습니다.

지혜와 훈계를 알고 명철의 말씀을 깨달은 지혜로운 사람은 불의와 부정이 아무리 달콤하게 유혹해 오더라도 절대로 타협하지 않습니다. 왜냐하면 그것이 결국 멸망이라는 것을 알기 때문입니다. 그래서 오로지 지혜롭고 의롭고 공평하고 정직하게 행할 일에 대하여 훈계를 받은 대로 지혜로운 삶을 사는 것입니다.

당신은 하나님께서 자신을 이 땅에 보내신 목적이 무엇이라고 생각하십니까?

"어리석은 자로 슬기롭게 하며 젊은 자에게 지식과 근신함을 주기 위한 것이니"

잠 1:4

1월 3일

고문(古文)의 대가로 불리던 한유는 소년 시절에 박식한 유학자가 될 생각으로 열심히 사서삼경을 배웠습니다. 그런데 도중에 아무리 열심히 공부를 해도 자기가 공자나 맹자와 같은 대학자가 될 수 없을 것 같은 생각이 들자 공부를 포기하려고 했습니다. 그렇지만 '그도 사람이고 나도 사람이다. 그가 해 낸 일을 나라고 하지 못하란 법은 없을 게 아닌가?' 라고 스스로를 나무라며 학업을 계속하여 당송 8대 문장가 중 한 사람이 되었습니다.

속담에 "서당 개 삼 년에 풍월을 한다"는 말이 있습니다. 이 말처럼, 어리석은 사람도 지혜로운 사람의 말을 계속 들으면 슬기롭게 됩니다. 젊은이에게 가장 필요한 것은 바른 지식과 신중성일 것입니다. 바로 잠언의 말씀이 '지식'과 '근신함'을 젊은이에게 줍니다. 그리하여 젊은이들로 하여금 확고한 지식을 가지고 그 지식에 근거하여 사려 깊고 신중하게 행동하게 하며, 지혜를 나누어주는 사람이 되게 할 것입니다.

 당신이 하나님의 예비된 축복을 받기 위해서 더욱 힘써야 할 부분은 무엇입니까?

> "지혜 있는 자는 듣고 학식이 더할 것이요 명철한 자는 모략을 얻을 것이라 잠언과 비유와 지혜 있는 자의 말과 그 오묘한 말을 깨달으리라"   잠 1:5-6

1월 4일

영국 왕 제임스 1세는 킹 제임스 성경을 번역한 독실한 신자였는데 그는 작은 범죄에도 엄하였습니다. 한번은 암스트롱이라는 좀도둑이 양을 훔치다 붙잡혀 사형선고를 받았습니다. 이 때 암스트롱은 사형을 피하기 위해 한 가지 묘안을 짜낸 후 간수를 불렀습니다. "나는 어차피 죽을 몸, 마지막으로 성경을 읽고 싶소. 임금께 내 뜻을 전해주시오." 제임스 1세는 그 소식을 듣고 대답했습니다. "참 기특한 죄인이로군. 그에게 성경을 주어라. 그리고 성경을 모두 읽은 후에 사형을 집행하라." 암스트롱은 그 날부터 성경을 읽기 시작했습니다. 그런데 1년이 지나도 사형을 집행할 수가 없었습니다. 왜냐하면 그는 하루에 딱 한 절만 성경을 묵상했기 때문입니다. 결국 제임스 1세는 그를 풀어주며 말했습니다. "집에 가서 성경을 읽어라." 암스트롱은 그 후 새사람이 되어 봉사의 삶을 살았다고 합니다.

항상 지혜의 말씀에 귀기울이고 마음에 새기는 지혜로운 자는 잠언이 주는 교훈을 열린 마음으로 듣고 순종하여 더욱 지혜로워집니다. 또한 선악과 옳고 그름을 분별하는 능력이 있는 명철한 자는 잠언의 말씀을 통해 모략을 얻습니다. '모략'이란 인생의 진로를 바른 방향으로 인도하는 길잡이의 역할을 합니다. 잠언은 명철한 자의 인생을 성공의 길로 인도해 주는 것입니다.

 당신은 지금 자신의 마음과 생각에 무엇을 심고 있습니까?

> "여호와를 경외하는 것이 지식의 근본이어늘 미련한 자는 지혜와 훈계를 멸시하느니라"
>
> 잠 1:7

1월 5일

공자는 "군자가 두려워해야 할 것이 세 가지 있다. 군자는 천명을 두려워하고 대인(덕이 있는 선배)을 두려워하고 성인의 말씀을 두려워해야 한다. 그러나 소인은 천명을 알지 못하여 두려워하지 않고 대인을 존경하기 않으며 성인의 말씀을 업신여긴다"고 했습니다.

모턴(Morton)은 스코틀랜드의 종교개혁가 존 녹스의 열린 무덤을 보고 "사람의 낯을 두려워하지 않았던 이가 이곳에 누워 있다"라고 말하였습니다.

사물의 본질을 올바로 알게 되는 출발점은 '하나님 경외'입니다. 온 세상 만물은 모두 하나님께서 만드신 것이기 때문에, 우리가 사물에 대한 지식을 얻는다는 것은 곧 하나님께서 행하신 것을 배우는 것이요, 하나님을 알아 가는 것입니다. 또한 지혜, 즉 모든 문제를 해결할 수 있는 근원적인 능력도 하나님으로부터 말미암습니다. 따라서 하나님을 아는 것, 경외하고 그 분의 뜻을 구하고 따르는 것이 지혜의 근본입니다. 하나님만 두려워하고 그 외의 그 무엇도 두려워하지 않는 것이 참사람이 되는 길입니다.

 당신은 인간의 나약함을 인정하고 하나님의 절대 주권을 인정하고 있습니까?

> "내 아들아 네 아비의 훈계를 들으며 네 어미의 법을 떠나지 말라 이는 네 머리의 아름다운 관이요 네 목의 금사슬이니라"
> 잠 1:8, 9

1월 6일

영리하기로 이름난 여우가 바닷 속의 물고기들에게 이렇게 속삭였습니다. "바닷 속은 위험하니까 육지에 올라와서 우리와 함께 삽시다. 어부들이 그물을 쳐서 여러분을 잡으려고 한답니다." 여우의 말을 듣고 물고기들은 회의를 했습니다. 그리고 여우의 의견을 거절하기로 결정했습니다. 물고기 대표는 여우에게 "고맙기는 하지만 우리는 그냥 물 속에서 살기로 했어요."

이야기를 끝낸 아버지가 물었습니다. "얘야, 물고기가 육지로 올라오면 어떻게 되지?" 그러자 아들이 바로 대답했습니다. "그 거야 금방 죽게 되지요."

"바로 그렇단다. 물고기들이 물을 떠나면 죽을 수밖에 없듯이 우리도 하나님을 떠나면 아무 것도 할 수 없지. 그러니 너도 하나님을 섬기며 그의 진리 안에서 살아야 하는 거야."

하나님을 경외하는 부모는 자녀를 인격적으로 존중해 주며 하나님의 교양과 훈계로 자녀를 양육합니다(엡 6:4). 자녀들에게 말씀을 가르치고 실천하게 할 때 자녀의 미래가 보장되는 것입니다. 또한 부모의 가르침을 잘 듣고 배우며 순종하는 자는 영화롭게 되며, 존귀하게 됩니다. 이러므로 우리는 항상 부모의 말씀을 귀기울여 듣고, 그 말씀대로 사는 것이야말로 진정으로 내가 잘되는 길임을 알고 말씀에 순종하며 살아야겠습니다.

 하나님을 잘 섬김으로 당신이 받은 복은 무엇입니까?

"내 아들아 악한 자가 너를 꾈지라도 좇지 말라 … 대저 그 발은 악으로 달려가며 피를 흘리는 데 빠름이니라"

잠 1:10-16

1월 7일

멕시코에 빼어난 용모를 지닌 한 여왕이 있었습니다. 그런데 그녀가 정신착란을 일으켜 수용소에 감금되었는데, 어느 날 여왕은 경비원의 소홀한 감시를 틈타 수용소를 탈출했습니다. 여왕은 외부로부터 공격을 받거나 자해행위를 할 수도 있었습니다. 이에 평소 여왕을 모시던 하인들과 간수들이 비상회의를 열었습니다. 하지만 아무도 묘안을 제시하지 못했습니다. 그 때 여왕을 가장 가까운 곳에서 모셨던 한 시녀가 나섰습니다. "여왕은 붉은 장미를 아주 좋아하십니다. 수용소에서부터 길 위에 장미를 뿌려놓으십시오. 그러면 틀림없이 수용소로 돌아올 것입니다." 간수들은 그 날부터 길에 장미를 뿌렸습니다. 그리고 며칠 후, 여왕이 장미를 들고 돌아왔습니다.

유혹은 항상 달콤한 것입니다. 유혹은 인간을 죄악의 수용소로 몰아넣는 것입니다. 이 세상에는 의인과 악인이 더불어 살고 있으며, 세상에서 살면서 악을 피한다는 것은 결코 쉽고 간단한 일이 아닙니다. 그러나 악인들의 이러한 유혹은 우리의 선한 양심이 살아 있고 우리의 마음에 선악을 분별하는 명철이 있을 때에는 큰 힘을 발휘하지 못합니다. 우리가 악을 버리려면, 악한 자를 피하고 지혜롭고 선한 사람과 교제하는 데 유의해야 합니다.

 당신은 아직도 육체의 일에 더 많은 애착을 가지고 있지는 않습니까?

> "... 무릇 이(利)를 탐하는 자의 길은 다 이러하여 자기의 생명을 잃게 하느니라."
>
> 잠 1:17-19

1월 8일

미국의 스미소니언 박물관은 세계 최고의 다이아몬드를 공개했었습니다. 그 보석의 이름은 호프 다이아몬드로서 45캐럿의 인도산인 이 다이아몬드를 소유한 사람은 모두 비극적인 최후를 맞았습니다. 그래서 이 다이아몬드는 '저주의 보석'으로 불립니다. 이 보석의 원래 소유자인 페르시아 총독은 도둑에게 살해됐고, 두 번째 소유자인 페르시아 왕은 반란군에게 처형당했으며, 보석은 다시 프랑스의 루이 14세에게 넘겨졌으나 그는 그것을 단 한번 목에 걸어본 후 천연두에 걸려 죽었습니다. 보석은 루이 16세와 왕비 마리 앙트와네트의 소유가 됐으나 두 사람은 모두 단두대의 이슬로 사라졌습니다. 결국 이 보석은 영국의 최고 재벌인 헨리 필립 호프에게 넘어가 '호프 다이아몬드'라는 새 이름을 얻었지만 호프가(家)는 곧 몰락하고 말았습니다.

재물과 보화를 쫓는 '불나방 인생'의 종착역은 '죽음'과 '허무'입니다. 먹이를 먹는 데 열중하여 그물에 걸려드는 새는 죽음을 피할 수 없습니다. 이와 마찬가지로 탐욕에 눈이 멀어 부정과 불의를 일삼고 악을 행하는 자는 다른 사람들을 해치려고 계략을 꾸미지만, 그것은 오히려 자신을 해치는 올무가 되고 맙니다. 하지만 영원한 진리를 발견한 사람과 그 진리를 후손들에게 보석으로 남겨준 인생은 점점 풍요롭습니다.

당신은 지금 마음 깊은 곳에 예수 그리스도를 모시고 있습니까?

"지혜가 길거리에서 부르며 광장에서 소리를 높이며 훤화하는 길 머리에서 소리를 지르며 성문 어귀와 성중에서 그 소리를 발하여 가로되"
잠 1:20-21

1월 9일

주일학교에서 한 선생님이 같은 모양의 두 개의 작은 상자를 들고 와서 학생들에게 보여주며 "여러분, 한 상자에는 금이 가득 들어 있고, 또 다른 상자에는 썩은 뱀이 들어 있어요. 금이 들어 있는 상자는 귀하게 취급되지만 썩은 뱀 상자는 버림을 당하지요. 사람도 똑같은 사람이지만 지혜와 지식, 사랑 등의 아름답고 좋은 것으로 마음을 채우면 존경받고 높임을 받지만, 욕심이나 거짓이나 추하고 나쁜 것들이 가득하면 경멸과 천대를 받게 된답니다."라고 말해주었습니다.

본문의 '지혜'는 하나님의 지혜, 참된 지혜인 예수 그리스도를 가리킵니다(고전 1:30). 자고로 지혜의 선포는 끊임없이 계속되어 왔습니다. "너희 목마른 자들아 물로 나아오라 돈 없는 자도 오라 너희는 와서 사먹되 돈 없이, 값없이 와서 포도주와 젖을 사라…"(사 55:1-3) 이러한 지혜의 초청은 지금도 계속되고 있습니다. 이러한 지혜의 초청을 받아들여 마음에 간직한 자는 금보다도 귀한 보석을 가슴에 간직하게 되는 것입니다.

세상적인 것을 보고 들으면 세상적인 것이 속에 가득하게 됩니다. 그러므로 그리스도인들은 성경을 읽어 주님의 말씀을 마음에 담고 열심히 기도하며 주님을 찬양해서 하늘에 속한 신령한 것이 마음속에 가득하게 되도록 해야 합니다.

 오늘 당신의 영혼에 잠자는 영을 기도로 깨워 성령이 마음껏 활동하도록 하십시오.

> "너희 어리석은 자들은 어리석음을 좋아하며 거만한 자들은 거만을 기뻐하며 미련한 자들은 지식을 미워하니 어느 때까지 하겠느냐"
> 잠 1:22

1월 10일

남편이 집에 돌아와서 부엌에 그릇들이 깨어져 있는 것을 발견하고 아내에게 물었습니다.
"여보, 무슨 일이 있었소?"
"이 요리책이 좀 잘못된 것 같아요. 이 요리책에는 분량을 잴 때는 손잡이가 없는 컵을 사용하라고 씌어져 있어서 컵을 깨뜨리지 않고 손잡이를 떼려다가 컵을 열한 개나 깨뜨렸어요."

인간의 마음은 참으로 어리석습니다. 그럼에도 불구하고 그 어리석음을 벗어버리지 못합니다. 잠언의 지혜자 또한 인간이 어리석어서 그 미련한 것을 버리지 못한다고 말하고 있습니다.
'어리석은 자'는 어리석은 것을 좋아하여 그 마음에 하나님이 없다 하고 부패하고 가증스런 일을 하며 자기 마음대로 삽니다(시 14:1). '거만한 자'는 잘난 체하고 남을 업신여기기를 즐깁니다. '미련한 자'는 고집이 세고 완고하여 다른 사람의 말을 듣지 않고 자기 고집대로 행합니다. 그러므로 이들은 명철이 없어서 하나님의 진리의 빛을 등진 채 어둠을 좇아 살아갑니다. 지혜는 이러한 자들에게 "어느 때까지 그리 하겠느냐?"고 책망하며 빨리 돌이키라고 권면하고 있습니다.

 당신은 인간의 나약함을 인정하고 하나님의 절대주권을 인정하고 있습니까?

"나의 책망을 듣고 돌이키라 보라 내가 나의 신을 너희에게 부어 주며 나의 말을 너희에게 보이리라"

잠 1:23

1월 11일

어떤 사람이 기차를 잘못 탔습니다. 그러나 그는 기차를 갈아탈 생각은 하지 않고 기차 안에서 착한 일을 시작했습니다. 즉 기차 안을 청소하고 노약자를 도와 주며, 배고픈 자에게 음식을 사 주는 등 많은 선행을 베풀었습니다. 기차 안의 승객들은 그의 선행을 칭찬했습니다.

그러나 종착역은 그가 목적했던 곳이 아닌 전혀 다른 곳이었습니다. 그는 목적지에 도착하기 위해서는 기차 안에서 선행을 베풀 것이 아니라 기차를 갈아탔어야 했습니다.

인간의 지식은 사람을 근본적으로 변화시키지 못합니다. 사람을 근본적으로 변화시키는 것은 성령의 역사뿐입니다. 우리가 진정으로 하나님께로 돌이켜 회개하고 성령을 충만히 받으면, 성령께서 진리를 깨닫게 해주심으로 인하여 하나님의 말씀이 마음에 깨달아지고 믿음과 소망과 사랑이 넘쳐 나는 새 인생을 살게 되는 것입니다.

만일 아직도 잘못 탄 기차에 머물러 있다면, 기차를 갈아타시기 바랍니다.

 당신 안에 개혁되어야 할 구습은 어떤 것이 있습니까?

> "내가 부를지라도 너희가 듣기 싫어하였고 내가 손을 펼지라도 돌아보는 자가 없었고"
>
> 잠 1:24

1월 12일

어떤 사람이 위대한 성인을 찾아가서 자기는 30년 동안이나 단식도 하고 기도를 드렸지만 아직도 하나님을 이해하는 것에는 근처에도 가지 못했다고 말했습니다. 그러자 그 성인은 100년으로도 모자랄 것이라고 말했습니다. 그 이유를 묻자 성인은 이렇게 대답했습니다.

"너 자신과 진리 사이에서 네 이기적인 마음이 방해가 되기 때문이니라"

우리는 때로 하나님의 뜻대로 산다고 하면서도 실제로는 내 생각에 하나님의 뜻을 억지로 맞춰서 나아갈 때가 있습니다. 그리고는 그것이 곧 하나님의 뜻이라고 멋대로 생각합니다. 그런 자세로는 하나님의 음성을 들을 수 없습니다.

뿐만 아니라, 하나님의 지혜의 권고를 외면하는 자는 자신이 주인 행세를 하며 '나 중심'이 되어 자기 뜻대로 사는 사람입니다. 이런 사람은 스스로 자신의 인생을 책임지고 살아야 하므로 그 삶이 여간 힘들고 고달프지 않습니다. 또한 이런 사람은 하나님을 외면하고 그 말씀에 순종치 않으며 모든 일을 자신의 생각대로 해 나가다가 결국 죽음의 짐을 걸머진 채 멸망하고 맙니다.

 당신은 일상의 모든 문제와 필요를 해결해 주시는 주님을 믿고 간구하고 있습니까?

"도리어 나의 모든 교훈을 멸시하며 나의 책망을 받지 아니하였은즉"

잠 1:25

1월 13일

영국 회중교회 목사이자 설교가였던 요셉 파커는 다음과 같은 좌우명을 가지고 있었습니다.

"나에게 있어 사는 것은 그리스도니, 모든 것은 그리스도 밑에 놓여야 한다. 그리스도는 가장 의로우시며 전적으로 사랑이시다. 그는 나를 그의 보혈로 구원하였으며, 내가 일심으로 섬겨야 할 분이다. 왜냐하면 그를 섬기는 것이 내가 사랑하는 모든 대상들의 행복을 가장 효과적으로 촉진시키는 길이기 때문이다"

우리의 진정한 주인은 오직 한 분 하나님밖에 없습니다. 우리가 하나님을 나의 주인으로 모시고, 주인되신 하나님을 바라볼 때, 하나님께서 우리를 긍휼히 여기시고 은혜를 주십니다.

하나님께서 간절히 부르실 때 외면하고 멸시하다가 자신이 위급하고 급할 때에만 문제를 해결해 달라고 하나님을 부르며 찾는 이들에게 하나님께서는 대답도, 만나 주시지도 않으십니다. 그러나 하나님을 주인으로 모시고 사는 사람에게는 하나님께서 귀기울여 주시고 만나 주십니다. 이에 대해 하나님께서는 성경에 "너희는 내게 부르짖으며 와서 내게 기도하면 내가 너희를 들을 것이요 너희가 전심으로 나를 찾고 찾으면 나를 만나리라"(렘 29:12, 13)고 말씀하셨습니다.

 그리스도로 옷 입은 당신은 오늘 어떻게 살았습니까?

"그러므로 자기 행위의 열매를 먹으며 자기 꾀에 배부르리라"

잠 1:31

1월 14일

어느 날 개구리들이 모여서 회의를 하고 있는데, 학이 날개를 쭉 펴고 하늘을 날고 있었습니다. 개구리들은 학을 쳐다보면서 우리도 저렇게 날아 보면 얼마나 좋을까 하고 부러워하며 소곤거렸습니다. 바로 그 때, 한 개구리가 그 학에게 가서 "내 평생 소원이 저 하늘을 한 번 날아보는 것인데 어떻게 같이 날아볼 수 없을까요?"라며 간청을 하다가 한 아이디어를 냈습니다.

그래서 서로 막대기 한쪽 끝을 물고 하늘을 향해 높이 날아 올랐습니다. 개구리는 생전 처음 날아보니 너무 신이 났습니다. 밑에 있는 개구리들도 이 광경을 지켜보고 감탄했습니다. 그래서 한 개구리가 "누가 그런 생각을 했는가?"하고 큰 소리로 공중을 향해 물었습니다. 위에 올라간 개구리는 너무 으쓱해서 "내가 생각해 냈지."하며 입을 벌려 말하는 순간 물고 있던 막대기를 놓치는 바람에 그대로 땅에 떨어져 죽었습니다.

자신이 주인이 되어 하나님 없이 사는 사람들 중에는 세상에서 출세하고 성공하는 사람도 있습니다. 그러나 그의 출세와 성공은 영원한 것도, 참된 것도 아닙니다. 오히려 그것은 그가 하나님을 찾고 만나는 데 방해하는 눈가리개요, 걸림돌이 될 수 있습니다. 갖은 꾀를 내어서 산다고 하여도 하나님을 떠나서는 결국 불신앙과 불순종의 열매, 죄악된 행위의 열매를 맺을 뿐입니다.

 당신이 하나님 앞에 나아갈 때 버려야 할 것은 무엇이라 생각합니까?

> "어리석은 자의 퇴보는 자기를 죽이며 미련한 자의 안일은
> 자기를 멸망시키려니와 오직 나를 듣는 자는 안연히 살며
> 재앙의 두려움이 없이 평안하리라"   잠 1:32, 33

1월 15일

하루는 순임금이 신하들에게 "구럭에다 물을 길어 부으라"고 명령하였습니다. 그 때 신하들은 물을 붓지 않았습니다. 그러나 한 신하는 "임금님의 명령을 어찌 거역하리오"하며 하루 종일 물을 길어 부었습니다. 그리고 결국 우물의 물은 다 줄어 없어졌습니다. 다시 물을 길으려고 두레박을 내렸으나 물이 퍼지지 않아 우물 속을 내려다보니 우물 밑에는 누런 황금덩이가 빛나고 있었습니다. 그것을 끌어올려 임금님께 드렸더니 임금님은 기뻐하면서 "이것은 순종한 자의 상급이니 그대가 가져가라"고 하였습니다.

지혜로운 자는 날마다 하나님께로 더욱 가까이 나아가며 그 말씀에 순종함으로 믿음의 진보와 성장을 보입니다. 그러나 어리석은 자는 지혜를 멸시하고 하나님을 등진 채 세상을 따라감으로써 죽음을 자초하고 마는 것입니다.

세상적인 성공만을 추구하며 살아가는 미련한 자들은 세상 안일에 빠져 있다가 결국은 멸망하고 맙니다. 그러나 하나님의 지혜의 말씀을 듣는 지혜로운 사람은 이 세상에서 성공의 삶을 살 뿐만 아니라 심판의 날에도 아무런 두려움 없이 평안을 누립니다.

 지금 당신은 예수님 앞에 어떤 모습으로 서 있습니까?

> "내 아들아 네가 만일 나의 말을 받으며 나의 계명을 네게
> 간직하며 … 여호와 경외하기를 깨달으며 하나님을 알게
> 되리니"
> 잠 2:1-5

1월 16일

크롬웰은 청교도의 가정에서 신앙 훈련을 받고 자란 사람이었습니다. 그의 어머니는 항상 이렇게 말하였습니다. "너는 하나님의 편에서 일하는 사람이 되어야 한다. 하나님 편에서 일하는 사람은 기도하는 일과 성경 읽는 일을 게을리 해서는 안 된다."

크롬웰은 전쟁터에서도 시간이 생기면 기도하였고 쉬는 시간에는 성경을 읽었습니다. 그러던 중, 어느 날 치열한 싸움이 전개되던 전쟁터에서 갑자기 크롬웰이 말에서 떨어졌습니다. 적의 총알에 맞은 것입니다. 말에서 떨어진 크롬웰은 땅에 떨어지면서 "이제 마지막이구나."라고 생각했습니다. 그러나 별로 아픈 곳이 없었고 총을 맞은 가슴도 아무렇지도 않았습니다. "이게 어떻게 된 일일까? 참 이상한 일이군!" 살펴보니 총알은 호주머니 속에 넣어 둔 성경에 박혀 있었습니다. 총알이 머문 곳은 전도서 12장 1절이었습니다. "네가 젊었을 때 네 조물주를 기억하라!"

하나님의 말씀, 그의 지혜를 받아 누리는 사람에게는 형통함이 있습니다. 우리가 하나님의 지혜를 추구하여 얻으면 여호와를 경외하는 것이 무엇인지 깨닫게 되며, 하나님에 대해서도 알게 됩니다. 그리고 하나님을 경외하며 그분과 동행하기 위해 노력하는 사람에게는 그의 보호하심이 있습니다.

 당신은 믿음의 뿌리를 어디에 두고 있습니까?

> "대저 여호와는 지혜를 주시며 지식과 명철을 그 입에서 내심이며"
>
> 잠 2:6

1월 17일

열여덟 살의 한 청년이 있었습니다. 그는 성인식을 마친 후 마을에서 가장 연로한 노인을 찾아가 인생에 대해 자문을 구했습니다. 노인이 청년에게 물었습니다. "네가 가장 잘 할 수 있는 일이 무엇이냐?" 청년이 대답하길 "비누와 양초를 만드는 일은 자신이 있습니다." 노인은 청년의 손을 잡고 충고를 해주었습니다. "네가 좋아하는 일을 해라. 그리고 예수 그리스도를 네 사업의 동업자로 모셔들여라. 그리고 수입의 10분의 1은 반드시 동업자에게 드려라." 청년은 이 충고를 받아들여 큰 사업가로 성공했습니다. 이 사람의 이름은 윌리엄 콜게이트. 세계적인 치약, 비누회사의 설립자입니다. 그리고 그는 또 콜게이트대학을 설립해 회사의 수입을 사회에 환원했습니다.

진리와 지혜가 되시는 예수 그리스도를 인생의 동역자로 모시고 사는 사람은 놀라운 하나님의 복을 받습니다. 그리고 인생의 동역자인 예수 그리스도와 함께 할 수 있는 방법을 성경은 우리에게 잘 알려주고 있습니다. 성경은 하나님의 능력 있는 말씀으로서 우리에게 하나님에 대한 지식과 큰 깨달음을 줍니다. 이러므로 우리는 날마다 성경을 읽고 묵상하는 일을 생활화하고, 말씀을 통해 하나님께서 주시는 지혜와 지식과 명철을 가지고 능력 있는 삶을 살아야겠습니다.

 당신의 신앙의 자리는 오늘도 안전합니까?

> "그는 정직한 자를 위하여 완전한 지혜를 예비하시며 행실이 온전한 자에게 방패가 되시나니"
>
> 잠 2:7

1월 18일

홀리데이 호텔의 사장이며 미국에서 성공한 건축업자로 손꼽히는 윌라스 E. 존슨은 이렇게 말했습니다.

"저는 늘 지갑 안에 아래의 구절들을 넣어 가지고 다니면서 자주 꺼내어 읽어봅니다. '구하라 그리하면 너희에게 주실 것이요 찾으라 그리하면 찾을 것이요 문을 두드리라 그리하면 너희에게 열릴 것이니'(마 7:7, 8). 그러나 그 약속들은 다소 한 쪽의 입장만 말하고 있습니다. 이 구절들은 받는 것에 관한 언급은 없습니다.

어느날 나는 아내와 기도 하던 중에 갑자기 다음과 같은 구절이 마음속에 떠올랐습니다. '네가 진리의 말씀을 옳게 분별하며 부끄러울 것이 없는 일꾼으로 인정된 자로 자신을 하나님 앞에 드리기를 힘쓰라'(딤후 2:15). 이것은 주는 것에 대한 철학이 담겨 있는 구절로 매일 내가 암송하는 구절이 되었습니다. 그리고 날마다 나의 행동을 반성합니다. '부끄러울 것이 없는 일꾼!'"

하나님께서는 마음이 거짓된 자에게는 올무를 예비해 놓으셨지만, 정직한 자, 그 뜻대로 행하려 하는 자에게는 완전한 참 지혜를 주십니다. 그러므로 정직한 자가 하나님께서 주시는 완전한 지혜를 얻어 최후의 승리자가 되는 것입니다. 또 여호와를 경외하는 것을 삶의 원리로 삼고, 자신의 삶 전체를 하나님께 맡기는 사람에게는 하나님께서 친히 방패가 되어 보호해 주십니다.

 당신은 날마다 날마다 하나님의 은혜에 보답하는 삶을 살고 있습니까?

"대저 그는 공평의 길을 보호하시며 그 성도들의 길을 보전하려 하심이니라"

잠 2:8

1월 19일

한 나그네가 홀로 사막을 여행하고 있었습니다. 그는 날이 어두워지기 전에 마을에 도착하거나 마실 물이 있는 오아시스를 발견하지 못하면 영락없이 죽을 형편이었습니다. 나그네는 불안과 공포에 몸을 떨며 걸음을 재촉했습니다. 그 때 그는 사람의 발자국을 발견하고 안도의 한숨을 쉬었습니다. "이제 살았다. 이 발자국을 따라가면 분명히 마을이 나타날 것이다." 나그네는 발자국을 따라 열심히 걸었습니다. 그러나 아무리 걸어도 마을과 오아시스는 나타나지 않았습니다. 밤이 되자 섬뜩한 생각이 들어 발자국을 자세히 들여다보니 그는 지금까지 자신의 발자국을 따라 제자리를 맴돌고 있었던 것입니다.

인생도 마찬가지입니다. 어떤 사람은 잘못을 끊임없이 되풀이하며 삶을 허비합니다. 그러다 문득 인생의 밤을 만나면 섬뜩한 기분이 들 것입니다. 예수 그리스도. 그분은 인생의 나침반입니다. 무엇보다 정직한 삶을 살고자 노력하는 그리스도인들의 길을 보호하십니다. 하나님께서는 정직하고 의로운 자와 동행해 주십니다(시 15:1,2). 따라서 우리는 항상 하나님 앞에서 정직하고 공의를 행하는 거룩한 성도의 삶을 살아야겠습니다. 그럴 때 하나님께서 우리와 함께 하시며 하늘 나라에 이르기까지 우리를 인도해 주시고 보호해 주실 것입니다.

 당신은 하나님을 경외하며 순종할 준비가 되어 있습니까?

"그런즉 네가 공의와 공평과 정직 곧 모든 선한 길을 깨달을 것이라"

잠 2:9

1월 20일

다음은 어느 무명 성도의 선행을 위한 고백입니다.

"저는 이 세상을 단 한 번만 지나갈 뿐입니다. 그러므로 제가 행할 수 있는 선한 일과 친절을 모든 사람에게 베풀게 하옵소서. 제가 그것을 미루거나 핑계하지 않게 하옵소서. 이는 제가 다시 이 길을 지나갈 수 없기 때문입니다."

우리의 삶은 아침이면 사라지는 안개와 같습니다. 안개와 같은 인생을 우리가 의미있게 살 수 있는 길은 선한 길을 걸어가, 공의와 정직을 행하는 것입니다.

공의와 공평과 정직 안에 모든 선한 길이 있습니다. 여기서 말하는 '선한 길'이란 하나님의 뜻에 합당하게 사는 행동 방식을 뜻합니다. 그러므로 하나님의 지혜를 추구하여 얻는 자는 하나님의 뜻대로 산다는 것이 무엇인지 깨닫고 실천할 수 있습니다.

하나님께서는 "내가 거룩하니 너희도 거룩할지어다"(레 11:45)라고 말씀하셨습니다. 그러므로 우리는 하나님의 거룩한 성도로서, 하나님께서 주시는 지혜를 따라 공의롭고 공평하며 정직하게 살아야겠습니다.

 당신은 일상의 모든 문제와 필요를 해결해 주시는 주님을 믿고 간구하고 있습니까?

"곧 지혜가 네 마음에 들어가며 지식이 네 영혼을 즐겁게 될 것이요 근신이 너를 지키며 명철이 너를 보호하여"

잠 2:10-11

1월 21일

제아가 공자에게 물었습니다.

"인자는 가령 '우물에 사람이 빠졌다'고 하면 그 말을 좇아 우물에 들어가리이까?"

그러자 공자가 대답했습니다.

"어찌 그러리오. 군자는 사리에 밝은지라 비록 그를 구해 낼 꾀를 생각할지언정 제 몸을 빠뜨리지 않을 것이니 군자를 이치에 당한 말로 속일 수는 있으나 기만하지는 못하리라."

지혜로운 사람은 지혜가 그 마음에 있어서 인생의 제반 문제를 슬기롭게 해결해 나가고, 하나님을 경외하고 하나님에 대해 아는 지식으로 인하여 참 기쁨을 누리며 의미 있고 가치 있는 삶을 영위합니다. 또한 지혜를 구하여 얻은 사람은 근신과 명철의 능력이 있어서 악한 자의 길과 패역을 말하는 자에게서 보호받고 구원받습니다. 즉, 지혜 있는 사람은 사려 깊게 생각하여 신중하게 행동하며, 무엇이 옳고 무엇이 그른지 분명하게 분별함으로 위기를 모면하고 안전하게 살 수 있는 것입니다.

그러므로 예수 그리스도를 영접하여 빛의 자녀가 된 우리는 어두운 세상 길, 죄악과 패역과 불의와 거짓으로 뒤덮인 악한 자의 길을 떠나, 하나님께서 주시는 지혜를 가지고 선하고 의롭고 진실되게 살아야겠습니다.

 당신은 하나님의 지혜를 사모하여 그 지혜를 구하는 삶을 살고 계십니까?

> "누구든지 그에게로 가는 자는 돌아오지 못하며 또 생명 길을 얻지 못하느니라"
>
> 잠 2:19

1월 22일

보르네오 섬의 네펜세스와 북미 대륙의 시라세니아라는 식물은 벌레를 잡아먹는 명수로 꼽힙니다.

네펜세스는 아름다운 꽃을 피워 벌레를 유인합니다. 그 꽃잎의 아름다움에 취한 벌레가 꽃잎에 끌려드는 순간 벌레의 목숨은 끝장이 납니다. 특수한 소화액을 내뿜어 벌레를 녹여 버리는 것입니다. 시라세니아의 무기는 꽃이 아니라 잎이라는 점에서 네펜세스와 조금 다릅니다. 잎에서 단 꿀을 내뿜어 벌레를 유인하는 것입니다. 그 꿀의 유혹에 말려들면 벌레는 목숨을 건지지 못하는 것입니다.

어느 누구도 사람 사는 세상에 이러한 네펜세스와 시라세니아가 없다는 보장은 하지 못합니다. 겉으로는 마냥 화려하고 풍기는 냄새는 더 없이 향기롭지만 이웃을 절망과 죽음에 이르는 구렁텅이로 몰아 넣는 이들이 얼마나 많은지 모릅니다.

특히 오늘날 사람들이 가장 빠지기 쉬운 유혹 가운데 대표적인 것이 성적 방종입니다. 음녀의 유혹에 빠진 사람은 그 영혼이 하나님으로부터 멀어지고 그 육신은 욕정의 노예가 되어 사망에 이르는 음행의 늪으로 빨려 들어가고 맙니다. 음행은 영혼을 죽이고, 이성을 마비시키며, 육신을 타락시킵니다. 음행하는 자는 살아도 죽은 자입니다(딤전 5:6).

당신은 요즘 안일한 신앙 생활을 하고 있지는 않습니까?

> "지혜가 너로 선한 자의 길로 행하게 하며 또 의인의 길을 지키게 하리니"
>
> 잠 2:20

1월 23일

유태인 어머니들은 자녀들을 가르칠 때 반드시 이런 질문을 한다고 합니다.

"얘야, 만약 적군이 쳐들어와 집에 불을 지르고 재산을 모두 훔쳐간다면 제일 먼저 무엇을 갖고 도망을 가겠느냐?" 자녀들의 대답은 거의 비슷합니다. "금과 돈입니다. 값나가는 물건부터 챙겨야지요." 그러면 유태인 어머니들은 다시 묻습니다. "그보다 훨씬 중요한 것이 있단다. 그것은 빛도 모양도 냄새도 없지만 가장 소중한 것이란다." 자녀들이 궁금증을 참지 못하고 어머니에게 대답을 요구합니다. 그 때 어머니는 자녀를 가르칩니다. "세상을 살아가면서 가장 소중한 것은 지혜다. 지혜는 시련을 당할 때 이를 극복하는 길을 가르쳐 준다. 지혜는 가난한 사람을 부자로 만들어준다. 지혜는 보잘 것 없는 사람에게 명예를 선물한다."

이스라엘이 나라를 잃고 방황하면서도 희망을 잃지 않은 것은 지혜를 소유하고 있었기 때문입니다. 지혜는 인생의 위대한 스승입니다. 또한 지혜는 우리를 선한 길로 인도하여 그 길로 행하게 합니다. 선한 길을 따라 공의롭고 공평하고 정직하게 행하는 사람은 땅에 거하고, 완전한 사람은 땅에 남게 됩니다. 이러므로 우리는 잠시 형통하는 악인을 부러워하지 말고 하나님이 주신 지혜를 사모하여 선한 길로 행하여야겠습니다.

 당신은 하나님의 지혜를 따라 선한 삶을 살고 있습니까?

"대저 정직한 자는 땅에 거하며 완전한 자는 땅에 남아 있으리라 그러나 악인은 땅에서 끊어지겠고 궤휼한 자는 땅에서 뽑히리라"
잠 2:21-22

1월 24일

링컨은 스무 살 때 상점의 점원으로 일하고 있었습니다. 하루는 물건을 팔고 돈을 세어 보니 3센트가 더 남았습니다. 그래서 곰곰이 생각해 보니 물건을 사고 8달러 3센트를 지불하고 간 부인의 것이었습니다. 링컨은 곧 문을 닫고 부인이 사는 집을 찾아 나섰습니다. 그리고 그 부인을 만난 링컨은 "대단히 죄송합니다. 제가 그만 3센트를 더 받았으니 도로 받으십시오."하고 돌려주었습니다.

또 어느 날은 어떤 부인에게 차(茶)를 팔면서 분량을 조금 덜 준 것이 생각났습니다. 그는 20리나 되는 길을 달려가서 부족한 분량을 갖다 주었습니다.

선한 길을 따라 공의롭고 정직하게 행하기란 생각처럼 쉬운 일이 아닙니다. 하지만 하나님의 뜻을 따라 정직하게 사는 사람은 땅에 거하고 땅에 남게 된다고 성경은 기록하고 있습니다. 즉, 하나님의 뜻을 따라 정직하고 순결하게 사는 사람은 땅을 소유하고 땅에서 잘살게 되는 것입니다. 이러므로 우리는 잠시 형통하는 악인을 부러워하지 말고 선한 길로 행하여야 합니다. 의롭고 공평하고 정직한 자는 하나님께서 지혜를 주시고 지식을 주시고 총명을 주시고 은혜를 주시므로 땅을 차지하게 되는 것입니다.

 당신은 범사에 그리스도인다운 삶을 살고 있습니까?

"내 아들아 나의 법을 잊어버리지 말고 네 마음으로 나의 명령을 지키라 그리하면 그것이 너로 장수하여 많은 해를 누리게 하며 평강을 더하게 하리라" 잠 3:1, 2

1월 25일

미국의 복음 전도자 D. L. 무디 목사는 "하나님의 말씀을 연구하면 마음이 평온해진다. 우리는 하나님의 말씀 속에서 온갖 어둠을 물리치는 빛, 죽음을 이기는 삶, 주님의 재림에 대한 약속, 영원히 지속될 영광에 대한 보증을 읽을 수 있다"고 했습니다.

독일의 유명한 신학자 랑게는 "하나님의 말씀은 그의 마음의 구현이며 그의 사고의 표현이며 그의 뜻의 전달 수단이다. 하나님의 말씀은 이 세상이 그에 대하여 알고 있는 모든 것의 요채로서, 그의 성품의 표현이며 그의 섭리의 역사다"라고 했습니다.

아무리 재산이 많고 권세가 있더라도 건강을 잃으면 소용이 없고, 몸은 건강하더라도 염려와 근심으로 생활이 불안정하다면 인생이 저주스럽게 생각됩니다. 건강과 마음의 평화는 행복의 근원적인 요소입니다. 그리고 그 모든 근원적 요소는 하나님의 말씀을 통해서 우리 삶 가운데 구현될 수 있습니다. 그러므로 우리는 하나님의 말씀을 삶의 지표로 삼고 말씀대로 살아감으로 하나님의 복을 받아 무병 장수하며, 마음의 평화를 누리고, 안정되고 행복한 인생을 살아야겠습니다.

 당신은 하나님께서 당신의 기도를 항상 듣고 계시다는 사실을 믿습니까?

"인자와 진리로 네게서 떠나지 않게 하고 그것을 네 목에 매며 네 마음판에 새기라 그리하면 네가 하나님과 사람 앞에서 은총과 귀중히 여김을 받으리라" 잠 3:3, 4

1월 26일

서 아프리카의 한 작은 마을에 살고 있는 크리스천들에게는 기도하는 밀실이 없었습니다. 그리하여 그 마을 크리스천들은 오두막 뒤 숲 속에 들어가서 하나님께 늘 기도하곤 했습니다. 그래서 모든 오두막 뒤에는 숲 속으로 들어가는 길이 생기게 되었습니다. 그런데 열대 지방에서는 식목이 빨리 자라므로 이 길을 조금만 사용하지 않으면 잡초가 곧 무성해지는 것입니다. 그리하여 다른 크리스천들이 지나다가 그 길에 잡초가 무성한 것을 보면 근심스런 표정으로 "형제여, 그 길에 뭐가 많이 생겼군요."라고 말을 한다는 것입니다. 나중에는 길의 모습이 곧 개인의 신앙의 척도로 판단되게까지 되었습니다.

기도는 크리스천들의 신앙 생활의 호흡이라고 할 수 있는데 호흡이 원활하지 못하다고 하는 것은 신앙의 건강이 좋지 않다는 증거입니다.

한편 우리가 하나님의 법을 따라 사는 방법은 늘 기도를 통해서 그의 진리 안에 거할 때 가능합니다. 그런 기도의 끈을 놓친다면 하나님께서 기뻐하시는 삶을 살 수 없는 것입니다.

물론 우리가 인생을 살면서 완전한 진리로만 행하는 것은 힘들겠지만, '나는 언제나 인자와 진리를 생활화하겠다'고 결심하고 노력하여야 할 것입니다.

 오늘 하루의 일과를 위해서 기도의 호흡을 하셨습니까?

"너는 마음을 다하여 여호와를 의뢰하고 네 명철을 의지하지 말라 너는 범사에 그를 인정하라 그리하면 네 길을 지도하시리라"
잠 3:5, 6

1월 27일

어린아이가 정원에 앉아 있는 아버지의 주위에서 놀고 있었습니다. 그 아이는 열심히 놀다가 정원에 있는 큰 바위를 들어올리려고 시도하기 시작했습니다. 그러나 그 바위는 너무 커서 어린아이 혼자로서는 도저히 움직일 수 없는 것이었습니다. 한참을 바위와 씨름을 하던 아이가 포기하고 아버지께 돌아왔을 때 아버지는 아이에게 "너는 네 힘을 다 사용하지 않는구나."고 말했습니다. 아이는 "아니예요. 나는 온 힘을 다 쓴 걸요. 더 이상은 할 수 없어요."라고 대답했습니다. 그러자 아버지는 "너는 나에게 도와달라고 하지 않았지 않느냐. 그것 역시 너의 힘이란다. 내가 여기 앉아 있었는데도 넌 도와달라고 하지 않았으니 넌 네 힘을 다 사용한 것이 아니란다."

인간의 지식과 명철과 능력에는 한계가 있습니다. 그러나 하나님께서는 모든 것을 아시며 능치 못할 일이 없는 전능하신 분입니다. 그러므로 우리가 범사에 하나님을 인정하고 하나님께 맡겨 드리면 하나님께서 우리를 이끌어 주십니다. 하지만 우리는 그 능력의 하나님께서 우리와 함께 하신다는 사실을 잊고 있을 때가 많이 있습니다. 그러나 우리가 자신의 뜻을 버리고 기도로써 하나님의 뜻을 발견하여 그 뜻대로 행하면 우리는 하나님의 인도하심을 받아 성공의 길로 가게 됩니다.

 오늘도 하나님의 뜻대로 살기 위해 당신은 몸부림쳤습니까?

"스스로 지혜롭게 여기지 말지어다 여호와를 경외하며 악을 떠날지어다 이것이 네 몸에 양약이 되어 네 골수로 윤택하게 하리라"
잠 3:7, 8

1월 28일

　미국 루이지애나주의 남부는 온통 보라색 히아신스 꽃으로 덮여 있습니다. 이 꽃이 창궐하게 된 것은 1884년부터입니다. 당시 뉴올리언스에서는 엑스포가 열렸는데 주최측은 박람회를 화려하게 꾸미기 위해 베네수엘라에서 히아신스를 대량 수입해 행사장 주변에 심었습니다. 행사에 참석한 사람들은 흐드러지게 피어있는 이 꽃을 꺾어 가방에 집어넣었습니다. 그리고 자신의 집으로 가져와 마당에 심었습니다. 히아신스는 그 줄기를 땅에 꽂기만 해도 왕성하게 자라는 꽃입니다. 몇 개월 후 히아신스 꽃씨는 빗물을 타고 강과 들판으로 번져 마을을 온통 보라색으로 물들였습니다.

　인간의 마음 속에서 자라는 죄악도 마찬가지입니다. 욕심, 질투, 거짓, 미움 등 죄의 씨앗은 부정적인 마음의 텃밭에서 왕성하게 자랍니다. 따라서 마음의 텃밭을 항상 밝고 긍정적으로 가꾸어야 죄의 번식을 막을 수 있습니다. 하나님을 경외하며 겸손히 섬기는 사람은 언어, 심사, 행동을 삼갑니다. 이런 사람은 악을 멀리합니다.
　또한 악은 마귀로부터 나는 것입니다. 그러므로 우리는 악한 생각이 들어오지 못하도록 예수 이름으로 물리치고, 악한 사람, 악한 장소를 피하며, 나아가서 선으로써 악을 이겨야 합니다.

 하루 중 당신이 하나님과 교제하는 시간은 언제이며 그 방법은 무엇입니까?

> "네 재물과 네 소산물의 처음 익은 열매로 여호와를 공경하라 그리하면 네 창고가 가득히 차고 네 즙틀에 새 포도즙이 넘치리라"
> 잠 3:9, 10

1월 29일

감리교의 창시자 웨슬리는 물질에 대해서 다음과 같이 교훈하고 있습니다.

"첫째로 내가 이 돈을 쓸 때 하나님의 청지기가 된 나의 도덕에 어긋남이 있지 않은가? 둘째로 나의 돈 쓰는 일이 하나님 보시기에 합당한가? 셋째로 내가 이 돈을 씀으로써 후일 의인이 부활할 때에 상받을 것을 준비하고 있는가?"

우리가 물질로써 하나님을 섬기는 경우 첫 소산물을 하나님께 드리는 것은 모든 물질의 주인이 하나님이시라는 것을 고백하는 표현이며, 물질을 하나님의 뜻대로 사용하겠다는 신앙 고백적 행위입니다. 이처럼 순수한 믿음으로 드리는 헌금은 하나님께서 기쁘게 받으시며, 그 헌금을 드리는 손길에 풍성한 복을 주십니다.

재물은 어떻게 버느냐보다 어떻게 쓰느냐에 따라 그 가치가 달라집니다. 또한 재물이 얼마나 많으냐보다는 어떤 일에 사용하느냐가 더 중요합니다. 그러므로 우리는 바르고 선한 일에, 하나님의 일에 우리의 재물을 써서 이 땅에 하늘 나라가 확장되고 하나님의 뜻이 이루어지도록 하여야겠습니다.

당신이 그리스도 안에서 얻은 기업은 구체적으로 무엇입니까?

"내 아들아 여호와의 징계를 경히 여기지 말라 그 꾸지람을 싫어하지 말라 대저 여호와께서 그 사랑하시는 자를 징계하시기를 마치 아비가 그 기뻐하는 아들을 징계함같이 하시느니라" 잠 3:11, 12

1월 30일

조선왕조 명종 때의 명신인 영의정 이준경은 어머니 신씨로부터 다섯 살 때 소학을 배웠다고 합니다. 그의 어머니 신씨는 조금이라도 아들이 잘못할 경우 엄하게 징계를 했다고 합니다. 그의 어머니 신씨는 아들에게 "옛말에 이르기를 '과부의 아들은 소견이 없다'고 하였다. 너는 일찍 부친을 여의고 내게 의지하여 생활하였다. 만일 적은 행실이라도 잘못하면 세인에게 버림받을 것이니 아무쪼록 학업에 힘써 집안의 가업을 추락시키지 말아라."고 가르쳤습니다.

부모가 자식 잘되라고 징계하는 것처럼 아버지 하나님께서도 당신의 자녀가 된 우리를 잘되게 하기 위해서 징계하십니다. 이러므로 성경에 "주께서 그 사랑하시는 자를 징계하시고 그의 받으시는 아들마다 채찍질하심이니라"(히 12:6)고 기록되어 있습니다. 하나님께 매를 맞을 때는 굉장히 고통스럽습니다. 그러나 그 매는 사랑의 매요, 우리에게 유익을 주는 매입니다.

징계를 받을 당시에는 그 징계가 결코 즐겁지도 달갑지도 않습니다. 그러나 막상 그 때를 지난 후에 보면, 그 징계를 통해 자신이 더욱 성숙한 믿음과 의와 평강의 열매를 맺게 되었다는 것을 발견할 수 있습니다.

 요즘 예수님은 당신에게 어떤 위로와 용기를 주고 계십니까?

"지혜를 얻은 자와 명철을 얻은 자는 복이 있나니 이는 지혜를 얻는 것이 은을 얻는 것보다 낫고 그 이익이 정금보다 나음이니라 지혜는 진주보다 귀하니 너의 사모하는 모든 것으로 이에 비교할 수 없도다" 잠 3:13-15

1월 31일

 큰 공업도시의 후생사업국의 한 여직원이 빈민가에서 12살쯤 되는 한 아이를 알게 되었는데 그 아이는 소아마비로 희망없는 절름발이가 되어 있었습니다. 어느 날, 그녀는 시내의 유명한 정형외과 의사를 찾아가 소년에 대한 깊은 애정과 관심을 호소했고, 의사는 수술하겠다고 승락했습니다. 마침내 소년은 정상인과 같이 되었습니다. 세월이 흘러 중년 부인이 된 후생국 직원이 우연히 길에서 의사와 마주쳤습니다. 그러자 의사는 "그 소년은 지금 어떻게 되었습니까?"하고 물었습니다. 부인은 매우 진지하고도 슬프게 대답했습니다. "그는 여기에 없습니다. 감옥에 가 있습니다. 살인자로 형기를 보내고 있지요. 박사님, 우리는 그에게 걷는 법만 가르치려 애를 썼지 그가 걸어가야 할 곳을 가르치는 것을 잊고 있었습니다."

 예수 그리스도를 믿고 하나님을 경외하는 것이 지혜의 근본입니다. 이 지혜가 있는 사람에게는 어떠한 문제나 어려움도 장애가 되지 못합니다. 그러나 지혜가 없는 사람은 재물이 많고, 건강해도 소용이 없습니다. 지혜가 없는 사람은 건강해도 건강을 바로 사용하지 못하며, 재물 또한 제대로 관리하지 못하여서 재산도 잃고 자신도 망칩니다. 그러므로 지혜를 얻는 것이 더욱 중요한 것입니다.

 당신이 하나님 앞에 나아갈 때 버려야 할 것은 무엇이라 생각합니까?

잠언으로 여는 365일

2월 ●

"지혜가 너로 선한 자의 길로
행하게 하며 또 의인의 길을
지키게 하리니"(2장 20절)

> "그 우편 손에는 장수가 있고 그 좌편 손에는 부귀가 있나니 그 길은 즐거운 길이요 그 첩경은 다 평강이니라"
> 잠 3:16, 17

2월 1일

빅토리아 여왕 통치기간에 영국은 국력이 세계에 편만했고 그 영토가 세계에 산재하여 하루종일 "해가 지지 않는 나라"라고 일컬어질 정도로 영화가 최절정에 올랐었습니다. 외국 왕들이 찾아와 영국이 그토록 위대해진 비결을 묻자 빅토리아 여왕은 성경을 가리키며 '이 하나님의 말씀이 우리 영국을 이토록 위대하게 했다'고 서슴없이 말했습니다.

미국이 최대강국의 영광을 누리는 것은 그들이 청교도 신앙의 후예로서 하나님의 말씀을 그 나라 통치의 원칙으로 삼고 있기 때문입니다. 그러기에 미국 국쇄 뒷면에는 "annuit coeptis"라는 표어가 있는데 이는 "하나님은 우리가 하는 일에 미소지으셨다"라는 뜻입니다.

하나님께서는 하나님의 뜻에 따라 행하고자 하며, 그 지혜를 구하는 자에게 지혜와 총명뿐 아니라 부귀와 영광을 주시고, 장수를 약속해 주십니다. 지혜가 있으면 부귀가 따르고, 지혜로 인하여 이름을 떨쳐 영화롭게 됩니다.

하나님께서는 지혜 얻기를 간절히 소원하며 간구하는 사람에게 지혜를 풍성히 주십니다. 지혜 얻기를 원하십니까? 지금 바로 지혜의 근원이신 하나님께 구하십시오. 그리하여 참으로 복된 인생을 살아가시기를 바랍니다.

 당신은 오늘도 이 나라와 이 민족의 앞날을 위해 기도했습니까?

> "지혜는 그 얻은 자에게 생명나무라 지혜를 가진 자는 복되도다"
>
> 잠 3:18

2월 2일

 미국 샌프란시스코의 금문교(The Golden Gate Bridge)는 본래 레드우드(Red Wood)라는 2000년 된 나무의 뿌리에서 지혜를 얻어 설계되었다고 합니다. 이 나무는 다음과 같은 세 가지의 특성을 가지고 있었습니다.

 첫째, 다른 나무보다 땅 속 깊은 곳까지 뿌리를 내리고 있었습니다. 둘째, 잔뿌리가 무척 많았으며, 그 잔뿌리는 습기가 있는 곳으로 찾아 들어가 물을 공급해 주었습니다. 또한 자갈과 박토를 피해서 꼬불꼬불 하지만, 물이 있는 먼 데까지 뻗어 있었다는 것입니다. 셋째, 뿌리가 큰 바위를 감고 있어서 폭풍이 불어 나무가 흔들릴 때도 반석을 휘감은 뿌리 때문에 나무가 쓰러지지 않았다는 것입니다. 금문교를 시공한 사람 역시 반석이 나올 때까지 깊이 파고 들어가 그 위에 교각의 지주를 세우고 서로를 연결하여 다리를 건설하였다고 합니다.

 겉모양이 아무리 보기에 좋다고 해도 주춧돌이 없다면 곧 무너지듯이 인간 역시 든든한 기반이 없다면 그의 삶은 "사상누각(砂上樓閣)"에 불과할 것입니다. 바로 여기 보이지 않지만 인생의 반석이 되시는 예수 그리스도가 계십니다. 그 분만이 인생을 흔들리지 않는 풍요로움으로 채워 주실 것입니다. 이에 '생명 나무' 되신 예수님으로부터 늘 생명을 공급받으시기 바랍니다.

 당신은 삶의 뿌리를 어디에 내리고 있습니까? 예수님 안에 뿌리내리고 있습니까?

"여호와께서는 지혜로 땅을 세우셨으며 명철로 하늘을 굳게 펴셨고 그 지식으로 해양이 갈라지게 하셨으며 공중에서 이슬이 내리게 하셨느니라" 잠 3:19, 20

2월 3일

하루는 무디 선생님이 설교를 하다가 손에 컵을 들고 가리키며 말했습니다. "이 컵에서 공기를 하나도 남김없이 빼려면 어떻게 해야 됩니까?"

사람들은 공기펌프로 빼야 된다느니 하며 여러 가지 방법을 이야기하였습니다. 그 때 무디 선생님은 빙그레 웃으며 말했습니다. "이 컵에서 공기를 빼면 진공상태가 되어 컵이 깨져 버립니다. 컵이 깨지지 않게 공기를 제거하는 방법은 한가지밖에 없습니다. 그것은 공기대신 다른 것을 채우면 됩니다." 하면서 주전자를 들고 컵에 물을 가득 채웠습니다. 사람들은 고개를 끄덕이며 감탄하였습니다.

예수님을 믿고 마음속에 있는 모든 죄를 자복하고 회개를 하고서 새사람이 되어 살려고 해도 그것이 결국 작심삼일로 끝나고 마는 이유가 무엇입니까?

마음을 깨끗이 비우기는 했지만 그 안에 다른 어떤 것을 대신 채우지 않았기 때문에 깨져버리는 것입니다(빌 2:5). 그러므로 내 안에 예수님의 마음을 채워야 됩니다. 예수님을 마음속에 모시고 사는 사람은 하나님의 지혜를 얻어 창조적인 삶을 살 수 있는 것입니다.

 당신은 예수그리스도를 누구라고 고백하고 있습니까?

"내 아들아 완전한 지혜와 근신을 지키고 이것들로 네 눈 앞에서 떠나지 않게 하라"

잠 3:21

2월 4일

한 소년이 역사에 남을 훌륭한 업적을 남기고 싶었습니다. 그래서 목사님에게 그 비결을 물었습니다.

"훌륭한 사람이 되려면 어떤 일부터 해야 합니까?" 그 때 목사님은 소년에게 친절히 설명해 주었습니다. "하루 24시간 중 한 시간만 내가 가르쳐준 대로 행동할 수 있겠는가?" 소년이 그렇게 하겠다고 하자, 목사님이 소년에게 "하루에 15분씩 기도하고 15분씩 성경을 묵상하게. 15분씩 다른 사람에게 하나님에 대한 이야기를 하고 15분씩 사랑을 실천하게. 그러면 자네의 인생에 밝은 빛이 보일 걸세." 소년은 그 때부터 이 교훈을 행동으로 옮겼습니다. 그리고 그는 과연 전 세계를 누비는 인물이 됐습니다. 이 사람이 바로 빌리 선데이. 세계적인 부흥사의 이름입니다.

지혜를 지키고 명심하는 사람이란 지혜로 말미암아 인격이 높고 뛰어나게 되어 다른 사람들로부터 사랑과 존경을 받고 영광받는 사람을 의미합니다. 지혜는 우리가 죄악과 온갖 세상 유혹을 피하고 안전한 길로 행하도록 지시해 줍니다. 우리가 전폭적으로 하나님을 의지하며 살아갈 때에, 하나님께서 지혜를 통해 우리를 인도해 주시고 걸림돌처럼 우리의 삶 가운데 다가오는 모든 인생의 난관과 문제를 해결하게 해 주시므로 우리는 안전하게 살아갈 수 있는 것입니다.

 영적인 사람이 되기 위해 당신은 얼마나 노력하고 있습니까?

"네가 네 길을 안연히 행하겠고 네 발이 거치지 아니하겠으며 네가 누울 때에 두려워하지 아니하겠고 네가 누운즉 네 잠이 달리로다" 잠 3:23, 24

2월 5일

어떤 사람이 고난에 처해, 견디다 못해서 자살을 할까도 생각하다가 마지막에 교회 목사님을 찾아가기로 했습니다. 드디어 그는 목사님을 찾아가 "하나님이 사람을 만드셨다고 하는데 왜 하나님은 사람에게 이런 고통을 주나요?"하고 따지듯이 물었습니다. 목사님은 약국에 가서 병에 든 약을 아무거나 빨리 사오라고 했습니다. 그 사람이 약을 사오자

"곽이 약병 밑에 무어라 씌어 있는지 읽어 보십시요."
"잘 흔들어서 드십시요."
"맞습니다. 인생에 파문이 일어 고난을 당하는 것은 하나님의 섭리입니다. 약병을 흔들어 먹는 것은 가라앉은 약효를 확실히 하려고 그러는 것 아닙니까? 잠시만 참으십시오. 하나님이 이제 축복하실 것 입니다."

우리의 인생 길에는 동남풍도 불고 서북풍도 휘몰아칩니다. 여러 가지 문제의 풍랑이 일어서 큰 고통을 받고 염려와 근심 가운데 표류할 때도 있습니다. 그러나 우리가 우리 인생의 조각배에 예수님을 선장으로 모시고 있는 한, 우리는 절대로 침몰하지 않습니다. 온 세상이 나를 버려도 주님께서 나를 버리지 않습니다. 그러므로 그리스도인은 주님을 담대히 믿고 의지함으로써 늘 평안을 누릴 수 있는 것입니다.

 합력하여 선을 이루시는 하나님을 경험하셨습니까? 함께 나누어 보십시오.

> "너는 창졸간의 두려움이나 악인의 멸망이 임할 때나 두려워하지 말라 대저 여호와는 너의 의지할 자이시라 네 발을 지켜 걸리지 않게 하시리라"
> 잠 3:25, 26

2월 6일

송나라에서는 공자를 시기해 죽이려는 사람들이 있었습니다. 예(禮)를 실습하던 공자 일행들이 있다는 산의 나무를 모두 베어 가며 그들을 찾았으나 공자는 "하늘이 나를 냈으니 환퇴가 제 아무리 한들 나를 어쩔 수 있겠느냐."라고 하며 조금도 두려워하지 않았습니다.

초나라 소왕의 초대를 받고 가는 중에는 진채의 대부가 서로 의논하여 공자를 포위하고 양식을 끊어 버렸으나 공자는 양식이 끊어지고 3일이 지난 후에도 태연히 앉아서 거문고를 타고 있었습니다. 그는 권세의 위협이나 죽음에 대한 두려움을 초월한 사람이었습니다.

만유보다 크신 하나님의 보호를 받는 사람은 아무런 두려움 없이 살 수 있습니다. 전혀 예기치 못한 급작스러운 일이 생겨 두려움에 휩싸일 때에도, 악인에게 멸망이 임할 때에도 두려워할 필요가 없습니다. 어떠한 역경과 환난 가운데서도 하나님을 굳게 잡고 의지하는 자는 하나님의 보호를 받아 안전하게 살아갑니다. 그러므로 우리는 인생의 진정한 보호자시며, 피난처이신 하나님을 굳게 의지하고, 하나님의 도우심을 받아 두려움 없는 인생을 살아야겠습니다.

당신은 인간의 나약함을 인정하고 하나님의 절대 주권을 인정하고 있습니까?

"네 손이 선을 베풀 힘이 있거든 마땅히 받을 자에게 베풀기를 아끼지 말며 네게 있거든 이웃에게 이르기를 갔다가 다시 오라 내일 주겠노라 하지 말며" 잠 3:27-28

2월 7일

한 성직자가 전상용사들이 수용된 허름한 막사를 방문했습니다. 막사는 전쟁 중 부상을 당한 병사들의 신음소리로 요란스러웠습니다. 그는 한 손에 성경을 들고 부상병의 이마에 손을 얹으며 말했습니다. "당신을 위해 기도해주겠소." 그러자 부상병이 말했습니다. "저는 지금 목이 마릅니다. 물을 좀 주세요." 성직자가 병사에게 물을 먹인 후 말했습니다. "이제 기도를 해드릴까요." "제가 지금 너무 추워요. 담요가 있으면 좀 덮어주세요." 성직자는 자신의 옷을 벗어 병사를 덮어주었습니다. 그러자 병사가 성직자를 바라보며 말했습니다. "당신의 손에 들려있는 것이 그 유명한 성경이군요. 저를 위해 기도해 주세요. 그리고 성경을 좀 읽어주세요."

기독교는 실천의 종교입니다. 남에게 선을 베풀면 자연스럽게 사람의 마음이 열립니다. 예수 그리스도의 이름으로 사랑을 베풀 때 사람들은 복음을 받아들입니다. 입으로만 하는 사랑은 힘이 없습니다. 우리 주변에는 도움이 필요한 이웃들이 많이 있습니다. 따라서 우리는 '나는 사는 데 아무 부족함도 어려움도 없다.'고 하여 주위에 가난하고 병들고 소외당한 이웃들에게 무관심한 채 살아가서는 안 됩니다. 그리스도의 사랑을 가지고 적극적으로 그들을 도와주어야 합니다.

당신은 희생적 봉사와 겸손의 삶을 살고 있습니까?

> "포학한 자를 부러워하지 말며 그 아무 행위든지 좇지 말며 그 아무 행위든지 좇지 마라 대저 패역한 자는 여호와의 미워하심을 입거니와 정직한 자에게는 그의 교통하심이 있으며" 잠 3:31-32

2월 8일

난세에는 항상 가렴주구를 일삼는 포악한 관리들이 있기 마련입니다. 중국의 후진에도 이러한 포학한 관리가 있었는데, 특히 조재례의 가렴주구는 당시 필적할 자가 없을 정도였습니다. 마침 그가 영흥 절도사로 갈리게 되자 그가 다스리던 송주 주민들은 기뻐하며 "그놈이 나가 준다는 것은 눈에 박혔던 못이 빠지는 것과 같다. 아아, 시원하구나!"(拔釘錢)하고 환호했습니다.

그런데 이 소문을 들은 조재례는 화가 난 나머지 일 년간만 더 송주에 머물러 있게 해 달라고 조정에 청원을 했습니다. 그리하여 조정의 허락을 받은 뒤부터 그는 토착민이나 외래자를 불문하고 관내 주민들에게 엄청난 세금을 부과하고, 그 돈을 "못 빼는 돈"(眼中之釘)이라 불렀습니다. 하지만 후진이 멸망할 때 그는 억만금을 끌어안은 채로 목을 매고 죽었습니다.

포학한 자는 공갈 협박을 하여 가난하고 힘없는 사람들을 갈취하며, 악을 행하여 불의한 재물과 명성을 쌓습니다. 세상에서 출세하여 명성을 얻은 사람들 중에는 이처럼 포학을 행하여 성공한 사람들도 있습니다. 그리고 이러한 사람들을 부러워하여 그들의 행위대로 따라 하려는 사람들도 있습니다. 그러나 포학한 자는 일시적으로는 부귀와 공명을 얻은 것 같아도 하나님의 심판을 피할 수 없습니다.

 당신의 눈은 날마다 예수님께 고정되어 있습니까?

"악인의 집에는 여호와의 저주가 있거니와 의인의 집에는 복이 있느니라"

잠 3:33

2월 9일

'올곧다'라는 말이 있습니다. 이 말은 길쌈용어인데, 올과 올이 흐트러지지 않고 날줄과 씨줄이 조화롭고, 정연하게 잘 짜여진 상태를 말합니다. 여인들이 뜨개질을 하는 것을 보면, 그 작업은 아주 시간이 많이 걸리는 일이고 행여 잘못된 코를 발견하거나 고르지 못하게 짜여져 있으면 그 부분까지 풀어서 다시 시작해야 하는 어려운 작업입니다.

인생도 길쌈과 같습니다. 매일 매일 한순간 한순간 하나님의 말씀따라 열매맺는 삶을 산다면, 마치 길쌈하듯, 뜨개질을 하듯 인생이 참으로 올곧게 엮어질 것입니다.

악인은 일시적으로 세상에서 형통할지라도 결국은 치욕을 당하게 됩니다. 그러나 정직히 행하는 의인은 하나님께서 은총을 주셔서 하나님과 교제하는 가운데 하나님의 비밀과 언약을 알게 되고, 자손 대대로 하나님의 복을 받습니다.

사람들은 세상에서 출세하고 성공하면 천년만년 영화를 누리면서 살 줄 압니다. 그러나 이 세상에서의 영화는 영원하지 못합니다. 더욱이 그 영화를 얻는 데 정당하지 못한 방법을 썼다면, 그 인생은 성공한 듯이 보일지라도 완전한 실패입니다. 인생의 진정한 성공, 영원한 영광은 하나님 안에 있습니다.

 오늘 이시간 당신의 신앙을 재점검하고 성령의 인도를 받으십시오

> "아들들아 아비의 훈계를 들으며 명철을 얻기에 주의하라 내가 선한 도리를 너희에게 전하노니 내 법을 떠나지 말라"
> 잠 4:1, 2

2월 10일

어느 총각 선생님이 징검다리를 건너다 잘못 놓인 돌을 디뎌 물 속에 빠지고 말았습니다. 선생님은 집으로 급히 달려갔습니다. 물에 젖은 아들을 보고 어머니는 걱정이 되어서 말했습니다.
"물에 빠졌구나."
"네, 징검다리를 건너다 잘 못 놓인 돌을 밟아서 그만…."
"그래, 돌은 바로 놓고 왔느냐?" "아, 아뇨!"
"이 녀석, 그래 가지고 무슨 선생이냐! 빨리 가서 돌부터 바로 놓고 와서 젖은 옷을 갈아입어라!"
그 이후 이 선생님은 사람들의 존경을 받는 훌륭한 스승이 되었는데 회고하기를 그 때 그 사건이 인생의 전환점이 되었다고 합니다. 무슨 일이든지 "돌을 바로 놓는 마음"으로 하니 마음 자세도 바르게 되고 주변의 사람들도 바르게 보아주더랍니다.

하나님의 법을 듣고 순종하는 자에게는 하나님께서 주시는 생명이 그 안에 있는 것입니다. 세상에서 하나님의 법대로 살아가려면 고통과 갈등이 따릅니다. 왜냐 하면 하나님의 법과 세상의 법이 서로 다르기 때문입니다. 국민은 자신이 속한 나라의 법을 따라야 합니다. 그러나 우리 그리스도인들은 하나님 나라의 백성입니다. 그렇기 때문에 우리는 이 세상에 살고 있을 지라도 하나님의 법을 따라 살아야 하는 것입니다.

 당신은 소망의 하나님을 의지하며 날마다 감사하는 생활을 하고 있습니까?

"아버지가 내게 가르쳐 이르기를 내 말을 네 마음에 두라 내 명령을 지키라 그리하면 살리라 지혜를 얻으며 명철을 얻으라 내 입의 말을 잊지 말며 어기지 말라" 잠 4:4, 5

2월 11일

한 유대인 어머니가 아들과 함께 백화점에 들러 양복과 외투를 샀는데 아들의 양복 주머니에 다이어몬드 반지가 들어 있었습니다. 아들이 어머니에게 말했습니다. "어머니, 양복주머니에 반지가 들어있는 것을 아는 사람은 아무도 없어요. 이건 어머니의 것입니다." 어머니는 아들을 데리고 백화점으로 갔습니다. 그리고 자초지종을 설명했습니다. 그러자 백화점 주인이 말했습니다. "이 옷을 사신 분이 반지의 주인입니다. 왜 반지를 내게 돌려주려 하십니까?" 어머니는 아들의 얼굴을 한번 바라보더니 이렇게 대답했습니다. "나는 옷을 샀을 뿐입니다. 반지를 산적은 없소. 저는 유대인이거든요." 이 모습을 본 아들은 평생 어머니에게 배운 '유대인의 정직'을 가슴에 새겼습니다.

말씀을 마음에 둔다는 것은 말씀을 늘 묵상한다는 뜻입니다. 말씀을 깊이 묵상하고 또 묵상하면 그 말씀이 확실하게 깨달아져서 우리의 영혼과 삶에 영양분이 됩니다. 여기서 우리는 부모가 자식의 의식 속에 무엇을 심어주는가가 얼마나 중요한지 볼 수 있습니다. 이러므로 우리는 지식과 재능을 계발시키기 위해 자식에게 조기 교육을 시키기보다는 그들의 일생에 가장 귀중하고 필요한 것을 그들의 의식에 생생히 새겨 주는 생명력 있는 신앙 교육을 하여야겠습니다.

 당신은 불의에 대해 침묵하십니까? 아니면 진노하고 있습니까?

"그를 높이라 그리하면 그가 너를 높이 들리라 만일 그를 품으면 그가 너를 영화롭게 하리라 그가 아름다운 관을 네 머리에 두겠고 영화로운 면류관을 네게 주리라 하였느니라" 잠 4:8, 9

2월 12일

어느 날, 저녁예배를 마치고 집으로 오는 아버지와 딸이 있었습니다. 그날 따라 어찌나 바람이 차갑게 부는지 아버지는 자라목처럼 하고 고개를 숙이고 종종걸음을 쳤습니다. 그런데 유모차에 매달려 따라오던 여섯 살짜리 딸아이가 말했습니다.
"아빠! 하늘에 별들이 너무 예뻐요!"
추워서 1초라도 빨리 집에 가려고 마음은 급하지만 딸아이의 말에 잠깐 하늘을 올려다 본 아버지가 바라본 하늘에는 정말로 별들이 예쁘게 빛나고 있었습니다. 아버지는 추운데도 별을 볼 수 있는 딸아이의 순진한 마음이 밤하늘의 별빛처럼 아름답게 느껴졌습니다.

마음이 열린 사람들은 아무리 추워도 밤하늘의 별빛을 발견하는 아이의 순진함처럼 그렇게 하나님의 말씀도 쉽게 깨닫습니다. 이 세상에서 가장 귀한 '지혜'는 하나님의 말씀을 통해서, 성령을 통해서, 기도를 통해서 옵니다. 우리가 말씀을 사모하며 읽고, 간절히 기도하고, 성령께 의지하면 하나님께서 우리에게 지혜를 주십니다. 이 지혜를 얻으면, 우리는 그 지혜로 인하여 보호받고 높임 받고 영화롭게 됩니다. 그러므로 우리는 이처럼 우리를 안전하고 존귀하게 만들어 주는 하나님의 지혜를 얻도록 말씀 읽기와 기도에 힘쓰고 성령 충만함을 받아야겠습니다.

 당신은 육체의 일과 성령의 일을 구별하며 신령과 진정으로 살고 있습니까?

"내 아들아 들으라 내 말을 받으라 그리하면 네 생명의 해가 길리라"

잠 4:10

2월 13일

미국 버지니아에 존 영이라는 흑인 농부가 살았습니다. 존 영 부부는 학교에서 교육을 받은 적이 없는 무식한 사람들이었습니다. 그런데 이 부부는 신앙생활을 철저히 했습니다. 부부는 위기가 닥칠 때마다 "하나님이 지켜주십시오."라고 기도했습니다. 이 부부는 '이 집의 뿌리는 하나님이시다' 라는 가훈을 자녀들이 늘 외우도록 했습니다. 후에 존 영의 자녀들은 단 한 명의 낙오자도 없이 모두 대학을 졸업했습니다. 그리고 자녀 중에서 코넬 대학 경제학 박사, 교사, 간호사, 음악가 등이 배출됐습니다.

하나님을 바라보는 가정은 망하는 법이 없습니다. 부모의 기도는 자녀를 위한 행복의 자양분이며, 좋은 나무에서는 좋은 열매가 맺히게 마련입니다.

하나님의 말씀은 우리에게 생명이 되며 우리 온 육체의 건강이 됩니다(잠 4:22). 우리가 하나님의 교훈과 말씀대로 살면, 우리의 영혼만 잘되는 것이 아니라 이 땅에서 건강하게 장수하며 형통한 삶을 살 수 있는 것입니다. 우리가 건강하고 형통하게 장수할 수 있는 비결은 말씀 안에 거하는 것입니다. 그러므로 우리는 하나님께서 우리에게 주시는 지혜의 말씀, 훈계와 교훈을 굳게 잡아 놓치지 말고 지켜야겠습니다. 그것이 바로 우리가 '사는 길'이요, 우리의 '생명 길' 입니다.

당신이 하나님의 말씀대로 살기 위해 노력했던 부분을 구체적으로 나누어 보십시오.

"사특한 자의 첩경에 들어가지 말며 악인의 길로 다니지 말지어다 그 길을 피하고 지나가지 말며 돌이켜 떠나갈지어다"
잠 4: 14, 15

2월 14일

어느 목사님이 설교시간에 죄에 대하여 아주 강하게 말했더니, 이튿날 어느 여자 교인 한 분이 목사님 댁으로 찾아와서 이렇게 말했습니다.

"목사님, 어제 설교에서는 죄에 대하여 너무 솔직하게 말씀하셨어요. 우리 애들이 그 말씀을 듣고 그러지 않아도 교회에 잘 나오지 않으려 하는데 앞으로는 너무 그렇게 솔직하게 죄에 대해서는 말씀 안하시는 게 좋겠어요."

이 충고를 듣고 있던 목사님이 일어나시더니 약장문을 열고 '극약'이라고 쓰여진 약병을 꺼냈습니다. "자매님의 말씀은 이 약병에서 '극약'이라고 쓴 딱지를 바꾸라는 말씀이지요? 제가 이 독약이 든 병에서 '독약'이라는 딱지를 떼버리고 '꿀'이라고 써 붙이면 좋을까요? 그러면 위험하지 않겠어요? 사람이 듣기 좋은 말만 하면 오히려 사람을 죽인답니다."

옛날이나 오늘날이나 죄라는 말은 듣기 싫어합니다. 기왕이면 좋은 말을 썼으면 하는 사람이 많고 아예 어떤 사람은 교회에서는 죄라는 말은 빼고 윤리적인 말이나 철학적인 지식이나 때로는 정치적인 발언이나 했으면 하는 이들도 많습니다. 그러나 성경은 "악은 모든 모양이라도 버리라"(살전 5:22)고 권면하고 있음을 기억해야 합니다.

 당신의 신앙은 교회 안에서나 밖에서나 동일합니까?

"의인의 길은 돋는 햇볕 같아서 점점 빛나서 원만한 광명에 이르거니와 악인의 길은 어둠 같아서 그가 거쳐 넘어져도 그것이 무엇인지 깨닫지 못하느니라" 잠 4:18, 19

2월 15일

아테네의 철학자였던 디오게네스는 어느 대낮에 등불을 켜들고 길거리에서 무엇인가를 열심히 찾고 있었습니다. 이를 이상하게 생각한 시민들은 디오게네스에게 무엇을 찾고 있느냐고 물었습니다. 그러자 그는 사람을 찾는다고 대답하며, 하지만 "사람다운 사람을 찾지 못하여 등불을 들고 길거리를 헤메어 보았으나 끝내 의인을 찾지 못했다."고 말했습니다.

새벽 하늘에 해가 돋는 광경을 보면, 처음에는 칠흑같이 어둡던 하늘이 서서히 부옇게 되다가 잘 익은 홍시 같은 해가 떠오르면서 어둠이 걷히고 점점 빛이 밝아져서, 정오가 되면 눈부시게 세상을 비추는 것을 볼 수 있습니다. 그리스도인이 바로 이와 같습니다. 처음에는 그 존재가 미미할지라도 점차 그 존재가 확실해지다가 나중에는 순식간에 세상을 비추는 큰 빛이 되는 것입니다.

 당신은 그리스도의 복음을 만나는 사람마다 전하고 있습니까?

> "무릇 지킬 만한 것보다 더욱 네 마음을 지키라 생명의 근원이 이에서 남이니라"
>
> 잠 4:23

2월 16일

어떤 스승이 바구니 안에 꽃을 담고 제자들에게 물었습니다. "이것이 무슨 바구니인가?" 제자들은 너무나 당연하다는 듯이 "꽃바구니입니다." 하고 대답했습니다. 스승은 꽃을 들어내고 생선을 바구니에 담고 똑같이 물었습니다. 제자들은 "생선 바구니입니다." 하고 대답했습니다. 스승은 "맞다. 똑같은 바구니이지만 꽃을 담으면 꽃바구니요, 생선을 담으면 생선바구니이니라. 마찬가지로 사람도 그 안에 쓰레기가 담겨 있으면 쓰레기 같은 사람이지만, 그 안에 향기 나는 꽃이 담겨 있으면 향기 나는 사람이니라."

우리 안에는 무엇이 담겨 있습니까?
우리 삶의 원천은 우리의 마음에 있습니다. 마음이 악하면 모든 행동이 악합니다. 마음에 죄가 들어오면 죄를 짓습니다. 그러나 마음이 선하면 선을 행하고, 마음에 예수 그리스도를 영접하여 의롭게 되면 생활 전반에 의의 열매를 맺게 됩니다. 의의 결국은 영생이고, 악의 결국은 멸망입니다. 우리가 영생을 얻는 길은 우리의 마음을 의로 채우는 것입니다. 그리고 그 마음을 지켜야 하는 것입니다. 그러므로 우리는 우리의 의가 되시는 예수 그리스도 안에서 우리의 마음을 말씀을 단단히 지켜 생명 길로 행하여야겠습니다.

예수님으로 인하여 밀려오는 기쁨과 평안을 당신은 날마다 경험하고 있습니까?

"궤휼을 네 입에서 버리며 사곡을 네 입술에서 멀리하라"

잠 4:24

2월 17일

알베르트 아인슈타인 교수에게 한 학생이 질문을 했습니다.
"교수님 같은 위대한 과학자가 될 수 있는 비결은 무엇입니까?"
그러자 교수는 이렇게 대답했습니다.
"입을 적게 움직이고 머리를 많이 움직이게나."

자신의 일에 골몰하는 사람은 말을 많이 하지 않습니다. 자신의 일에 골몰하지 않는 사람은 그 눈에 타인의 흠만 보입니다. 그리고 타인들을 향해 독설을 퍼붓습니다.

사람이 태어나서 말을 배우는데는 2년이 걸리지만 침묵을 배우는데는 60년이 걸린다는 말도 있습니다. 지혜로운 사람은 말하기 전에 두 번 생각을 합니다.

마음을 지키는 자는 궤휼한 말과 사곡한 말을 하지 말아야 합니다. 우리 입술의 말은 우리의 행동을 지배합니다. 궤휼하고 사곡한 말을 하는 사람은 그 인격도 그렇게 변화되고 그의 행동과 삶도 거짓되고 악하게 됩니다. 그러나 공평하고 공의롭고 정직하고 진실한 말을 하는 사람은 그 인격도 그렇게 변화되어 말뿐 아니라 행동과 삶 전체가 정직하고 진실하고 의로운 열매가 맺히게 됩니다.

 당신의 언어(말)는 다른 사람에게 힘이 됩니까? 상처가 됩니까?

"네 눈은 바로 보며 네 눈꺼풀은 네 앞을 곧게 살펴"

잠 4:25

2월 18일

인도에 재색을 겸비한 한 여인이 살고 있었습니다. 그녀는 왕과 결혼해 행복한 삶을 누렸습니다. 그러나 결혼한 지 1년 만에 병사하고 말았습니다. 왕은 그 슬픔을 견딜 수 없었습니다. 그래서 왕비의 무덤 동쪽에 자신의 모습을 조각한 동상을 세웠습니다. 그리고 1년 후, 무덤 서쪽에 왕가를 상징하는 호랑이 동상을 세워 놓았습니다. 또 1년 후, 죽은 영혼을 위로하기 위해 호화로운 별장과 자신의 권력을 상징하는 웅장한 성을 건립했습니다.

왕은 맞은편 동산에 올라 왕비의 무덤을 내려다보며 흡족한 표정을 지었습니다. 그런데 웅장한 성과 별장, 정교한 동상들의 중심에 위치한 무덤이 자꾸만 눈에 거슬렸습니다. 그래서 신하들을 불러 명령했습니다. "저 무덤을 당장 치워버려라."

웰스(Wells)의 단편소설 '무덤'의 스토리입니다. 사람들은 하나님을 마음의 중심에 모시고 살다가 권력, 돈, 사랑이 생기면 하나님을 중심에서 치워버리는 우를 범합니다.

아담과 하와는 선악을 알게 하는 나무의 열매를 바라봄으로 그만 유혹에 빠져 그 실과를 따 먹게 되었습니다. 그러므로 성도들은 항상 주님의 대속의 십자가, 믿음의 주요 온전케 하시는 예수님을 바라보는 사람이 되어야 합니다. 그럴 때 십자가 대속의 은총을 누리고 주님의 온전하신 형상을 닮아 가게 됩니다.

 예수 그리스도는 당신에게 어떤 존재입니까?

 "우편으로나 좌편으로나 치우치지 말고 네 발을 악에서 떠나게 하라"

잠 4:27

2월 19일

어떤 유대인이 랍비에게 이렇게 물었습니다.

"랍비여, 말씀해 주십시오. 저희는 어떻게 하나님을 섬겨야 합니까?" 이에 랍비는 그에게 이러한 이야기를 들려주었습니다.

"왕에게 두 친구가 있었는데, 둘 다 유죄판결을 받았지. 왕은 그들을 사랑했으므로 자비를 베풀고 싶었으나 왕이라 할지라도 법을 어길 수는 없었으므로 벌을 면해 줄 수는 없었지. 그래서 그는 이러한 판결을 내렸지. 깊은 낭떠러지 사이에 줄을 팽팽하게 걸어 놓고는, '한 명씩 차례로 그 위를 걸어서 건너야 한다. 맞은편에 도착하는 자는 생명을 건질 것이다.'라고 했지. 왕의 명령에 따라 먼저 건넌 친구는 무사히 건넜지. 남겨진 친구는 여전히 같은 자리에 서서, 그에게 소리쳤지. '말해 주게, 친구여! 자네는 어떻게 건넜는가?' 먼저 건넌 친구가 뒤돌아보고 외쳤지. '나도 모르겠네. 단지 한쪽으로 기울어질 때마다 반대쪽으로 몸을 기울였다네.'"

마음속에 하나님의 말씀과 성령이 충만한 성도는 세상 사람들과 멀어지고 세상 쾌락을 멀리하며, 하나님을 예배하고 성도들과 교제하는 모임에 모이기를 힘씁니다. 그리하여 좌우로 치우쳐 죄악의 도랑으로 빠지지 않고, 지혜의 인도함을 받아 의로 포장된 생명의 길로 꿋꿋하게 전진해 나아가는 것입니다.

 당신은 날마다 기도를 통해 하나님의 약속을 체험하고 있습니까?

"내 아들아 내 지혜에 주의하며 내 명철에 네 귀를 기울여서 근신을 지키며 네 입술로 지식을 지키도록 하라"
잠 5:1, 2

2월 20일

슈바이처 박사의 이야기입니다.
어느 해 슈바이처 박사가 모금운동을 하기 위해 고향을 방문했습니다. 열차가 역에 도착했을 때 환영객들은 박사님이 기차에서 내리기를 기다리고 있는데 기차가 출발하는데도 박사님이 안 내리는 것입니다. 나중에 자초지정을 알아 봤더니 환영객은 1등 칸 앞에서 기다렸고 박사님은 3등칸에서 내렸다는 것입니다. 이에 슈바이처 박사는 '하하하' 웃으면서 "4등칸이 있어야 말이죠! 그래서 3등칸을 타고왔죠."

스스로 근신하고 낮아져서 겸비한 사람은 하나님께서 높여 주십니다. 성경은 "여호와는 가난하게도 하시고 부하게도 하시며 낮추기도 하시고 높이기도 하시는도다"(삼상 2:7)라고 말씀합니다.
한편 '입'은 은혜를 지키는 뚜껑입니다. 말로써 하나님의 말씀을 긍정적으로 시인하면 우리의 신앙이 하나님께 묶여 하나님의 은혜와 기적을 가져다 줍니다. 그러나 말로써 하나님의 말씀을 부인하고 부정하면 하나님의 말씀의 능력이 풀려서 아무런 은혜를 받을 수 없게 되는 것입니다.
그러므로 항상 겸손한 마음으로 근신하며, 지식의 말 곧 진리를 말해야 합니다.

 당신은 겸손한 자를 들어 사용하시는 하나님을 체험한 적이 있습니까?

> "대저 음녀의 입술은 꿀을 떨어뜨리며 그 입은 기름보다 미끄러우나 나중은 쑥같이 쓰고 두 날 가진 칼같이 날카로우며"
> 잠 5:3-4

2월 21일

그리스 신화에 남자들을 유혹하는 음탕한 여신의 이름이 나옵니다. 이 여신의 이름은 세이레네스(Seirenes). 그녀의 얼굴 모습은 아름다운 여인이지만 몸은 새였습니다. 그녀는 바위틈에 숨어 지내다가 감미로운 노래로 사내들을 유혹했습니다.

카프리 섬과 세이레스 섬을 지나는 선원들은 그녀의 달콤한 목소리를 견디지 못하고 접근했다가 어김없이 희생을 당했습니다. 하지만 음악가 오르페우스만이 유혹의 노래를 물리쳤습니다. 그 비결은 간단했습니다. 오르페우스는 더 큰 목소리로 음탕한 노래를 봉쇄한 것입니다.

인생을 살다보면 가끔 감미로운 유혹의 노래가 들려옵니다. 유혹은 항상 명분과 핑계를 무기로 인간을 무너뜨립니다.

사단은 사람들을 유혹할 때 미래를 말하지 않습니다. 오직 현실적으로 지금 당장 얻을 수 있는 쾌락을 내세우며 달콤한 말로 설득력 있게 찝니다. 유혹에 빠지면 처음에는 즐겁고 좋은 것 같지만, 나중에는 파탄하게 되고 맙니다. 인생이 쑥같이 쓰고, 영혼이 절망의 칼에 갈갈이 찢어지는 고통이 다가오는 것입니다. 하지만 유혹을 봉쇄하는 '큰 목소리'는 바로 '양심의 소리'입니다.

그러므로 우리는 무시로 다가오는 세상의 유혹을 물리치고, 오직 생명 길로 행하여 형통한 삶을 살아야겠습니다.

 당신은 거룩함을 지켜 나가기 위해 구체적으로 어떤 노력을 하고 있습니까?

"그런즉 아들들아 나를 들으며 내 입의 말을 버리지 말고 네 길을 그에게서 멀리하라 그 집 문에도 가까이 가지 말라"
5:7, 8

2월 22일

조선시대의 명기 황진이는 미모와 가창뿐만 아니라 서사(書史)와 시가(詩歌)에 능하여 모든 영웅 호걸들을 사로잡아 꼼짝도 못하게 하는 절세 가인으로 전국에 소문 나 있었습니다. 하루는 당시 지조가 있고 절개가 대쪽으로 소문 난 높은 관직에 있었던 벽계수라는 사람이 황진이에 관한 소문을 들었습니다. 벽계수는 황진이에게 꼼짝못하는 사람들을 비웃으며 그녀를 만나 본때를 보여주겠노라고 하면서 송도로 갔습니다.

하지만 천하에 절개와 지조가 곧기로 소문난 벽계수도 밝은 보름달 아래에서 아름다운 자태로 시를 읊조리는 황진이의 자태에 넋이 나가 말에서 굴러 떨어졌다고 합니다.

유혹이 없는 환경에서 아무리 강직하게 보이는 사람도 막상 유혹의 환경에 떨어지면 장담할 수가 없습니다. 따라서 유혹을 물리치려면 일단 유혹으로부터 멀리 떨어지는 것이 제일 좋습니다. 사람은 웬만큼 의지가 강하지 않고는 유혹에 금방 빠지고 맙니다. 그리고 의지가 강한 사람일지라도 유혹이 계속되면 그만 넘어가고 맙니다. 이와 같이 인간은 유혹에 약하기 때문에, 유혹에 빠지지 않으려면 유혹을 멀리해야 하는 것입니다. 음녀의 소굴에 빠지지 않으려면 음녀 근처에 가지 말아야 하며, 그 집 근처에도 가지 말아야 합니다.

 당신은 일상에서 나타나는 유혹을 어떻게 물리치고 있습니까?

"두렵건대 네 존영이 남에게 잃어버리게 되며 네 수한이
잔포자에게 빼앗기게 될까 하노라"

잠 5:9

2월 23일

고대 그리스의 철학자 플라톤의 제자 중 아름다운 바닷가에서 사는 제자가 있었습니다.

어느 날 그는 배를 타고 바다에 유람하러 나갔다가 큰 풍랑을 만났습니다. 죽을 위기에 처했던 이 제자는 구사일생으로 살아나 집에 돌아온 후 바닷가로 향해 있던 창문을 모두 밀폐해 버렸습니다. 이 모습을 본 친구가 "그러면 아름다운 바다의 경치를 볼 수 없지 않은가?"라고 물었습니다. 그러자 바다에서 혼이 난 이 제자는 "창을 그대로 두면 따뜻한 봄날에 또 다시 바다로 나가게 될 것이 아닌가."라고 말했습니다.

유혹에 넘어가서 악의 소굴에 발을 들여놓은 사람은 점차 악에 전염되어 패가 망신합니다.

이러한 사람은 누구에게서도 신용을 얻지 못하고 다른 사람들로부터 기피 인물로 낙인찍히게 됩니다. 사람들은 그의 좋았던 과거의 이미지를 더 이상 기억하지 않습니다. 오직 현재의 나쁜 모습에 강한 거부감을 느끼며 피할 뿐입니다.

사람들로부터 손가락질 당하고 외면당하며, 생명의 위협을 받고 죽음의 위험을 안은 채 욕된 삶을 하루하루 살아가게 되는 것이 유혹에 빠진 자의 결말인 것입니다. 그러므로 크리스천은 모든 유혹을 차단하는 지혜를 발휘해야 할 것입니다.

 당신은 습관적으로 남을 비난하고 있지는 않습니까?

> "네 샘으로 복되게 하라 네가 젊어서 취한 아내를 즐거워하라 그는 사랑스러운 암사슴 같고 아름다운 암노루 같으니 너는 그 품을 항상 족하게 여기며 그 사랑을 항상 연모하라" 잠 5:18

2월 24일

결혼생활이 파국으로 치닫던 한 부부가 있었습니다. 그들은 서로에게 깊은 상처를 주었습니다. 남편은 좀더 상냥하고 부드러운 여성을 만나지 못한 것이 후회스러웠습니다. 한편 아내는 좀더 책임감이 강하고 활동적인 남자를 만나지 못한 것이 불만이었습니다. 그런데 어느 날부터 두 사람의 얼굴에 밝은 미소가 피어올랐습니다. 이웃 주민이 그들에게 물었습니다. "금실이 좋아진 특별한 비결이 있습니까?" 그러자 이들 부부가 말했습니다. "우리 부부는 서로를 향해 다음과 같은 고백을 합니다. '그래서 당신을 사랑하고 그럼에도 불구하고 당신을 사랑합니다' 이 고백을 한 후부터 서로에게 완벽한 기대나 무리한 요구를 하지 않게 됐어요. 오히려 서로를 먼저 이해하려고 노력한답니다."

결혼은 사랑의 약속입니다. 그리고 사랑은 곧 희생입니다. 배우자를 위해 나를 희생하면 두 배의 사랑이 되돌아옵니다. 결혼생활의 비극은 대부분 이기심에서 비롯됩니다. 가정은 남편이나 아내 어느 한 사람의 일방적인 노력과 희생만으로는 지탱되지 않습니다. 가정은 남편과 아내가 함께 일구어 나아가는 삶의 터전입니다. 인생의 가치와 즐거움은 가정에서 비롯됩니다. 그러므로 어떠한 이유로든지 가정을 돌보지 않고 아내나 남편을 소홀히 대하는 것은 스스로 불행을 자초하는 것입니다.

 당신의 가정을 찬양으로 가득 채우십시오.

"대저 사람의 길은 여호와의 눈앞에 있나니 그가 그 모든 길을 평탄케 하시느니라"

잠 5:21

2월 25일

프랑스 최고의 작가로 불린 사람이 있었습니다. 독자들은 이 작가의 글을 읽고 칭찬과 격려를 아끼지 않았습니다. 그러나 그의 사생활은 매우 문란했습니다. 1841년 여름. 이 작가가 가장 사랑했던 딸 레오폰디느가 센강에서 익사했습니다. 작가는 싸늘한 시체로 변한 딸의 얼굴을 하얀 천으로 덮으며 오열했습니다. "내 죄악에 대한 하늘의 심판이다. 죽은 것은 레오폰디느가 아니다. 천하의 죄인인 나의 죽음이다." 작가는 그 날부터 방탕한 삶을 청산했습니다. 그리고 사색을 통해 경건 훈련을 쌓았습니다. 그 때 비로소 사랑의 실체가 보이기 시작했습니다. 그는 딸의 희생을 통해 가족들의 사랑과 소중함을 깨달았습니다. 작가는 자신의 어두운 과거를 돌아보며 불후의 명작을 집필했습니다. 작품명은 "레 미제라블". 그 작가의 이름은 빅토르 위고. 프랑스를 대표하는 작가입니다.

하나님께서는 무소 부재하신 분이십니다. 그렇기 때문에 모든 인생은 하나님의 눈앞에 있습니다. 의인이나 악인이나 모두가 하나님의 낯을 피할 수 없는 것입니다. 하나님께서는 모든 사람의 마음을 감찰하시며 각자의 행위대로 갚아 주십니다. 그러므로 우리는 우리의 마음을 살피시면서 우리의 행한 대로 갚으시는 하나님을 경외하며, 정직하고 겸손하게 살아야겠습니다.

 당신은 하나님이 절대 실수가 없으신 분이라는 사실을 확신합니까?

"내 아들아 네가 만일 이웃을 위하여 담보하며 타인을 위하여 보증하였으면 네 입의 말로 네가 얽혔으며 네 입의 말로 인하여 잡히게 되었느니라" 잠 6:1-2

2월 26일

컴퓨터 황제 빌 게이츠(43)와 CNN방송 설립자 테드 터너(58)가 펼치는 자선경쟁은 감동적입니다. 두 사람은 세계인들에게 자선의 '큰 손'으로 불리고 있습니다. 빌 게이츠는 얼마 전, 소아마비 퇴치기금으로 6백억 원을 세계보건기구에 쾌척했고, 테드 터너는 유엔에 매년 1조2천억 원씩 기부금을 내고 있습니다. 원래 자선에 관심이 없던 게이츠에게 구제의 기쁨을 가르쳐준 사람이 바로 터너였습니다. 3년 전, 터너는 사업에만 몰입하던 게이츠를 향해 충고를 던졌습니다. "너무 많은 돈을 은행에 예금하고 미래를 준비하는 것은 참 불행한 일이지. 그 돈으로 남을 돕는다면 인생이 훨씬 풍요로울 텐데…."

내게 충분히 감당할 만한 재력이 있을 때에는 가난하고 도움이 필요한 사람들의 요청을 들어주는 것이 좋습니다. 그리고 이럴 경우에는 돌려받지 못해도 상관없다는 마음으로 도와주어야 합니다. 그러나 만일 내게 책임질 만한 재력이 없다면 인정이나 체면에 이끌리지 말고 확실하게 거절할 줄 알아야 합니다. 책임질 수 없는 일에는 어설프게 관여하지 않고 깨끗하게 거절할 줄 알아야 마음의 갈등도 없고, 곤경에 처하지도 않으며, 사람으로 인한 상처도 받지 않게 되는 것입니다.

 당신은 다른 사람들에게 그리스도의 기쁨을 나누어주는 삶을 살고 있습니까?

> "게으른 자여 개미에게로 가서 그 하는 것을 보고 지혜를 얻으라"
>
> 잠 6:6

2월 27일

어느 농장 주인의 딸이 결혼식을 올리기로 했습니다. 그 사실이 알려진 후부터 가축들은 불안과 공포에 떨었습니다. 동물들은 회의를 열어 이 농장에서 주인에게 가장 필요하지 않은 존재가 희생제물이 되기로 했습니다. 먼저 황소가 나섰습니다. "나는 주인님이 농사를 짓는데 기여하고 있다." 이번에는 개가 말했습니다. "도둑을 누가 막는가. 내가 짖어대면 도둑이 도망간다." 고양이도 큰 목소리로 외쳤습니다. "나는 곡식을 훔쳐먹는 쥐를 잡는다." 닭도 목을 길게 뽑으며 자랑했습니다. "주인에게 새벽을 알리고 아침 식탁의 달걀을 제공하는 일을 누가 하는가." 그러나 한 동물만은 말 한마디 못한 채 눈물만 떨구고 있었습니다. 그것은 바로 게으른 돼지였습니다.

이 사회와 가정에 쓸모가 없는 인생은 비참합니다. 게으른 사람은 절대로 남을 위해 봉사할 수 없습니다. 게으른 사람에게는 항상 후회가 따를 뿐입니다. 우리 인생의 성공에 있어서 부지런함은 필요 조건입니다. 그렇기 때문에 솔로몬은 '개미의 교훈'을 통해 우리에게 부지런히 살 것을 강조하였습니다.

부지런한 사람들이 힘을 모아 이루어 가는 사회는 건강하게 발전합니다. 이러므로 우리는 언제나 부지런히 일하며 사는 것을 생활 철칙으로 삼아야겠습니다.

 당신이 하나님의 예비된 축복을 받기 위해서 더욱 힘써야 할 부분은 무엇입니까?

"게으른 자여 네가 어느 때까지 눕겠느냐 네가 어느 때에 잠이 깨어 일어나겠느냐 … 네 빈궁이 강도같이 오며 네 곤핍이 군사같이 이르리라" 잠 6:9-11

2월 28일

우리가 잡아야 될 생쥐 세 마리가 있습니다.

첫째, 나태입니다. 게으름은 나의 성장을 방해하고 성공의 길목에 서서 그 앞을 막는 무서운 적입니다. 나태는 자라는 것입니다. 둘째, 자만심입니다. "그까짓 것 별것 아니야."하는 의식이 나의 머리를 지배하고 있는 이상 나는 그것에 눌려 더 이상 성장할 수 없습니다. 자신감과 자만심은 언뜻 보기에 비슷하지만 잘 구별하여 자만심을 버려야 합니다. 셋째, 과욕입니다. 과욕은 나 자신의 성장을 더디게 합니다. 지나친 욕심은 아무것도 얻지 못하게 하고 자칫 일을 그르쳐 더욱 후퇴하게 하기도 합니다.

'잠은 잘수록 는다'는 말이 있습니다. 건강을 위해 적당한 휴식과 수면은 꼭 필요합니다. 그러나 지나친 휴식과 수면은 오히려 건강을 해치고 생활의 리듬을 깨뜨릴 뿐, 하나도 좋을 것이 없습니다.

게으른 사람 치고 잘 사는 사람이 없습니다. 요즈음에는 부지런히 일해서 살 생각은 하지 않고 일확천금을 바라는 사람들이 많습니다. 부동산 투기, 도박, 복권 등 여러 가지 방법으로 일확천금을 하는 데에는 부정 부패가 따르고 요행수를 바라는 심리가 작용합니다. 그렇기 때문에 그 성패와 관계없이 그 결과는 언제나 파멸입니다.

 당신의 삶에 늘 생기가 넘쳐나고 있습니까?

잠언으로 여는 365일

3월

"너는 마음을 다하여 여호와를 의뢰하고 네 명철을 의지하지 말라 너는 범사에 그를 인정하라 그리하면 네 길을 지도하시리라"(3장 5, 6절)

"불량하고 악한 자는 그 행동에 궤휼한 입을 벌리며 … 그러므로 그 재앙이 갑자기 임한즉 도움을 얻지 못하고 당장에 패망하리라"
잠 6:12-15

3월 1일

사람들은 죄를 실수라고 하지만 하나님께서는 고질병이라고 하십니다. 사람들은 죄를 기회라고 하지만 하나님께서는 선택이라고 하십니다. 사람들은 죄를 우연한 사고라고 하지만 하나님께서는 고의라고 하십니다. 사람들은 죄를 황홀한 것이라고 하지만 하나님께서는 불행이라고 하십니다. 사람들은 죄를 나쁜 버릇이라고 하지만 하나님께서는 부정한 것들이라고 하십니다. 사람들은 죄를 사치라고 하지만 하나님께서는 부패라고 하십니다. 사람들은 죄를 자유라고 하지만 하나님께서는 속박이라고 하십니다. 사람들은 죄를 하찮은 것이라고 하지만 하나님께서는 큰 비극이라고 하십니다. 사람들은 죄를 우유부단(優柔不斷)이라고 하지만 하나님께서는 집착이라고 하십니다

사람은 항상 그 마음의 생각이 악해서 가는 곳마다 악을 행하여 분쟁을 일으키는 요소를 가지고 있습니다. 그런데 모든 사람에게 행한 대로 갚아 주시는 하나님께서 악인에게는 그 악행에 합당한 심판으로 갚아 주십니다. 하나님께서는 악인에게도 돌이킬 기회를 주시고 회개하기까지 묵묵히 참고 기다리시지만, 끝끝내 돌이키지 않을 때에는 가차없이 치십니다. 그러므로 악한 자는 어느 날 갑자기 하나님께서 치심으로 인하여 아무런 대처도 해 보지 못하고 순식간에 패망해 버리고 마는 것입니다.

 당신은 하나님 앞에 진실된 마음으로 회개하고 있습니까?

"곧 교만한 눈과 거짓된 혀와 무죄한 자의 피를 흘리는 손과"

잠 6:17

3월 2일

미국의 초대 대통령 워싱턴이 한번은 나가서 일을 시찰하는데, 아홉 사람이 재목 하나를 운반하지 못해 크게 고생하고 있었습니다. 그러나 감독관은 옆에서 보고만 있었습니다. 워싱턴은 웃옷을 벗고 가서 손수 일을 도와주고는 "왜 당신은 좀 도와주지 않으시오?"라고 그에게 물었습니다. 지금 일을 도와준 사람이 대통령이리라고는 생각도 못한 감독관이 말하기를 "나는 감독하는 사람이기 때문이오."라고 대답했습니다. 이 말을 듣자 워싱턴 대통령은 자기의 명함을 꺼내 주면서 "나는 이런 사람인데 이 다음에 또 이런 어려운 일이 있거든 불러 주시오."라고 말했습니다. 명함을 본 감독관은 깜짝 놀라 어찌할 바를 몰랐습니다.

'눈은 마음의 창'이라고 했습니다. 따라서 교만한 눈은 교만한 마음을 의미합니다. 교만은 모든 죄의 근본입니다. 그렇기 때문에 교만이 틈타지 못하도록 항상 겸손한 마음으로 나보다 남을 낮게 여기며 겸손하게 인생을 살아야 합니다. 또한 거짓말은 사단으로부터 오는 것입니다. 이에 그리스도인은 정직한 말, 진리의 말씀만을 전하여야 하는 것입니다.

하나님께서는 악은 그 모양이라도 버리라고 하셨습니다. 따라서 그리스도인은 겸손한 사람, 이 시대의 선한 사마리아인이 되어 고통 당하는 이웃을 살리는 일을 해야겠습니다.

 당신의 눈과 입술을 다스리기 위해서 어떤 노력을 하셨습니까?

"악한 계교를 꾀하는 마음과 빨리 악으로 달려가는 발과"

잠 6:18

3월 3일

신성로마 제국의 황제 프레데렉 2세가 산스수 시에 있을 때 하루는 늘 하던 것처럼 초콜릿 한 잔을 마시기 위해 옆방으로 갔습니다. 그러나 손수건을 두고 온 것이 생각 나 다시 침실로 건너가 그것을 가져오는 동안 천장에서 거미 한 마리가 떨어져 초콜릿 속에 빠졌습니다. 이에 대왕은 초콜릿 한 잔을 따로 더 주문했는데, 그 순간 한 발의 총성이 울렸습니다. 이는 요리사가 왕을 독살키 위해 초콜릿에 독은 넣은 계획이 탄로 난 것으로 오인하여 자살한 것이었습니다.

남을 해치기 위해 음모하고 계략을 꾸미는 것은 아무리 은밀하게 계략을 세우더라도 절대로 흥하지 못합니다. 인간의 마음을 감찰하시며 마음의 모든 계획을 아시는 하나님께서는 악한 계교로 남을 괴롭히는 자를 미워하시며, 그들이 다른 사람에게 했던 대로 그들을 심판하십니다. 또한 악한 일을 계획하고 그 일을 신속히 행하는 사람은 근본적으로 하나님을 등진 자이며, 하나님을 대적하는 것입니다. 이러므로 우리는 악인을 멀리하고, 항상 선을 행함으로 악을 이기는 하나님의 자녀가 되어야겠습니다.

당신은 하나님의 보호와 위로가 필요한 사람들을 위해서 중보 기도하고 있습니까?

> "거짓을 말하는 망령된 증인과 및 형제 사이를 이간하는 자니라"
>
> 잠 6:19

3월 4일

속이 텅 빈 고목의 높은 꼭대기에는 독수리가 새끼를 기르고 있었고, 밑둥에는 어미 산돼지, 그리고 한 가운데는 암고양이가 새끼를 키우고 있었습니다. 그러던 어느 날, 고양이는 독수리의 집으로 가서 "저 아래층의 보기 싫은 산돼지가 밤이나 낮이나 흙을 파서 구멍을 뚫고 있는 걸 보면, 틀림없이 이 고목을 뿌리째 넘어뜨려서 우리 아이들을 모조리 죽이자는 수작이에요."라고 말했습니다. 이어 암고양이는 "산돼지 아주머니가 집을 비우고 밖에 나가기만 하면 저 독수리란 녀석이 아기한테 덤벼들거든요. 미리 알고 계셔야지 큰일납니다."라고 말했습니다. 고양이의 말을 듣고 독수리와 산돼지는 새끼들 걱정 때문에 외출을 하지 못했고, 먹이를 구하지 못한 독수리와 산돼지는 결국 새끼들과 함께 굶어 죽고 말았습니다.

말을 많이 하다보면 남의 이야기를 하게 되고 실수를 하게 됩니다. 그래서 서로 오해할 만한 말을 중간에서 전달하거나, 좋은 의도로 한 말을 왜곡하여 전해서 관계를 이간하여 서로 반목하고 불화하게 만들기도 합니다. 이처럼 이간하는 사람이 있으면 편안할 수가 없습니다. 하나님께서는 이간하는 자를 미워하시고 화목케 하는 자를 사랑하십니다. 이에 우리는 어디에 가든지 가는 곳마다 '화목케 하는 직책'(고후 5:18)을 다하여야겠습니다.

 당신에게 속한 교회 식구들에게 따뜻한 사랑과 관심을 보이고 있습니까?

"네 마음에 그 아름다운 색을 탐하지 말며 그 눈꺼풀에 홀리지 말라"

잠 6:25

3월 5일

로마의 귀족, 푸블리우스 스키피오 아프리카누스는 스페인에서 전쟁을 할 때 노바 카르타고를 공습해 빼앗았습니다. 그 때 아름답고 고매한 처녀가 정절을 지키도록 도와 달라고 그에게로 도망 왔습니다. 그는 당시 겨우 스물네 살이었으므로 젊음의 혈기가 한창 왕성할 때였습니다. 그러기에 그는 그 이야기를 듣자 자신이 유혹에 빠질 것을 우려해 그녀를 보려고 하지 않았습니다. 그는 그녀를 만나 보지 않은 채 무사히 그녀의 아버지에게로 돌려보내 주었습니다.

간음의 시초가 '보는 것'이기 때문에 예수님께서는 "여자를 보고 음욕을 품는 자마다 마음에 이미 간음하였느니라"(마 5:28)고 말씀하셨습니다. 비단 간음뿐만이 아니라 다른 죄들도 보는 것에서 비롯되었음을 성경을 통해 발견할 수 있습니다.

눈은 마음의 창이므로 그 사람의 마음 상태를 나타내 주기도 하지만, 눈으로 보는 것은 그대로 마음에 반영되어 마음을 움직이고 변화시킵니다. 그러므로 우리는 항상 보는 것에 주의해야 하는 것입니다.

 당신은 오늘 하루를 시작하며 하나님의 보호와 인도를 간구했습니까?

> "부녀와 간음하는 자는 무지한 자라 이것을 행하는 자는 자기의 영혼을 망하게 하며 상함과 능욕(凌辱)을 받고 부끄러움을 씻을 수 없게 되나니"   잠 6:32-33

3월 6일

한 스승이 4명의 제자에게 중요한 질문을 던졌습니다. "사람이 죄의 유혹을 당할 때 그것을 극복하는 가장 좋은 방법이 무엇인가?" 4명의 제자가 심사숙고한 뒤, 각각 다음과 같은 결론을 내렸습니다. "우리의 죽음을 생각하면 죄의 유혹을 물리칠 수 있어요." "죽음 이후의 심판을 떠올리면 됩니다." "하늘나라의 기쁨과 소망을 생각하면 죄를 몰아낼 수 있어요." "죄의 유혹을 물리치는 최상의 방법은 죽음 뒤에 닥칠 지옥의 고통을 떠올리는 것입니다." 스승은 제자들을 향해 말했습니다. "너희들의 대답은 모두 옳다. 그러나 그보다 훨씬 좋은 방법이 있단다. 그것은 죄의 유혹을 만날 때 예수 그리스도의 십자가 고난과 피를 생각하는 것이다. 죄악을 물리치는 데 이보다 더 강력한 무기는 없다."

사람이 살다보면 많은 실수를 할 수 있으나, 남녀 관계의 실수는 개인을 죽이고, 가정을 파괴하며, 사회에 해악을 줍니다. 그러므로 우리는 성적으로 문란하고 방종한 생활을 하는 것을 결코 가볍게 생각해서는 안 됩니다. 혼전 순결뿐만 아니라 부부간에도 서로 순결을 지키고 남편의 의무, 아내의 의무를 성실히 행하여야 합니다. 그리할 때 나 개인도 살고, 내 가정도 안전하며, 이 사회와 이 나라도 건전한 사회, 건강한 나라가 되는 것입니다.

 하나님께서 우리에게 가족을 허락하신 의미를 함께 생각해 봅시다.

"내 명령을 지켜서 살며 내 법을 네 눈동자처럼 지키라 이 것을 네 손가락에 매며 이것을 네 마음판에 새기라"
잠 7:2-3

3월 7일

미국의 실업가로서 체신부장관을 지낸 존 워너메이커는 '백화점 왕'으로 불립니다. 그는 미래를 예측하는 탁월한 판단력과 정확한 경영능력의 소유자였습니다. 그가 투자해 구입한 물건들은 엄청난 이윤을 남겼습니다. 워너메이커가 투자하는 것은 항상 최고의 가치를 창출했습니다. 어느 날, 한 신문기자가 그에게 물었습니다. "선생님께서 지금까지 투자한 것 중에서 가장 성공적인 것은 무엇입니까?" 그는 분명한 어조로 말했습니다. "내가 열두살 때 최고의 투자를 한적이 있지요. 그 때 나는 2달러 50센트를 주고 성경 한 권을 샀습니다. 이것이 가장 위대한 투자였어요. 왜냐하면 이 성경이 오늘의 나를 만들었으니까요." 워너메이커는 가난한 소년시절 성경을 읽고 꿈을 키웠습니다. 그리고 성경의 가르침대로 행동해 세계적인 대부호가 됐습니다.

대개 몸에 좋은 약이 입에 쓰듯이, 이 하나님의 말씀을 듣는 것은 그리 달지가 않습니다. 그럼에도 불구하고 교훈의 말씀을 듣고 지킬 때 우리는 영혼이 잘되고, 범사가 잘되고, 강건하고, 생명을 얻되 풍성히 얻는 복을 받습니다. 부모의 교훈이 당시에는 귀찮고 듣기 싫더라도 끝까지 참고 들으면 그것이 언젠가 도움이 되듯이, 하나님께서 주시는 교훈의 말씀은 우리의 인생을 성공으로 이끌어 가는 지표가 됩니다.

 성공하기 원하십니까? 먼저 당신을 향한 하나님의 뜻이 무엇인지 발견하십시오.

"지혜에게 너는 내 누이라 하며 명철에게 너는 내 친족이라 하라"

잠 7:4

3월 8일

시인 에드워즈는 이런 말을 했습니다.

"나는 피조물의 속성 중에서 겸손, 상한 마음, 심령의 가난함처럼 사랑스럽게 느꼈던 것은 없다. 나는 그러한 것들처럼 그렇게 간절히 사모했던 것들도 없다. 나는 티끌 속에 있는 것처럼 하나님 앞에 서있음으로 인해 나는 아무것도 아니고 하나님이 모든 것이 되기를, 다시 말해서 내가 어린아이처럼 될 수 있기를 갈망하였다."

누구든지 사람과 가까워지려면 자꾸 찾고 만나고 소중히 대해주어야 합니다. 찾지도 않고, 만나지도 않고, 소홀히 대하면 멀리 떠나버립니다. 지혜와 명철도 이와 한가지입니다. 우리는 늘 하나님 앞에 지혜와 명철을 달라고 기도하고, 하나님의 지혜와 지식인 성경 말씀을 매일 대하며, 지혜와 명철을 간절히 사모하고 소중히 여겨야 합니다. 그리하면 지혜와 명철과 절친하게 지낼 수 있게 되는 것입니다.

 하나님의 능력을 체험하기 위해 당신은 무슨 노력을 하셨습니까?

"어리석은 자 중에, 소년 중에 한 지혜 없는 자를 보았노라 그가 거리를 지나 음녀의 골목 모퉁이로 가까이하여 그 집으로 들어가는데" 잠 7:7-8

3월 9일

옛날에 동굴이 하나 있었는데 그 동굴은 항상 어둠 속에서만 생활했습니다. 그러던 어느 날 동굴은, 그에게 말하는 한 목소리를 들었습니다. "빛이 있는 곳으로 나오라. 이리로 나와서 태양을 보아라." "나는 네가 말하는 의미를 모르겠다. 세상에는 어둠 외에 아무것도 존재하지 않는다." 그러다가 마침내 동굴은 용기를 내서 대담하게 앞으로 나아갔습니다. 그런데 놀랍게도 사방은 온통 빛으로 가득 차 있었습니다. 동굴은 태양에게 말했습니다. "나와 함께 어둠을 구경하러 가자." 태양이 물었습니다. "어둠이 무엇인데?" "이리 와서 보면 돼."

어느 날 태양은 동굴의 초대를 받아들여서 동굴에게 가서 말했습니다. "자 왔으니 내게 너의 어둠을 보여 줘." 그러나 어느 곳에도 어둠은 없었다.

죄는 어두운 곳, 후미진 곳을 찾게 마련입니다. 빛 가운데에서는 선악간에 모든 것이 명백하게 드러나기 때문입니다.

그런데 우리의 심령에 비추이는 지혜의 빛, 말씀의 빛이 흐려지면 판단력이 흐려져서 실수하게 되고, 이에서 더 나아가면 심령에 어두운 밤이 됩니다. 하나님의 빛으로 밝아진 마음에는 평안과 기쁨이 있습니다. 그러나 빛이 없는 어두운 마음에는 온갖 염려와 근심과 두려움과 고통이 있을 뿐입니다.

 당신은 자신의 약함을 없애 주기를 기도합니까? 아니면 극복하기 위해 기도합니까?

"내 침상에는 화문 요와 애굽의 문채 있는 이불을 폈고 몰약과 침향과 계피를 뿌렸노라 오라 우리가 아침까지 흡족하게 서로 사랑하며 희락하자"
잠 7:16-18

3월 10일

미국의 황야지대에는 방울뱀이 살고 있습니다. 이 뱀은 무서운 독을 가지고 있어서 물리면 치명적이라고 합니다. 그런데 이 방울뱀이 다람쥐를 잡는 방법은 특이합니다.

먼저 꼬리를 흔들어서 소리를 냅니다. 이 때 나무 위에 있던 다람쥐가 그 소리를 듣고 호기심이 발동하여 소리나는 곳을 내려다 봅니다. 그 순간 다람쥐의 눈과 독사의 눈빛이 마주치게 되는 것입니다. 다람쥐가 겁을 먹고 떨고 있을 때 독사는 입을 쩍 벌리고 기다립니다. 떨던 다람쥐는 비실비실 중심을 잃고 나무 아래로 떨어지고, 이 때 독사는 다람쥐를 한 입에 꿀꺽 삼켜버립니다.

인간이 죄의 함정에 빠지는 것도 이와 같습니다. 먼저 인간은 소리의 유혹에 달려듭니다. 달콤한 소리, 그럴듯한 소문, 가슴을 설레게 하는 음성에 귀를 기울입니다. 그러다가 이를 눈으로 확인하고 싶은 욕망을 갖게 되고, 눈이 욕망의 대상에 고착되면 자기도 모르게 그 대상에 이끌려 죄의 덫에 걸리고 마는 것입니다. 일단 죄의 덫에 걸리면 빠져 나오기란 여간 어려운 일이 아닙니다.

그러므로 우리에겐 눈에 보이지 않는 세계의 축복을 바라보는 지혜가 필요합니다.

당신은 땅엣 것과 하늘의 것 중 어디를 바라보며 나아갑니까?

"네 마음이 음녀의 길로 치우치지 말며 그 길에 미혹지 말지어다 대저 그가 많은 사람을 상하여 엎드러지게 하였나니 그에게 죽은 자가 허다하니라"   잠 7:25-26

3월 11일

노르웨이의 들오리가 추운 겨울 날 기후가 덜 추운 덴마크로 먹이를 찾아 내려왔습니다. 그런데 노르웨이로 돌아가는 길에 많은 먹이를 보고 한 마리가 내려 앉아 먹이를 먹었습니다. 그 먹이에 정신이 팔려 동료들을 잊고 6개월을 지냈는데 추운 겨울이 되자 동료 오리들이 날아가는 것이 보였습니다. 이 오리는 자기도 합세해 보려고 날려 했지만 너무 살이 많이 쪄서 날아갈 수가 없었습니다. "에라 모르겠다."하고 다시 주저앉아 그 많은 먹이를 주워 먹으며 지냈는데 또 다시 6개월이 흘러 동료 오리들이 고향으로 날아가는 소리가 들렸습니다. 그는 다시 날기를 시도해 보았으나 전번의 반도 못 오르고 그냥 주저앉았습니다. 결국 그 오리는 몸이 너무 비대해져서 고향으로 날아갈 꿈을 영원히 포기하고 혼자 외로이 살다가 쓸쓸히 죽어갔습니다.

어느 개인이나 가정이나 사회나 국가가 절제하지 못하고 쾌락주의에 빠져 음란하고 방탕해지면 소돔과 고모라처럼 됩니다. 세상을 따라가는 길은 음부로 내려가는 길이요, 사망에 이르는 길입니다. 우리 크리스천들은 우리의 본향인 하늘나라로 돌아갈 몸입니다. 만일 우리가 돈, 재물, 명예, 권력, 학식 등 세상의 것으로 너무 비대해져 있다면 어떻게 천국으로 가겠습니까? 따라서 세속적인 것들을 물리치고 우리의 마음을 지켜야겠습니다.

 당신은 하나님께서 자신을 이 땅에 보내신 목적이 무엇이라고 생각하십니까?

> "나의 사랑하는 자들이 나의 사랑을 입으며 나를 간절히 찾는 자가 나를 만날 것이니라"
>
> 잠 8:17

3월 12일

미국의 사진기술자인 이스트먼은 저렴하고 간편한 카메라를 발명했습니다. 그는 이 카메라의 이름을 짓기 위해 며칠동안 고민했으나 묘안이 떠오르지 않았습니다. 어느 날, 그는 한 친구로부터 사람들에게 가장 강력한 느낌을 주는 알파벳은 'K'라는 말을 들었습니다. 그런데 그가 가장 사랑하는 어머니의 이름도 K로 시작된다는 공통점을 발견했습니다. 이에 그는 새로 만든 카메라의 앞과 끝을 K로 고정한 후 여러 알파벳을 중간에 끼워 넣어 보았습니다. 그 결과 가장 강렬하고 부르기 쉬운 단어가 코닥(Kodak)이었습니다. 그리고 이 카메라가 전 세계에서 폭발적인 인기를 모았습니다. 조그마한 아이디어 하나가 세계적인 제품을 탄생시킨 것입니다.

기계와 상품은 손으로 만듭니다. 그러나 사업은 머리로 합니다. 작은 지혜 하나가 사업의 성패를 가르는 것입니다. 따라서 기업인이 가장 간절히 구해야 할 것은 지혜입니다.

그러나 지혜를 업신여겨서 지혜에 귀기울이지 않고 제멋대로 행하는 교만한 자는 지혜를 얻을 수 없으며, 따라서 지혜가 주는 여러 가지 유익을 누릴 수도 없습니다. 지혜를 사랑하고 소중히 여기는 사람이 지혜의 사랑을 입고, 지혜를 간절히 찾는 사람만이 지혜를 만날 수 있습니다.

 당신이 그리스도 안에서 얻은 기업은 구체적으로 무엇입니까?

"나는 의로운 길로 행하며 공평한 길 가운데로 다니나니
이는 나를 사랑하는 자로 재물을 얻어서 그 곳간에 채우
게 하려 함이니라"
잠 8:20-21

3월 13일

가난하지만 성실하고 정직한 청년이 있었습니다. 그는 교회에 다녔는데 하루는 그 교회에 계신 미국인 선교사가 장작을 한 차 사들여 왔습니다. 그리고 이 청년에게 장작을 쌓도록 부탁을 했습니다. 청년은 교회의 한 귀퉁이에 장작을 가지런히 쌓아놓고 청소까지 말끔히 해 놓았습니다. 그런데 선교사님이 오시더니 "이곳은 비를 맞을 염려가 있으니 저쪽으로 옮겨 쌓았으면 좋겠다." 청년은 불평할 법도한데 선교사님이 시키는 대로 말없이 장작을 옮겨 쌓았습니다.

그 해 눈이 많이 내린 크리스마스 날 선교사님은 청년에게 선물을 한가지 주셨습니다. 선교사님은 이미 이 청년의 유학 길을 마련해 놓으셨던 것입니다. 그는 오래 전부터 청년의 정직함과 성실함을 눈 여겨 마음에 담아두고 있었던 것입니다.

세상 사람들은 "의롭고 공평하게 살면 재물을 얻지 못한다."고 말합니다. 그러나 솔로몬은 우리에게 "의롭고 공평하게 사는 지혜로운 자는 재물을 얻되 곳간까지 채울 정도로 많이 얻는다"고 가르쳐 줍니다. 지혜로운 사람은 지혜의 인도함을 받아 의로운 길, 공평한 길로 행합니다. 이처럼 의를 행하고 공평한 길로 행하는 것은 곧 하나님의 뜻을 행하는 것이며, 하나님께서는 이러한 사람에게 복을 주십니다.

 그리스도로 옷 입은 당신은 오늘 어떻게 살았습니까?

> "만세 전부터, 상고부터 땅이 생기기 전부터 내가 세움을 입었나니"
>
> 잠 8:23

3월 14일

어떤 집사가 세상을 떠나 심판대 앞에 서게 되는 꿈을 꾸었습니다. "그대는 항상 선했나?" 하나님의 음성이 들렸습니다. 자기가 살아온 과정을 돌이켜보니 그렇지 않은 집사는 떨리는 목소리로 "아닙니다."라고 대답했습니다. 또 물으셨습니다. "그대는 항상 의로왔는가?" 역시 아니었습니다. "아닙니다." "그대는 항상 깨끗했는가?" 역시 그렇지도 않았습니다. "아닙니다" 간신히 대답을 하고 어떤 벌이 내려질 것인가 숨을 죽이고 있는데 갑자기 환한 빛이 전신을 감싸는 것이었습니다. 놀라서 눈을 드니 예수 그리스도가 곁에 서 계셨습니다.

예수님은 그 집사를 껴안고 보좌를 올려다보면서 "아버지, 이 사람은 항상 선하지 못했고 의롭지도 못했고 깨끗하지도 못했으나 세상에서 이 사람은 항상 저의 편에 있었으니, 지금 이 곳에서는 제가 이 사람 편에 서겠습니다." 하고 말씀하시는 것이었습니다.

잠언 8장에서는 지혜가 태초에 천지가 창조되기 전부터 존재해 왔다는 사실을 명백하게 증거하고 있습니다(골 1:15). 예수님께서는 만세 전부터 계신 영원하신 분이십니다.

그 창조주 되신 예수님께서 바로 우리를 구원해 주셨을 뿐만 아니라, 우리를 의롭게 하셨습니다.

 당신의 주위에 있는 친척들은 모두 예수님을 구주로 영접했습니까?

"대저 나를 얻는 자는 생명을 얻고 여호와께 은총을 얻을 것임이니라 그러나 나를 잃는 자는 자기의 영혼을 해하는 자라 무릇 나를 미워하는 자는 사망을 사랑하느니라" 잠 8:35-36

3월 15일

한 수도사가 하나님의 사랑에 대해서 설교를 한다고 했습니다. 그런데 시간이 되어도 그 수도사는 설교를 시작하지 아니하였습니다. 대신에 촛대를 꽂아 둔 곳으로 가서 촛대를 집어들고서는 그리스도가 십자가에 못박히신 상이 조각되어 있는 제단으로 올라갔습니다. 그 수도사는 밝게 타고 있는 촛불로 못박히신 예수님의 팔을 비추어서 모인 사람들로 하여금 분명히 볼 수 있게 하였습니다. 다음에는 촛불을 옮겨 역시 못박히신 예수님의 다른 한 팔을 비췄습니다. 그리고는 무릎을 꿇고 기도했습니다. 그 때 촛불은 못박힌 예수님의 두 발을 밝게 비추어 주고 있었습니다. 잠시 후에 그 수도사가 일어나서 돌아섰습니다. 사람들은 그 수도사가 이렇게 말하는 동안 그의 뺨을 흘러내리는 눈물을 볼 수가 있었다. "사랑하는 여러분, 이것이 당신을 사랑하시는 하나님의 사랑에 대한 나의 설교입니다."

참 지혜이신 예수님께서는 "내가 곧 길이요 진리요 생명이니"(요 14:6)라고 말씀하셨습니다. 참 지혜이신 예수님께서는 우리를 사랑하사 영생을 주시고자 십자가를 친히 감당하셨습니다. 이러므로 참 지혜이신 예수님을 마음속에 모셔들이고, 예수님을 뜨겁게 사랑하며, 그 말씀을 따라 사는 사람은 영생을 얻고 풍성한 하나님의 은총을 받는 것입니다.

 당신은 예수 그리스도의 십자가 앞에서 어디까지 낮아질 수 있습니까?

"어리석음을 버리고 생명을 얻으라 명철의 길을 행하라 하느니라"

잠 9:6

3월 16일

한 노파가 실, 단추, 구두끈을 팔려고 시골 마을로 내려갔습니다. 그런데 그 노파는 길 표시가 없는 갈림길에 서게 되면 공중으로 막대기를 던져서 그 막대기가 가리키는 길로 가곤 했습니다. 그러던 어느 날 여느 때와 마찬가지로 노파는 갈림길에 서서 어떤 길로 가야할 지를 알기 위해 막대기를 공중에 던지고 있었습니다. 그런데 노파는 계속 반복해서 던지고 있는 것이었습니다. 지나가던 사람이 이 광경을 보고 그 노파에게 물었습니다.
"왜 당신은 그렇게 막대기를 여러 번 던집니까?"
그러자 그 노파는 다음과 같이 말하는 것이었습니다.
"이 막대기가 지금까지 계속 오른쪽으로 가는 길만 가리키잖아요. 그렇지만 나는 왼쪽으로 가고 싶거든요." 그 노파는 가고 싶어하는 길을 막대기가 가리킬 때까지 계속해서 던졌습니다.

자기를 부인하고 자기 생각을 버리기 전에는 하나님의 뜻과 지혜를 깨달을 수 없습니다. 예수님을 마음에 품는 자는 하나님의 지혜를 품고 사는 사람입니다. 예수님의 마음을 품은 자는 지혜가 있으며, 위기에 처했을 때 올바른 결정을 내릴 수 있습니다. 그래서 위기를 오히려 복받는 기회로 전환시키며 성공과 형통의 길로 나아가게 됩니다. 그러므로 인생을 살면서 가장 중요한 것은 지혜가 초청할 때 외면하지 않고 즉시 받아들이는 것입니다.

 아무도 도와줄 이 없는 가운데 있을 때, 당신이 하나님을 찾는 방법은 무엇입니까?

"거만한 자를 징계하는 자는 도리어 능욕을 받고 악인을 책망하는 자는 도리어 흠을 잡히느니라"

잠 9:7

3월 17일

공자의 제자 중에 전자방은 위나라 태자의 스승이었는데, 하루는 길을 가다가 태자를 만났습니다. 스승이라도 당연히 땅에 엎드려 공손히 인사를 해야 하는데, 그는 거만하게 태자를 쳐다보고만 있었습니다. 그러자 태자가 전자방에게 물었습니다. "부하고 귀한 자가 남을 업신여기느냐? 가난하고 천한 자가 남을 업신여기느냐?" 이 말에 전자방이 이렇게 대답하였습니다.

"빈천자는 교만해도 얻는 것이 없지만 잃는 것도 없습니다. 그러나 부귀한 자가 교만하면 얻는 것은 없고 잃는 것이 많으니, 교만해서는 안 됩니다." 이 말을 듣고 태자는 스승이 자기를 교육하려는 의도임을 알고 말에서 내려 공손히 절하자, 전자방도 이에 공손히 답례했습니다. 그 후 태자는 위나라 무왕이 되어 좋은 임금이 되었습니다.

거만한 자는 잘못을 지적 받으면 잘못을 고치지 않고 오히려 그것을 지적해 준 사람의 약점을 잡아 공격을 합니다. 또한 악한 자는 자신의 잘못을 꾸짖는 사람의 흠을 찾아내어 보복을 합니다. 이러므로 거만하고 마음이 악한 자를 책망하는 것은 곧 화를 불러들이는 결과를 초래하고 마는 것입니다. 하지만 그리스도인은 설교와 하나님의 말씀을 통해, 또 다른 사람들의 훈계와 교훈을 통해 인격을 다듬고 새롭게 변화되어야 합니다.

 다시 오실 예수님께 당신은 어떤 상급을 기대하고 있습니까?

"지혜 있는 자에게 교훈을 더하라 그가 더욱 지혜로워질 것이요 의로운 사람을 가르치라 그의 학식이 더하리라"
잠 9:9

3월 18일

미국의 링컨 대통령은 국민들에게 찬사만 받은 것은 아닙니다. 독설가들은 링컨을 향해 '매력 없는 사람', '무식한 사람', '독선적인 사람'이라고 공격했습니다. 그러나 그는 독설가들에게 맞서 직접적인 대응을 하지 않았습니다. 혹독한 공격을 받은 날이면 그는 밤늦도록 백악관의 기도실에서 큰소리로 기도했습니다. 링컨은 뇌물에 대한 유혹도 많이 받았습니다. 하지만 단 한 번도 불의한 돈을 받지 않았습니다. 링컨의 정직성을 지켜준 것은 "도적질하지 말라"는 어머니의 훈계였습니다. 집무실에는 다음과 같은 성구가 담긴 액자가 걸려있었습니다. "마음을 강하게 하고 담대히 하라. 두려워말며 놀라지 말라. 하나님이 너와 함께 하느니라" 링컨의 정직과 인내는 성경에서 나온 것이었습니다.

지혜 있는 사람은 잘못을 지적 받으면 즉시 잘못을 고치고, 그것을 지적해 준 사람에게 감사하며 더욱 존경하고 따릅니다. 신앙의 발전은 지혜의 발전이며, 인격의 성숙입니다. 거친 돌덩이를 정으로 다듬어서 아름다운 조각상을 만드는 것처럼 우리의 다듬어지지 않은 부분을 말씀으로 찍어내어 다듬어야 합니다. 어리석음을 찍어내고, 교만을 찍어내고, 완악한 마음을 갈아 곱게 다듬어서 지혜로운 마음과 겸손한 마음을 가진 성숙한 인격자, 장성한 신앙인이 되어야겠습니다.

 하나님은 자신의 깊으신 뜻을 위해 지금 당신에게 어떤 소원을 갖게 하셨습니까?

> "여호와를 경외하는 것이 지혜의 근본이요 거룩하신 자를 아는 것이 명철이니라"
>
> 잠 9:10

3월 19일

헝가리의 한 왕이 슬픔에 잠겨 있었습니다. 그의 아우는 슬픔의 원인을 물었습니다. 왕은 말했습니다. "나는 하나님께 큰 죄인이니 심판 날에 하나님 앞에 설 것을 생각만 해도 두렵다네." 그러자 아우는 농담조로 대답했습니다. "왕께서는 사소한 일에 너무 신경을 쓰고 계십니다." 왕은 아무 대답도 하지 않았습니다. 그 나라에는 어떤 사람이든 그 사람의 집 앞에 사형 집행관이 와서 나팔을 불면 그는 즉시 사형장으로 끌려가서 죽임을 당하는 것이 관례였습니다. 어느 날, 밤이 깊었는 데 왕이 사형 집행관을 아우의 집에 보내 나팔을 불게 했습니다. 왕의 아우는 황급히 왕에게 달려가 자신이 어떤 죄를 범했는지 알려 달라고 간청했습니다. 왕은 이렇게 말했습니다. "자네는 나에게 죄를 범한 적이 없네. 그런데도 내가 보낸 사형 집행관을 보는 것이 그토록 무서운가? 그렇다면 큰 죄를 범한 내가 그리스도의 심판대 앞에 끌려나가기를 두려워하는 것에 대해서 어떻게 생각하는가?"

하나님을 경외하여 지혜를 얻은 사람은 하나님의 말씀을 지키며 지혜롭게 생활하므로 몸과 마음이 건강하게 되고, 안정되고 행복한 인생을 살게 됩니다. 뿐만 아니라 지혜 있는 사람은 이 세상에서 장수하고, 육신의 장막이 무너지더라도 영생의 소망이 있습니다.

당신은 자신이 발견한 예수님을 얼마나 증거해 보였습니까?

"자기 길을 바로 가는 행객을 불러 이르되 무릇 어리석은 자는 … 도적질한 물이 달고 몰래 먹는 떡이 맛이 있다 하는도다"
잠 9:15-17

3월 20일

미국 대통령 클리블랜드가 젊었을 때 있었던 일입니다.

하루는 그가 품행이 나쁜 친구에게 유혹되어 술을 마시러 가는 중이었는데 갑자기 "죄의 값은 사망"이라는 말씀이 떠올라 친구에게 핑계를 댔습니다. "모처럼 만났는데 일이 있다는 것을 깜빡 잊었네. 어쩔 수 없이 다시 돌아가야겠네."

그는 자칫 친구의 집요한 유혹에 넘어갈 뻔했으나 '지금이 생을 결정짓는 순간이다.' 라는 생각이 떠올라 단호하게 손을 뿌리치고 집으로 돌아갔습니다. 그 후 클리블랜드는 고학 끝에 감옥의 간수장에서 시장, 그리고 지사가 되었고, 드디어는 대통령의 자리에까지 오르게 되었습니다. 그가 대통령이 되었다는 뉴스가 미국 전역에 전해지자 감옥에 갇혀 있던 한 죄수가 소스라치게 놀랐습니다. 그 죄수는 바로 젊었을 때 클리블랜드에게 술을 마시러 가자고 유혹했던 친구였습니다.

지혜의 초청과 음녀의 유혹은 인생길을 가고 있는 사람들에게 지금도 계속되고 있습니다. 어느 부름에 응할 것인가를 선택하는 권한은 각자에게 있습니다. 그러나 어느 편을 선택하느냐에 따라 그 삶의 결과는 정반대로 나타납니다. 지혜의 초청에 응한 사람은 영원한 생명과 영광 가운데 들어가지만, 음녀의 유혹에 응한 사람은 영원한 죽음과 멸망으로 들어가는 것입니다.

 당신은 직분과 사명을 귀히 여기며 충성을 다하고 있습니까?

"오직 그 어리석은 자는 죽은 자가 그의 곳에 있는 것과 그의 객들이 음부 깊은 곳에 있는 것을 알지 못하느니라"

잠 9:18

3월 21일

한 어머니가 혹독한 사춘기를 맞은 딸로 인해 엄청난 마음의 고통을 겪고 있었습니다. 딸은 나쁜 친구들과 어울리면서 점점 어머니의 품에서 멀어졌습니다. 어머니가 충고를 할 때마다 딸은 장담을 했습니다. "어머니, 걱정하지 마세요. 저는 물들지 않아요." 그러나 딸은 점점 친구들을 닮아가고 있었습니다. 어느 날, 어머니는 은쟁반에 썩은 사과 하나와 싱싱한 사과 세 개를 담아 가져왔습니다. 딸이 말했습니다. "썩은 사과 하나가 다른 사과를 모두 썩게 할텐데요?" 어머니의 대답. "무슨 소리냐. 싱싱한 사과 세 개가 썩은 사과 하나를 오히려 싱싱하게 만들 수도 있는데…." 일주일 후 어머니가 은쟁반의 사과를 딸에게 보여주었습니다. 사과는 모두 썩어 있었습니다. "사랑하는 딸아, 친구도 이 사과와 같단다." 그제서야 딸은 용서를 빌었습니다.

사람은 사회적인 존재입니다. 그렇기 때문에 사람은 누구나 다른 사람들과 더불어 살며 함께 어울리고 교제를 나누는데, 어떤 사람과 어울리느냐가 그 인생에 큰 영향을 줍니다. 사람들이 어울려 지내다보면 서로의 인격 형성에 영향을 주고받게 됩니다. 좋은 사람과 사귀면 유익이 있지만, 반대로 나쁜 사람과 어울리면 타락하고 행실도 부패하게 됩니다. 젊은 시절의 좋은 친구는 가장 위대한 스승입니다.

 당신이 지금 이겨야 할 영적 싸움은 무엇입니까?

> "솔로몬의 잠언이라 지혜로운 아들은 아비로 기쁘게 하거니와 미련한 아들은 어미의 근심이니라"
>
> 잠 10:1

3월 22일

한번은 그리스 철학자 소크라테스가 이렇게 말했습니다.

"아테네에서 가장 높은 곳에 오르면 목소리를 가다듬고 이렇게 외치리라. '아테네 시민들이여, 왜 그대들은 돌아서서 돈을 긁어모아 부를 쌓으려고 하는가? 언젠가는 어쩔 수 없이 이 모든 것을 넘겨주어야 할 그대들의 자녀들에게는 어찌하여 관심을 두지 않는가?'"

자녀를 지혜로 교육하는 것은 매우 중요합니다. 왜냐하면 지혜로운 자녀는 부모에게 면류관과 같은 존재가 되기 때문입니다. 지혜로운 자식은 부모가 일일이 가르치고 일러주지 않아도 자기가 할 일을 척척 알아서 합니다. 어려서부터 부모를 공경하고, 부모의 말씀에 순종하며, 학교에서는 열심히 공부하고, 집에서는 집안 일을 착실히 돕고, 자신의 의무와 책임을 분명히 알고 잘 조절하며 바르게 살아갑니다. 그러므로 부모가 볼 때 항상 대견하고 흐뭇하고 기쁘고 자랑스러운 것입니다. 하지만 미련한 자식은 집안의 두통거리요, 부모에게는 근심을 끼치고 온 가족의 행복을 깨뜨립니다. 그러므로 우리는 나 자신부터 지혜로운 자식이 되기 위해 노력해야 하겠습니다.

 당신이 변화되기를 원하는 것은 구체적으로 무엇입니까?

> "불의의 재물은 무익하여도 의리는 죽음에서 건지느니라"
>
> 잠 10:2

3월 23일

어느 바닷가에 갈매기 한 마리가 살고 있었습니다. 어느 날 그 갈매기는 부둣가에 버려진 썩은 물고기 한 마리를 낚아채 입에 물고 하늘로 날아올랐습니다. 그런데 그것을 보고 수많은 갈매기들이 달려들었습니다. 갈매기는 '썩은 물고기'를 빼앗기지 않으려고 몸부림을 치며, 하늘 높이 날아올랐습니다. 그러다 움켜쥔 '썩은 물고기'를 바다로 떨어뜨렸습니다. 이 때 수백 마리의 갈매기들이 그것을 쫓아 바다 쪽으로 일제히 날아갔습니다.

그 때 갈매기는 푸른 창공이 자신의 몫이라는 것을 깨달았습니다. 움켜쥔 '썩은 물고기'를 포기하는 순간, 넓은 하늘이 한눈에 들어온 것입니다.

하찮은 욕심을 포기하면 세상이 한눈에 들어옵니다. 움켜쥔 몇 푼의 재물 때문에 창공을 보지 못하고 걱정 속에 사는 사람들이 많이 있습니다. 한편 재물에 눈이 멀어 불의의 재물도 좋다고 덥석 받아먹었다가는 얼마 있지 않아 멸망하고 맙니다. 일시적으로는 돈 좀 벌어서 잘사는 것 같지만, 불의의 재물은 순식간에 날아가 버립니다. 불의로 재물을 얻은 사람에게는 언제나 협박범, 공갈범들이 따라서 한시도 편안하게 살지 못하며, 사회에 물의를 일으키고 사람들에게 피해를 끼칩니다. 그리고 결국 이런 사람은 재물도 잃고 그 영혼도 멸망하고 맙니다.

 당신의 삶의 자리는 현재 어디입니까? 하나님에게로 돌아오십시오.

"여호와께서 의인의 영혼은 주리지 않게 하시나 악인의 소욕은 물리치시느니라"

잠 10:3

3월 24일

방탕한 생활을 하던 청년이 예수님을 영접했는데, 오랜만에 만난 친구가 그의 변화에 놀라며 물었습니다. "자네 어떻게 이렇게 달라졌나?" "내가 예수를 믿는다네." "자네가 교회에 나간다고? 그럼, 예수가 어느 마을에서 태어났고, 몇 살 때 죽었는지는 아는가?" "글쎄, 어디 마구간이었는데, 또 몇 살 때였더라…" 청년이 얼른 대답을 못하자 그 친구는 말했습니다. "그것도 모르면서 무슨 예수를 믿는다는 거야. 그리고 자네 옷차림도 이게 뭔가. 옛날의 그 멋진 모습은 어디가고…" 그 때 청년이 조용히 그러나 단호하게 말했습니다. "자네의 말대로 난 예수에 대하여 잘 모르지만 그를 믿고 난 후에는 성실한 사람이 되었고 내 가족과 주위 사람들을 사랑하며 소중히 여기며 살아가게 되었지. 난 항상 그분의 은혜를 입고 산다네. 이래도 내 모습이 초라한가?"

하나님을 경외하며 하나님의 나라와 의를 구하는 의인은 영적으로도 주리지 않고 육체적, 물질적으로도 주리거나 결핍되지 않습니다. 그러나 온갖 수단과 방법을 동원하여 소원을 이루려고 애쓸지라도 악인의 그 모든 수고와 노력은 물거품처럼 헛될 뿐입니다. 설령 일시적으로는 성공한 것처럼, 소원 성취한 것처럼 보일지라도 악인의 성공은 하나님의 심판의 때까지 잠시 있다가 영원히 사라져 버릴 헛된 것일 뿐입니다.

 당신은 반복적이고 습관적인 회개를 드리고 있지는 않습니까?

"여름에 거두는 자는 지혜로운 아들이나 추수 때에 자는 자는 부끄러움을 끼치는 아들이니라"

잠 10:5

3월 25일

시간은 세 종류가 있습니다.

하나는 캘린더의 시간(Calendar time)입니다. 이것은 천문학적 시간으로 지구의 회전과 태양과의 관계입니다. 즉 해가 뜨고 져서 결정되는 시간입니다. 둘째는 생물학적 시간(bio-logical time)입니다. 이것은 모든 생물 속에 부착되어 있는 시간(built-in time)입니다. 기러기가 옮겨가고, 연어가 이동하여 알을 낳고, 사람이 태어나며 죽고 하는 등등의 시간입니다. 캘린더의 시간을 남의 시간이라고 한다면, 생물적 시간은 나의 시간입니다. 그런데 가장 중요한 세 번째 시간이 있습니다. 그것은 하나님의 시간입니다. 나의 시간이 제한된 데 대하여 하나님의 시간은 제한되지 않았다는 점에서 우리의 이해를 초월합니다. 그것을 성경은 '구원'이라고 하는데 보통 구원이라고 하는 것은 나의 시간에서 하나님의 시간으로 옮겨가는 것을 뜻합니다.

인생을 사는 데에는 때가 있습니다. 공부할 때가 있고, 일하고 수고할 때가 있고, 쉴 때가 있습니다. 그러나 공부할 때에 하지 않은 사람은 늙었을 때에 고생하며 편히 쉬지도 못하고 가난을 떨칠 수가 없습니다. 그러므로 우리는 때를 따라 성실히 행함으로 장년기에는 많은 결실을 수확하여, 노년기에는 수확된 많은 열매를 먹으며 안식하는 인생의 부자가 되어야겠습니다.

 당신은 하나님의 말씀을 얼마나 가까이 대하고 있습니까?

> "의인의 머리에는 복이 임하거늘 악인의 입은 독을 머금었느니라"
>
> 잠 10:6

3월 26일

한 아버지가 여섯 살짜리 아이를 옆자리에 태우고 가다가 그만 신호위반으로 교통경찰에게 걸리고 말았습니다. 아버지는 차를 세우고 운전면허증과 그 밑에 만 원짜리 몇 장을 살짝 감추어 건네줬습니다. 아이는 눈이 동그래져서 이 광경을 보고 있었습니다. "괜찮다. 애야. 다들 그렇게 한단다." 아이가 국민학교에 다닐 때 하루는 아이의 삼촌이 찾아와서 어떻게 하면 세금을 적게 낼 수 있는지를 아버지와 함께 의논하고 돌아갔습니다. 옆에서 의아해 하는 아이에게 아버지는 "괜찮아. 세금 제대로 다 내다간 남는 게 없어. 다들 그렇게 해."

아이가 어른이 되었습니다. 그리고 회사에 취직을 했으나 큰 횡령사건을 저지르고 그만 감옥에 수감되고 말았습니다. 면회를 온 부모님들이 말합니다. "아이고, 이놈아 넌 도대체 누굴 닮은 거냐! 왜 너는 가르치지도 않은 짓을 했느냐 말이다." "괜찮아요 아버지. 다들 그렇게 해요. 전 재수가 없어서 걸린 것뿐이어요."

선한 사람과 대화를 하면 선한 영향을 받아 마음이 기쁘고 즐거워지지만, 악한 사람과 대화를 하면 악한 영향을 받아 마음이 괴롭고 고통스러워집니다. 악인은 악한 생각과 악한 마음으로 우리를 분열시키고 파괴하는 말을 합니다. 따라서 우리는 악인을 상대하지 말고 피하여야겠습니다.

 당신의 생활에 복음의 씨앗이 열매 맺지 못하는 원인이 무엇이라고 생각하십니까?

"바른 길로 행하는 자는 걸음이 평안하려니와 굽은 길로 행하는 자는 드러나리라"

잠 10:9

3월 27일

가을 한 철에만 농어낚시가 허용되는 호수에 아버지와 열 살배기 아들이 낚시를 하고 있었습니다. 그 날은 농어잡이가 허용되기 바로 전날이었습니다. 밤이 으슥할 무렵 드디어 아들의 낚싯대 끝이 둥그렇게 구부러지며 큼직한 놈이 한 마리 걸려들었습니다. 농어였습니다. 아버지는 시계를 보았습니다. 밤 10 시 30 분. 농어잡이는 내일부터 허용되었고 지금은 농어 이외의 고기만 잡을 수 있는 시간이었습니다. 주위엔 아무도 없었고 호수엔 낚시꾼도 배도 없었습니다.

"애야, 그 농어는 풀어주고 우리 다른 것을 잡도록 하자꾸나."
"안돼요 아버지, 이렇게 큰 물고기를 잡은 건 처음이에요."

하지만 아버지의 단호한 결정에 아들은 농어를 놓아주었습니다. 그 후 세월이 흐른 뒤 사업가가 된 아들은 정직하고 모범적인 경영자로 뽑힌 자리에서 열 살 때의 그 사건을 통해 아버지로부터 '진정한 정직'을 배웠노라고 말했습니다.

사람의 마음속에는 정의가 있어야 합니다. 정의는 바른 길입니다. 그러므로 정의에 입각해서 살면 평안하게 살 수 있는 것입니다. 양심의 바른 길을 따라 정의를 가지고 사는 것이 사람답게 사는 길입니다. 불의는 굽은 길이요, 불의를 가지고 산다는 것은 스스로 사람다워지기를 거부하고 파멸을 자초하는 것입니다.

 당신의 삶 가운데 헐어버려야 할 바벨탑은 무엇입니까?

"의인의 입은 생명의 샘이라도 악인의 입은 독을 머금었느니라"

잠 10:11

3월 28일

프랑스의 작가 앙드레 지드의 학교생활은 엉망이었습니다. 소년 시절의 앙드레 지드는 '거짓말'과 '속임수'에 능했습니다. 그는 꾀병으로 3주 동안이나 학교에 결석한 적도 있었습니다. 그는 가련할 정도로 겁이 많고 심약했으며, 도무지 비전이 없어 보이는 '열등한 학생'에 불과했습니다. 그러던 어느 날, 한번은 학교에서 선생님이 학생들에게 시를 낭송하도록 했습니다. 그 때 앙드레 지드는 감정을 한껏 실어 멋지게 시를 낭송했습니다. 시 낭송을 들은 선생님은 그에게 칭찬해주었습니다. "넌 아주 훌륭한 작가가 될 소질이 있다." 그는 이 일로 인해 친구들로부터 '잘난 척하는 학생'으로 몰려 왕따를 당했습니다. 그러나 선생님의 칭찬을 생각하며 문학소년의 꿈을 키웠습니다.

미련하고 악한 사람은 때와 장소를 가리지 않고 악담과 독설을 퍼부어 남에게 피해를 주고 상처를 입힙니다. 미련하고 악한 사람은 지혜가 없고 마음이 비뚤어져서 무절제한 말로 가는 곳마다 문제를 일으킵니다. 그러나 지혜로운 의인은 때와 장소를 가려 말을 절제하며, 지혜로운 조언과 교훈과 덕담으로 사람을 위로하고 도와주며 용기를 줍니다. 찬송과 기도와 지혜가 넘치는 의인의 입은 사람을 살리는 생명의 샘물이 흘러 넘치는 생명 샘입니다.

 당신은 예수님 안에서 어떤 꿈과 목표를 바라보고 있습니까?

> "부자의 재물은 그의 견고한 성이요 가난한 자의 궁핍은 그의 패망이니라"
>
> 잠 10:15

3월 29일

1923년 세계에서 가장 성공한 자본가들이 시카고의 한 호텔에서 모임을 가졌습니다. 이들의 재산을 합쳐보면, 미국 국고에 있는 것보다 실제적으로 더 많은 부를 조성하고 있는 셈이었습니다. 그래서 몇 년 동안 신문과 잡지들은 그들의 성공담을 개재하였습니다. 그런데 27년 후 다음과 같은 일이 일어났습니다.

철강회사의 사장 찰스 슈와브는 죽기 5년 전부터 남에게서 빌린 돈으로 생계를 유지하다 무일푼으로 죽었으며, 밀 투자가 아더 커튼은 파산하여 해외에서 죽었고, 뉴욕 증권 거래소의 사장 리차드 휘트니는 싱싱형무소에서 복역했으며, 금융가인 월가에서 가장 유력한 인물이었던 제시 리버모어는 자살을 했습니다. 이들은 어떻게 살 것인가 대해서는 배우지 못했던 것입니다.

재물 자체는 선악이 없습니다. 그러나 어디에 쓰이느냐에 따라 재물은 선한 수난이 될 수도 악한 수단이 될 수 있습니다. 악한 사람의 손에 들어간 재물은 악한 데 쓰이지만 의롭고 거룩한 사람의 손에 들어간 돈은 의롭고 선한 일에 가치 있게 쓰입니다.

돈이 우상이 되어 수단과 방법을 가리지 않고 돈을 모으고서도 그 돈을 좋은 일에 쓰지 않고 움켜쥐면, 그 돈은 결국 일만 악의 뿌리가 되고 맙니다. 그러나 우리가 열심히 벌어서 하나님의 영광을 위해서 잘 쓴다면 재물처럼 요긴한 것이 없습니다.

 당신은 얼마나 하나님의 나라와 의에 관심을 가지고 있습니까?

"의인의 수고는 생명에 이르고 악인의 소득은 죄에 이르느니라"

잠 10:16

3월 30일

어느 무더운 여름날 미국 메릴랜드의 한 마을에 남루한 복장의 고학생이 나타났습니다. 서적 외판원인 청년은 더위와 굶주림에 지쳐 있었습니다. 그가 마을 입구의 어느 허름한 집을 방문했을 때 한 소녀가 학생을 맞았습니다. "우리는 너무 가난해요, 책을 살 수가 없어요." 고학생은 이마의 땀을 닦아내며 시원한 우유 한잔을 부탁했습니다. 소녀는 그 청년을 정성껏 대접했습니다. 고학생은 소녀의 친절에 감동해 수첩에 그녀의 이름을 적어두었습니다. 20여 년 후, 메릴랜드병원에 한 여성 중환자가 실려왔습니다. 병원장 하워드 켈리 박사는 의사들을 총동원해 환자를 살려냈습니다. 그러나 여인은 1만 달러가 넘는 치료비 청구서를 받아들고 한숨을 토했습니다. 그런데 청구서 뒤에는 병원장의 짤막한 편지 한 장이 붙어 있었습니다. "20년 전에 저에게 대접한 우유 두 잔이 치료비입니다."

의인이 하는 일은 생명을 가져옵니다. 정의와 생명은 붙어 다닙니다. 의가 있는 곳에는 생명을 얻되 풍성히 얻는 역사가 일어납니다. 그리스도인은 예수님을 믿고 의인이 되었기 때문에 성도가 열심히 기도하고 전도하며 봉사하는 것, 선행을 베푸는 것은 '의인의 수고'입니다. 그러므로 성도가 기도하고 전도하며, 봉사하고 선을 베푸는 곳마다 생명의 역사가 일어나는 것입니다.

 올바른 선택을 하기 위해 당신은 날마다 기도로 준비하십니까?

> "미워함을 감추는 자는 거짓의 입술을 가진 자요 참소하는 자는 미련한 자니라"
>
> 잠 10:18

3월 31일

한 부랑자의 어처구니없는 방화로 106년 동안 곱게 지켜온 모습을 한순간에 잃어버린 서울 약현 성당내 본당 건물, 2월 12일 아침 신도들은 검게 그을려 버린 본당 건물 안을 둘러보며 눈시울을 붉혔습니다. "애당초부터 성당에 오는 부랑자들에게 밥을 지어 주지 말았어야 했는데…." 건물 안을 둘러보던 일부 신도들 사이에서 부랑자에 대해 증오의 목소리가 나오기 시작했습니다. 하지만 오전 10시 본당 건물옆 순교자 기념관에서 열린 미사는 신도들의 마음에서 미움을 털어냈습니다. 주임 신부님은 "마음속에서 일어나는 증오심을 없애고 부랑자들을 더욱 사랑으로 감싸 안아야 할 것"이라는 말로 성도들을 위로하고 격려했습니다.

예수님은 미움을 이기는 '사랑'을 오직 하나의 계명으로 주셨습니다. 성경은 한군데, 한 말씀도 미워하라고 가르치지 않고 지치지 않고 사랑하도록 가르칩니다. 대부분의 분노와 격한 분노는 오해와 잘못된 인식에서부터 시작되는 것이 보통입니다.

그리고 마음속에 분노가 오래가다 보면 마귀가 틈타 죄를 짓게 만듭니다. 그러므로 할 수만 있으면 화해하고, 참소하지 말아야 합니다. 내가 먼저 용서를 구하여 화해하고, 칭찬과 격려의 말을 하여야 합니다. 내가 남을 참소하면 그 말이 돌아서 그 사람의 귀에 들어가서 나도 참소를 받게 됩니다.

 예수님이 행하신 사랑의 사역을 당신도 오늘 행하고 있습니까?

잠언으로 여는 365일

4월

"대저 여호와는 너의 의지할
자이시라 네 발을 지켜 걸리지
않게 하시리라"(3장 26절)

"말이 많으면 허물을 면키 어려우나 그 입술을 제어하는 자는 지혜가 있느니라"

잠 10:19

4월 1일

사생아라며 항상 동네에서 따돌림을 받던 소년이 있었습니다. 소년은 좋은 목사님이 새로 오신다는 소문을 듣고는 어느 날, 교회에 갔습니다. 예배가 끝나 소년이 사람들을 따라 나오면서 목사님과 악수를 하게 되었습니다. 그 때 목사님은 소년을 보고 "네가 누구 아들이더라?"고 하셨고 주변은 갑자기 조용해졌습니다. 이 때 목사님의 얼굴에 다시 미소가 번지더니 "그래! 누구의 아들인지 알겠다. 네가 아버지를 닮았기 때문에 쉽게 알 수 있지!" 주변의 사람들의 표정이 굳어져도 목사님은 "너는 하나님의 아들이야! 네 모습을 보면 알 수 있거든!" 소년이 당황하며 빠져나가는데 목사님은 다시 그의 등을 향해 말했습니다. "이제부터는 하나님의 아들답게 훌륭하게 살아야 한다!" 여러 해가 지난 후, 그 소년은 테네시 주의 주지사가 되었습니다. 주지사 벤 후퍼는 훗날 이렇게 말했습니다. "내가 하나님의 아들이라는 말을 듣던 바로 그 날이 테네시주의 주지사가 태어난 날이었습니다."

의인은 신중히 생각하여 경우에 합당한 말, 지혜롭고 유익한 말, 사람을 살리는 말만을 합니다. 그러므로 의인의 혀는 순수하게 제련되어 불순물이 전혀 섞이지 않은 최상품의 순은처럼 가치가 있고, 그 입에서는 듣는 이들로 하여금 생명 길로 가도록 깨우쳐 주는 생명의 말씀이 나옵니다.

당신은 그리스도의 이름에 합당한 열매를 맺고 있습니까?

> "게으른 자는 그 부리는 사람에게 마치 이에 초 같고 눈에 연기 같으니라"
>
> 잠 10:26

4월 2일

"나는 너무나 바쁘다. 나에게는 고민할 시간이 없다!"

이것은 윈스턴 처어칠 경이 2차 대전(大戰)의 절정 가운데서 하루 18시간을 일하던 때에 한 말입니다. 즉 자신의 책임의 중대함을 인식한 나머지 고민해야 할 문제도, 시간도 없다는 말입니다. 차알즈 케터링은 자동차용 원격 자동 시동장치 발명에 착수하였을 때, 위의 경우와 같은 처지에 놓여 있었습니다. 그는 최근 은퇴할 무렵까지 제너럴 모터스 자동차 회사의 부사장으로 있었던 인물입니다. 대 과학자 파스퇴르는 '도서관과 실험실에서 찾을 수 있는 평화'에 대해서 말했습니다. "도서관과 실험실에 있는 사람들은 연구에 몰두하는 까닭에 고민할 여가가 없다. 그들에게는 그런 사치스러운 시간이 없는 것이다."

초를 먹으면 너무 시기 때문에 진저리를 치게 되고, 연기가 눈에 들어가면 눈이 매워서 눈물을 흘리게 됩니다. 그런데 본 절에 보면, 게으른 자가 그 부리는 사람에게 이러한 존재라고 가르쳐 주고 있습니다. 게으른 자는 맡은 일은 성실히 하지 않으면서 보수는 당연한 듯이 받아 챙깁니다. 그러므로 게으른 일꾼을 둔 고용주는 손해가 막심하며, 그 일꾼을 볼 때에 마땅치 않고 괴로운 것입니다. 과연 우리는 성실한 사람으로서 시간을 아끼며, 모두에게 인정받고 있는지 반성해 볼 일입니다.

 당신은 맡은 일에 소명을 가지고 최선을 다하고 있습니까?

"속이는 저울은 여호와께서 미워하셔도 공평한 추는 그가 기뻐하시느니라"

잠 11:1

4월 3일

어떤 한 사업가는 믿음과 신앙으로 작은 회사를 설립해서 사업을 시작했습니다. 그러자 하나님의 은혜로 사업은 점점 번창하게 되었습니다. 여러 모임에 나가다 보니 한 두 번씩 주일 예배를 빠지게 되었습니다. 주위의 권고가 있었지만 귀에 들어오지 않았습니다. 그런데 이 사람이 갑자기 사업에 크게 실패한 뒤 회개하며 주님께 나오는 계기가 생겼습니다. 그 사업가는 인삼을 동남아에 수출하는 일을 했는데 각 국으로부터 반응이 좋아 주문이 밀릴 정도였습니다. 그런데 그만 욕심이 나서 불량품 인삼을 헐값에 사서 포장만 그럴 듯하게 해서 수출했습니다. 그러나 이런 속임수가 오래 갈 리 없었습니다. 곧 손해 배상 청구 소송에 걸려 당국의 조사를 받게 되었고 끝내 사업은 파산되고 말았습니다.

불의하고 불공평하고 거짓된 거래를 하는 사람은 그 거래에 심겨져 있는 파멸의 씨앗이 싹터 미움과 불신의 가지를 내어 심판과 파멸의 열매를 먹게 되는 것입니다. 그러므로 우리는 이윤이 적더라도 공정한 거래, 정직한 거래, 양심적인 거래를 하여 신뢰가 회복되고 기쁨과 보람과 활력이 넘치는 건강한 경제, 서로 믿고 사는 사회를 이룩해야겠습니다.

 당신은 하나님이 허락하신 하루를 후회 없이 보내셨습니까?

> "교만이 오면 욕도 오거니와 겸손한 자에게는 지혜가 있느니라"
>
> 잠 11:2

4월 4일

스위스의 종교개혁자 쯔빙글리는 "신자의 낮아짐이 신앙의 상승"을 이룬다는 진리를 염소들을 통해 깨달았습니다.

어느 날 쯔빙글리는 스위스의 산 위를 걷다 좁은 산길에서 두 마리의 염소를 보았는데 한 마리는 위로 올라가려고 하고 또 한 마리는 아래로 내려가려고 했습니다. 그러나 워낙 좁은 길이라 두 마리가 다 오르고 내려갈 수 없었습니다. 서로 팽팽히 맞선다 싶은 순간, 놀라운 일이 벌어졌습니다. 올라가려던 염소가 길가에 누웠고 그 위를 밟고 위에서 염소가 내려오는 것이었습니다.

그런 다음 누웠던 염소가 일어나 올라가는 것이었습니다.

하나님 앞에서 자신을 낮추고 자신의 분수를 아는 사람은 자신보다 남을 낫게 여기며, 겸손히 섬기고 배웁니다. 그러므로 겸손한 사람은 내적으로 계속 발전하고 성장할 뿐 아니라 사람들에게도 존경받고, 겸손한 자를 기뻐하시는 하나님께서 높여 주심으로 말미암아 영광을 얻게 되는 것입니다. 하나님 앞에서와 사람 앞에서 폭삭 엎드리는 사람이 은총으로 올라가는 것입니다.

 당신은 날마다 당신의 믿음을 구체적으로 하나님께 보여 드리고 계십니까?

"정직한 자의 성실은 자기를 인도하거니와 사특한 자의 패역은 자기를 망케 하느니라"

잠 11:3

4월 5일

라브 사후라라는 현자가 있었습니다. 그는 가게를 하고 있었는데 어느 날 한 손님이 찾아왔습니다. 10데나리온을 하는 고급 옷감을 5데나리온에 사고 싶어했습니다. 하지만 라브는 그렇게 팔 수 없었고 손님은 피륙을 사지 않고 돌아갔습니다. 하지만 그 날 밤, 손님은 후회하였습니다. '결코 비싼 것이 아니었는데. 내일 다시 가게에 들러 꼭 사야지.' 그리고 그 날 밤 라브도 생각하였습니다. '분명히 5데나리온은 헐값이긴 하지만 나는 당장 돈이 필요하지 않은가? 만일 내일 그 손님이 다시 오면 5데나리온에 팔자.' 이튿날 아침, 손님이 가게에 다시 찾아와서 "옷감을 당신 말대로 10데나리온에 사겠습니다."고 말하였습니다. 라브는 당황해 하며 "아닙니다. 실은 5데나리온에 팔려던 참이었으니 그 이상은 받기가 곤란합니다." 손님은 라브 사후라가 진짜 마음이 곧은 사람이라고 감탄하였습니다.

정직과 성실은 참으로 소중한 내적 재산입니다. 모든 생활의 기반은 신뢰이며, 이 신뢰는 정직의 기반 위에 있습니다. 성실하게 산다는 것은 그 사람의 인격이 한결같다는 것을 말합니다. 성실한 사람은 처음과 나중이 일치하며, 말과 행동이 일치하며, 일관성 있고 충실한 생활을 합니다. 이처럼 정직하고 성실한 삶의 자세는 그 사람을 생명의 길, 축복의 길로 인도해 줍니다.

 하나님이 함께 하지 않은 성공은 아무 의미가 없음을 당신은 인정하십니까?

"재물은 진노하시는 날에 무익하나 의리는 죽음을 면케 하느니라"

잠 11:4

4월 6일

그리스도인다운 삶을 살기 위해 무척 애를 쓰던 젊은이가 어느 날, 다음과 같은 꿈을 꾸었습니다. 하나님께서 젊은이를 두 개의 방에 차례차례 데리고 가셨는데 첫 번째 방은 화려했으며 방에 있는 책상에는 많은 돈이 쌓여 있었으나, 두 번째 방은 전혀 볼품이 없는데다 방에 놓여 있는 책상 위에는 몇 푼 되지 않는 돈이 있었습니다. 그 때, 다음과 같이 말하는 소리가 들려 왔습니다. '지금 당신이 보고 있는 책상 위의 돈은 당신이 지금까지 가난한 사람들을 위해 사용한 돈입니다. 그리고 조금 전에 본 첫 번째 방 책상 위의 돈은 당신이 당신을 위해 사용한 돈입니다.' 그 날 이후 젊은이는 돈을 쓸 때마다 '나는 지금 이 돈을 나 자신만을 위해 쓰는 것인가, 아니면 가난한 사람들을 위해 쓰는 것인가.' 라고 생각한 다음 신중하게 사용했습니다.

재물은 아무리 많아도 하나님께서 심판하시는 날, 우리를 구하지 못합니다. 그런데 본문에서 말하는 의리, 즉 죽음을 면케 하는 의로움은 예수님을 믿음으로써 얻는 의를 가리킵니다. 행위로써 의롭게 된 사람은 아무도 없습니다. 하지만 예수님을 믿는 사람은 누구나 의의 옷을 입고, 죽음으로부터 구원받아 영원한 생명을 얻은 '용서받은 의인'이 된 것입니다. 따라서 그리스도인에게는 의인으로서의 삶을 살아야할 이유가 있는 것입니다.

 당신의 삶이 하나님의 절대 주권 속에 있음을 당신은 고백하십니까?

"완전한 자는 그 의로 인하여 그 길이 곧게 되려니와 악한 자는 그 악을 인하여 넘어지리라"

잠 11:5

4월 7일

만약 한 회사가 유능한 신입사원을 뽑기 위해 예수님의 열두 제자를 대상으로 이들의 학력, 경력, 적성을 종합해 컴퓨터에 분석을 의뢰했다면 아마 이런 결과가 나왔을 지도 모릅니다.

"야고보와 요한은 매우 이기적인 사람이다. 도마는 매사에 의심이 많고 부정적인 성격의 소유자다. 베드로는 성격이 급해서 실수할 가능성이 높다. 안드레는 너무 내성적이어서 매사에 추진력이 떨어진다. 야고보는 혁명가적인 기질이 있어 위험한 존재다. 세리 출신 마태는 자신의 이익만을 추구하는 이기적인 사람이다. 제자들 중 적격자는 가룟 유다 뿐이다. 그는 학식과 경험을 겸비한 인물이며 실업가의 감각과 사교성을 지니고 있다."

그러나 기독교 역사를 변화시킨 사람은 실격자로 판정난 제자들이었습니다.

하나님은 교만한 자를 택하지 않습니다. 우리의 겸손과 부족함을 들어 사용하십니다. 이 세상에 스스로 완전한 사람은 아무도 없습니다. 사람들은 모두 불완전한 죄인입니다. '완전한 자'는 오직 예수님 한 분뿐입니다. 그런데 이 완전하신 예수님을 믿어 그리스도 안에 거하면 우리도 완전한 자가 됩니다. 예수님께 연결되면 예수님으로 말미암아 우리가 완전한 인생을 살아갈 수 있도록 하나님의 성령께서 도와주시는 것입니다.

 당신의 속사람은 날마다 성령으로 새로워지고 있습니까?

> "사특한 자는 입으로 그 이웃을 망하게 하여도 의인은 그 지식으로 말미암아 구원을 얻느니라"
>
> 잠 11:9

4월 8일

동물의 왕인 사자가 중병에 걸리자 숲 속의 동물들이 모두 문병을 왔는데 여우만 나타나지 않았습니다. 평소 여우와 사이가 좋지 않았던 늑대가 속으로 쾌재를 불렀습니다. 그리고는 사자에게 간언을 했습니다. "숲 속의 왕이시여, 여우가 문병을 오지 않은 것은 필경 대왕을 무시하는 처사입니다. 엄한 벌을 내려야 합니다." 마침 그 때 여우가 도착했습니다. 사자는 크게 노하여 물었습니다. "네 이놈, 왜 이리 늦었느냐?" 순간 여우는 늑대의 간언을 눈치채고 꾀를 냈습니다. "대왕님의 병을 고칠 약을 알아보느라 이렇게 늦었습니다." "그래, 그 약이 무엇이냐?" "늑대의 가죽을 벗겨 그것을 뒤집어쓰면 금방 병이 낫는답니다." 사자는 코앞의 늑대를 잡아 가죽을 뒤집어썼습니다.

남을 비방하면, 그 비방이 자신에게 되돌아온다는 사실을 기억해야 합니다. 하지만 사특한 사람은 마음이 비뚤어져서 사람들에게 거짓말을 퍼뜨리고 이웃을 중상 모략하여 불화를 일으키고, 서로 반목하게 만듭니다. 그러므로 사특한 사람이 많으면 사회에 불신과 미움과 분쟁이 가득 차며, 사회의 안녕과 질서가 무너져서 망하고 마는 것입니다. 이에 우리 사회에 만연되어 있는 불신과 분쟁 가운데서 그리스도인은 의와 지혜로서 세상의 빛과 소금의 역할을 다하여 사회의 기둥이 되어야 할 것입니다.

당신은 하나님께서 쓰시기에 합당한 그릇으로 준비되어 있습니까?

"의인이 형통하면 성읍이 즐거워하고 악인이 패망하면 기뻐 외치느니라"

잠 11:10

4월 9일

일본이 만주사변을 일으켜 중국을 공격하던 당시 세계 역사학자 회의가 있었는데 그 때 영국의 저명한 역사가 토인비 박사와 일본의 역사학자가 함께 식사를 하며 서로 대화를 나누게 되었습니다. 토인비 박사가 일본의 역사학자에게 "일본이 대동아 전쟁을 일으킴으로 어떤 이익이 있습니까?"라고 질문을 하자, 일본 학자는 "대동아 전쟁을 통해 온 아시아 사람들이 더 잘살게 될 것입니다."라고 대답했습니다. 그러자 토인비 박사는 그 사람의 눈을 뚫어지게 바라보면서 "일본이 행한 침략적 악행은 일본 패망의 씨앗을 심은 것으로, 그 열매로 멸망할 것입니다."라고 말했습니다. 이 후 일본은 대동아 전쟁을 통해 수많은 인명을 살상하고 재산을 약탈하고 평화를 파괴했습니다. 그러나 토인비의 말과 같이 그렇게도 흥왕하던 일본의 제국주의는 곧 무릎을 꿇고 말았습니다.

사람들 사이를 이간하고 중상하며, 가정을 불화하고 파탄케 하며, 사회와 국가에 불신과 멸망을 가져다 주는 사특한 자를 싫어하고 그들이 잘되는 것을 원치 않는 것은 인지상정입니다. 그러므로 악인이 패망하면 온 성읍 사람이 기뻐 환호하는 것입니다. 하지만 그리스도인은 온 성읍에 덕을 쌓아 그 형통으로 이웃의 기쁨이 되게 하는 삶을 살아야 할 것입니다.

당신은 만왕의 왕 되신 하나님을 날마다 찬양하십니까?

"성읍은 정직한 자의 축원을 인하여 진흥하고 악한 자의 입을 인하여 무너지느니라"

잠 11:11

4월 10일

어떤 은행에서 신탁부서의 나이든 사원을 승진시켜 새로운 직책을 주고 네 젊은이 중 하나를 또한 승진시켜 신탁부를 맡기기로 결정하였습니다. 각자의 장점을 검토한 후에 넷 중 하나를 선택하여 새 직위를 주고 결국 봉급도 인상하기로 하여 그 날 오후 4시에 본인에게 통지하기로 결정하였습니다. 바로 그 젊은이가 정오에 식사하러 식당에 나갔는데 그 사람 뒤에 몇 사람 건너 이사 중 한 사람이 줄을 서게 되었습니다. 이사는 그 젊은이가 작은 버터 조각이 붙은 음식을 고르는 것을 보고 있었습니다. 그런데 버터를 접시 위에 살짝 떨구고 음식을 그 위에 덮어 계산원이 보지 못하게 하여 계산원을 속이는 것이었습니다. 그 날 오후, 그 젊은이에게 승진을 통보해주기 위해 이사들이 모였으나 바로 식당에서 속였다는 이유로 오히려 그를 해고해 버렸습니다.

정직하고 의로운 사람은 죄악과 불의를 물리치고 가정과 이웃과 사회에 공의와 공평과 진실을 심어 주고 건강하게 만들어 줍니다. 그러므로 사회에, 국가에 정직한 의인이 많으면 그 사회와 국가는 안정되고 부흥, 발전하는 것입니다. 하나님을 경외하며 이웃과 사회와 국가에 덕을 끼치는 의인이 하나님의 복을 받고 형통케 되는 것은 지극히 당연한 결과이며 온 성읍의 경사입니다.

 당신은 직분자를 선택할 때 어떤 기준에 따라 선택하고 있습니까?

"지혜 없는 자는 그 이웃을 멸시하나 명철한 자는 잠잠 하느니라"

잠 11:12-13

4월 11일

1983년 영국 이스트본에서 열세 살 소년이 자살한 사건이 발생했습니다. 소년의 이름은 토머스 크레이븐. 소년은 모범생이었으며 자살할 이유가 전혀 없었습니다. 소년이 왜 자살을 했는지 아는 사람은 아무도 없었습니다. 그런데 그의 일기에 다음과 같은 글이 적혀 있었습니다.

"우리 가정은 악마의 저주를 받아 가족들이 일찍 죽는다는 소문을 들었다. 죽음이 두렵다. 어차피 죽을 운명이라면 어머니 곁에서 죽는 편이 낫다." 소년을 죽인 범인은 '악의에 찬 헛소문'이었습니다. 사실 이 소문은 전혀 근거 없는 것이었습니다. 이 가정에 적개심을 품은 한 노인이 퍼뜨린 유언비어였습니다.

살인은 한 사람을 죽입니다. 그러나 험담은 세 사람을 죽입니다. 험담을 퍼뜨린 자신과 험담의 주인공과 험담을 들은 사람이 모두 피해를 봅니다. 좋은 말을 하면 좋은 일이 생기고 저주의 말을 쏟아내면 반드시 저주를 받습니다. 어리석고 말하기 좋아하는 사람은 다른 사람들의 인격을 모독하며, 남의 허물을 들추어내어 떠들어댑니다. 그러나 지혜로운 사람은 신중하게 처신하며 말조심을 합니다. 남을 비판하기에 앞서 자신을 먼저 살펴보고, 남의 허물을 사랑으로 덮어줍니다.

당신은 예수님의 지상 명령을 어떻게 지키고 있습니까?

> "도략이 없으면 백성이 망하여도 모사가 많으면 평안을 누리느니라"
>
> 잠 11:14

4월 12일

동물들 세계에 전쟁이 일어났습니다. 호랑이가 총 대장이 되었고, 여러 동물들이 몰려들었습니다. 그런데 어디선가 이런 소리가 들려왔습니다. "멍텅구리 당나귀는 차라리 돌아가라!"
"토끼 같은 겁쟁이는 싸움을 할 수 없다!"
"개미는 힘이 약해 어디에도 쓸모가 없다."
"코끼리는 덩치가 커서 적에게 금방 들통나고 만다!"
이 때, 호랑이 대장은 산이 떠나가도록 호령을 내렸습니다.
"시끄럽다! 모두 조용히 해라! 당나귀는 입이 길어서 나팔수로 쓸 것이다. 토끼는 걸음이 빠르니 전령으로 쓸 것이고 개미는 작아서 눈에 안 띄니 적진에 게릴라로 파견할 것이며 코끼리는 힘이 세니 전쟁물자를 운반하는 일을 시킬 것이다."

지혜로운 지도자는 각기 능력에 따라 적절한 역할을 찾아내어 맡길 줄 아는 사람입니다. '도략'이란, 문제가 생겼을 때에 그 문제를 잘 풀어 나가는 기술을 말합니다. 그리고 '모사'는 일을 결정하는 데 충고하고 조언해 주는 참모를 가리키는 말입니다. 어떤 문제가 발생했을 때, 구성원들 간의 활발한 논의를 거쳐 가장 좋은 도략을 찾아내어 장애를 극복해나가는 단체, 기업, 국가만큼 복된 곳은 없습니다. 그런 곳은 하는 일마다 잘되고 평안을 누리게 되는 것입니다.

 당신의 삶에 있어서 신앙은 어떠한 위치를 차지하고 있습니까?

> "유덕한 여자는 존영을 얻고 근면한 남자는 재물을 얻느니라"
>
> 잠 11:16

4월 13일

영국의 정치가 비스콘필드의 아내는 언제나 그와 함께 다니며 그가 조금도 불편하지 않도록 신경을 써 주었습니다. 그가 수상이었을 때의 일입니다. 하루는 의회에 나가 연설을 하게 되었습니다. 그 날도 그녀는 함께 동행하였습니다. 남편이 연설을 하는 동안 아내는 방청석에 앉아 확신에 찬 눈으로 그를 바라보며 그에게 힘을 주었습니다. 집으로 돌아오는 길에 비스콘필드는 아내의 손에 붕대가 감겨 있는 것을 보았습니다.

"아니, 웬일이오?" 그러자 그녀는 미소를 지으며 "아까 당신이 차에서 내릴 때 문을 너무 세게 닫는 바람에 조금 다쳤어요."라고 대답했습니다. "꽤나 아팠을 텐데 왜 아까 말하지 않았소?"

"그거야 당연하지요. 어찌 나라 일을 논하러 가는 당신에게 제 상처로 인해 심려를 끼쳐드릴 수가 있겠어요."

덕이 있고 지혜로운 아내를 얻은 사람은 굉장히 복이 많은 사람입니다. 덕이 있는 아내는 남편을 잘 내조하여 성공시키고, 자녀를 건강하게 잘 키우며, 시부모를 잘 공경하고, 집안을 화목케 합니다. 또한 살림도 아주 규모 있게 하여 집안 살림을 늘리며, 이웃에게도 인정을 베풉니다. 그러므로 덕이 있는 여자는 시부모의 사랑을 받으며, 남편과 자녀와 온 시집 식구들과 이웃의 칭찬과 존경을 받습니다.

 당신은 하나님이 아닌 사람들의 눈을 두려워하고 있지는 않습니까?

"인자한 자는 자기의 영혼을 이롭게 하고 잔인한 자는 자기의 몸을 해롭게 하느니라"

잠 11:17

4월 14일

반 다이크의 저서 가운데 〈제4박사〉라는 책이 있습니다. 그 책에는 어떤 사람이 값나가는 보배를 갖고서 베들레헴에서 태어난 예수에게 드리려 했던 사람의 이야기가 실려 있습니다.

그가 예수를 찾아가던 도중, 길에서 가난한 사람, 불쌍하고 수고하는 사람을 만나 그 보배를 팔아서 그들을 도와 주게 되었습니다. 그래서 그는 일평생 동안 예수를 만나지 못하고 예수의 그림자만 바라보았습니다. 그러나 그가 임종할 때에 한 신비한 음성을 들었습니다.

"네가 그것을 불쌍하고 빈약한 사람에게 주었으니 그것을 준 것이 곧 나에게 한 것이다."

인자한 사람은 다른 사람들을 불쌍히 여기고 도와주며, 사랑과 자비를 베풉니다. 인자한 사람의 마음속에는 사랑이 충만하므로 악한 생각, 모진 생각이 없고 평안합니다. 아무런 대가를 바라지 않고 사람들에게 친절을 베풀고 구제합니다. 그러므로 인자한 사람은 자신이 행한 대로 하나님으로부터 긍휼히 여김을 받고, 사랑과 은혜를 받아 그 영혼이 잘되는 것입니다.

 당신이 돌봐 주고 관심을 가져야 할 소외되고 가난한 이웃은 누구입니까?

"의를 굳게 지키는 자는 생명에 이르고 악을 따르는 자는 사망에 이르느니라"

잠 11:19

4월 15일

그리스의 현자 소프론은 이미 어른이 된 아들과 딸에게도 좋지 못한 사람과 사귀는 것을 허락하지 않았습니다.

어느 날 장성한 딸이 어떤 경박한 부인을 방문한다고 하자 그는 강경하게 막았습니다. 그러자 딸이 불만에 가득 찬 목소리로 말했습니다.

"아버님, 저는 좋지 못한 사람들에게 물들 사람이 아닙니다."

딸의 말을 조용히 듣던 그는 석탄 한 덩이를 딸에게 내밀었습니다. "애야, 손을 더럽히지 말고 이것을 집어 보아라."

그러자 딸은 손을 더럽히지 않으려고 애를 쓰면서 석탄을 집었으나 손에는 까만 석탄이 묻어 있었습니다. "아버님, 아무리 애를 써도 손을 더럽히지 않을 수 없습니다."

"좋지 못한 사람과 어울리는 것도 그와 같단다."

유유상종이라는 말이 있습니다. 이 말처럼 의인은 의인끼리, 악인은 악인끼리 어울립니다. 악인들은 함께 손잡고 악한 세력을 더욱 키웁니다. 그러나 아무리 막강한 힘을 갖더라도 악인은 종국적으로 망합니다. 서로 결탁하여 동맹을 맺을 지라도 결단코 하나님의 형벌을 면치 못하고 멸망하는 악인의 운명은 참으로 덧없고 비참할 뿐입니다.

 당신에게 인간의 눈을 의식한 외식적인 행위는 없습니까?

> "아름다운 여인이 삼가지 아니하는 것은 마치 돼지 코에 금고리 같으니라"
>
> 잠 11:22

4월 16일

프랑스의 유명한 법률가이며 정치가 로버트 슈만은 결혼을 하지 않은 독신자였습니다. 그래서 한 언론인이 그 이유를 묻자 그는 다음과 같이 대답했습니다. "여러 해 전이었습니다. 제가 지하철을 타고 가던 중에 실수로 매우 아름다운 여인의 발을 밟은 적이 있습니다. 당황한 제가 사과를 하려고 그 여자에게 돌아서는 순간 그 여자는 욕을 퍼붓는 것입니다. '이 멍청한 병신아! 아니 자기 앞도 제대로 보지를 못해!' 그러면서 고개를 들고 저를 보는 순간 그녀의 얼굴이 붉어지고 어쩔 줄 몰라하면서 이렇게 말을 하는 것입니다. '아, 선생님 미안합니다. 저는 제 남편인줄 알았습니다.'"

요즘은 사람들은 외모의 아름다움을 위해 많은 투자를 합니다. 하지만 아무리 빼어난 미인이라도 품행이 단정치 못하면 그 아름다운 얼굴도 가치가 떨어지는 것입니다. 외모의 아름다움은 잘 간직하고 관리하는 것이 중요하나 사람의 외모는 나이를 먹을수록 그 사람의 내면을 그대로 나타냅니다. 타고난 미인도 있지만, 나이를 먹을수록 아름다운 품격이 얼굴에 드러나는 사람도 있습니다. 진정한 아름다움은 내면의 아름다움입니다. 오직 염치와 정절로 단장하고 선행을 하며 하나님을 경외하는 현숙한 여인이야말로 진정한 아름다움을 가진 여인인 것입니다.

당신의 생활에 복음의 씨앗이 열매 맺지 못하는 원인은 무엇이라 생각하십니까?

"구제를 좋아하는 자는 풍족하여질 것이요 남을 윤택하게 하는 자는 윤택하여지리라"

잠 11:25

4월 17일

어느 전도자가 길을 지나다가 거리에서 구걸하는 걸인 앞에 섰습니다. 주머니를 뒤졌습니다만 마침 그에게는 한 푼의 돈도 준비되어 있지 않았습니다. 차마 그대로 지나치기에는 속 깊은 연민 때문에 전도자는 손을 내밀어 걸인의 손을 따뜻하게 잡아 주면서 말했습니다. "형제여, 마침 내게 준비된 것이 없군요. 그러나 당신의 너무 춥게 보이는 손을 잡아드리고 싶소. 부디 용기를 내서 일어나 하나님을 의지하고 새 생활을 시작해 보십시오."

걸인은 눈물을 흘리며 대답했습니다.

"당신은 지금까지 나에게 적선한 모든 이들보다 더욱 값진 선물을 주셨습니다."

남에게 소망을 주면 자기도 소망을 얻게 되고, 남을 사랑하면 자기도 사랑을 받게 되고, 남을 성공시키면 자기도 성공하게 되고, 남을 축복하면 자기도 복을 받게 됩니다. 그러나 남을 실패하게 만들면 자기도 실패하게 되고, 남에게 고통을 주면 자기도 고통 당하게 되고, 남을 저주하면 자기도 저주받게 됩니다. 그러므로 우리는 언제나 예수 그리스도의 십자가 중심에 서서 이웃을 사랑하고 축복하고 구제하며 성공시키는 '믿음의 부자'가 되어야겠습니다.

우리가 하나님의 징계를 받게 되는 가장 큰 이유는 무엇이라 생각합니까?

> "자기 집을 해롭게 하는 자의 소득은 바람이라 미련한 자는 마음이 지혜로운 자의 종이 되리라"
>
> 잠 11:29

4월 18일

한 상인에게 늦잠꾸러기 아들이 있었습니다. 나태에 대한 아버지의 거듭되는 훈계에도 불구하고 그 게으른 아들은 여전히 해가 중천에 뜨기 전에는 좀처럼 일어나려고 하지 않았습니다. 마침내 그 상인은 아들을 일찍 일어나도록 하기 위해서 이익 동기를 이용하려고 생각했습니다. 그래서 "돈 좀 벌고 싶지 않니?"라고 아들에게 말했습니다. "'아침에 일찍 일어난 사람이 잃어버린 금 단지를 줍는다' 는 속담이 있지 않니!"

이에 아들이 대답했습니다. "그런데 말이죠. 그 금 단지를 잃어버린 사람은 더 일찍 일어났을 것이 틀림없어요."

'자기 집을 해롭게 하는 자'는 집안 일을 게을리 하고 가족들에게 해를 끼치며 고통을 주는 사람을 말합니다. 이런 사람이 있는 가정은 평화가 없고 항상 걱정과 근심이 떠나지 않으며 황폐케 됩니다. 이런 사람은 아무리 소득이 많아도 가족을 돌보는 데 쓰지 않고 허랑 방탕하게 낭비합니다. 그리고 결국에는 타인에게 도움을 청하는 신세가 되는 것입니다.

 당신은 하나님이 허락하신 삶의 자리에서 나태하지 않았습니까?

 "의인의 열매는 생명 나무라 지혜로운 자는 사람을 얻느니라"

잠 11:30

4월 19일

한 목사님이 도자기 공장 근처에 사는 어떤 사람을 심방했습니다. 목사님은 유리 상자 속에 든 두 개의 아름다운 꽃병을 보고서는 사겠다고 했지만, 주인은 절대로 팔 수 없다면서 꽃병에 얽힌 사연을 이야기하기 시작했습니다. "몇 년 전만 해도 저는 지독한 술주정뱅이에다 노름꾼이었지요. 어느 날 부흥회에 참석해 보지 않겠냐는 친구의 권유를 받고 예배에 참석했는데, 저는 그곳에서 예수님을 영접하고 새사람으로 거듭나는 체험을 했습니다. 그런데 예배를 마치고 돌아오는 길에 도자기 공장 옆에 진흙이 한 무더기 버려져 있는 것을 발견했습니다. 저는 그것을 집으로 가져와서 반죽하여 모형을 만들어 녹로에 가져갔습니다. 그 결과 그 쓸모 없던 흙에서 저 두 개의 꽃병이 나온 것이지요. 그 날 저는 생각했습니다. '내가 흙으로 꽃병을 만든 것처럼, 하나님께서 아무 쓸모 없는 나를 새사람으로 만드신 것'이라고요."

예수님을 믿음으로 말미암아 의롭게 된 사람은 생명을 얻습니다. 또한 이러한 사람에게는 지혜와 총명의 영이신 성령께서 함께 하시므로 그 지혜를 얻어 사람들에게 도움을 주며, 자기 자신도 인생의 여러 가지 문제들을 지혜롭게 잘 해결합니다. 그러므로 지혜로운 의인은 사람의 존경을 받으며, 많은 사람들의 추종을 받게 되는 것입니다.

 오늘도 당신은 하나님의 신실한 사랑과 약속의 말씀을 굳게 의지하고 있습니까?

> "훈계를 좋아하는 자는 지식을 좋아하나니 징계를 싫어하는 자는 짐승과 같으니라"
>
> 잠 12:1

4월 20일

이탈리아에 한 소아마비 소녀가 있었습니다. 그녀는 자신의 장애를 비관해 깊은 밤중에 독약을 먹고 자살을 시도했습니다. 하지만 아침에 눈을 떴을 때는 오히려 정신이 더 맑았습니다. 어머니가 딸의 자살의도를 눈치채고 독약이 든 병에 영양제를 넣어 놓은 것입니다. 소녀는 다음 날 강물에 뛰어들었으나 주민들의 눈에 띄어 구조됐습니다. 어느 날, 소녀에게 한 친구가 찾아왔습니다. "친구야, 네가 아니면 아무도 못할 일이 반드시 있을 거야. 그것이 무엇인지 하나님께 물어보지 않으련?" 소녀는 열심히 기도하며 그 대답을 구했습니다. 자신의 존재에 대한 존엄성을 깨달은 그녀는 지금 방송국의 인생상담가로 활동하고 있습니다.

시련은 온전한 인간을 만듭니다. 시련은 인생을 풍성하게 만드는 좋은 재료입니다. 세계적인 작가들은 모두 그 시련을 재료로 불후의 명작을 남겼다. 이처럼 훈계는 사람을 성숙하게 만듭니다. 그러나 훈계를 좋아하는 사람은 별로 많지 않습니다. 사람들은 자기 아집이 있어서 자기의 잘못을 지적 받을 때 달게 받지 않습니다. 하지만 사람이 인격적으로 다듬어지고 발전하고 성숙되는 데에는 훈계가 반드시 필요합니다. 훈계를 해주는 사람이 아무도 없다면, 그 사람은 어리석음에서 벗어나지 못할 뿐 아니라 더 이상 변화나 발전을 기대할 수 없습니다.

 당신에게 인생의 거센 풍랑이 다가올 때 당신이 행할 바는 무엇입니까?

> "사람이 악으로 굳게 서지 못하나니 의인의 뿌리는 움직이지 아니하느니라"
>
> 잠 12:3

4월 21일

중세의 위대한 설교자였던 탄셀름은 하루 종일 하나님께 기도하기를 자신에게 성경에 있는 뭔가를 가르쳐 줄 사람을 보내달라고 기도하고 있었습니다. 그리고 새벽 한 시쯤 되어서 성당의 커다란 횃불 옆에 웅크리고 있는 어떤 거지에게 무심코 말을 던졌습니다. "잘 지내는가, 친구?" 탄셀름이 물었습니다. "저는 항상 잘 지냅니다." 거지가 대답했습니다. "그런데 자네는 누군가?" 거지는 두건 안에서 밖을 쳐다보면서 "나는 왕입니다." "그래 자네의 왕국은 어디 있는가?" 탄셀름은 기가 막히다는 식으로 물었습니다. "여기에 있습니다."라고 하면서 거지는 자신의 가슴을 가리켰습니다. 탄셀름은 똑바로 서서 조용하게 말했습니다. "자네는 그것을 언제 찾았는가?" "내가 지혜를 찾아 사람들에게 가는 것을 포기하고 곧장 하나님께로 갔을 때입니다."라고 거지는 대답했습니다. 탄셀름은 기도 응답을 받게 된 것입니다.

뿌리가 든든한 나무는 아무리 바람이 거세게 불어도 뽑히지 않습니다. 이와 마찬가지로, 이 세상 그 무엇보다 강하시고 능하신 하나님께 뿌리를 둔 의인은 이 세상에 동남풍이 불고 서북풍이 불어도 결코 뽑히지 않습니다. 비록 환경이 흠모할 만하지 못하다 할지라도 예수 그리스도에 뿌리내린 사람은 감사함으로 하나님께 영광을 돌릴 수 있습니다.

하나님과 당신의 관계에 이상은 없는지 한번 점검해 보십시오.

"어진 여인은 그 지아비의 면류관이나 욕을 끼치는 여인은
그 지아비로 뼈가 썩음 같게 하느니라"

잠 12:4

4월 22일

유태인들의 혈통은 철저히 어머니를 따릅니다. 그것은 유태인들이 어머니를 가정의 중심이요 인생의 스승으로 여기기 때문입니다. 여기 유태인 어머니가 결혼을 앞둔 딸에게 보내는 편지를 소개합니다. "사랑하는 딸아, 네가 남편을 왕처럼 섬긴다면 너는 여왕이 될 것이다. 만약 남편을 돈이나 벌어오는 하인으로 여긴다면 너도 하녀가 될 뿐이다. 네가 지나친 자존심과 고집으로 남편을 무시하면 그는 폭력으로 너를 다스릴 것이다. 만일 남편의 친구나 가족이 방문하거든 밝은 표정으로 정성껏 대접하거라. 그러면 남편이 너를 소중한 보석으로 여길 것이다. 항상 가정에 마음을 두고 남편을 공경하거라. 그러면 그가 네 머리에 영광의 관을 씌워줄 것이다."

남자는 한 가정의 가장으로서 가족에 대하여 절대권을 갖고 있습니다. 또한 남성 본위의 세상에서 역사를 주도해 나갑니다. 그러나 이러한 남자를 뒤에서 주도하는 것은 여자입니다. 남자들은 무엇보다도 자기 아내에게 인정받기를 원합니다. 아내의 인정을 받는 남자는 세상을 얻은 것 같고 의욕이 넘치므로 하는 일마다 성공으로 이끕니다. 따라서 아내들은 남편의 흥망 성쇠를 좌우하는 열쇠를 쥐고 있다는 사실을 알고 어진 아내가 되시기를 주의 이름으로 부탁드립니다.

 오직 그리스도를 믿기만 하여 구원받은 데 대한 감사의 기도문을 적어보십시오.

"자기의 토지를 경작하는 자는 먹을 것이 많거니와 방탕한 것을 따르는 자는 지혜가 없느니라"

잠 12:11

4월 23일

벤저민 프랭클린은 생활에서 얻은 교훈을 기초로 많은 명언을 남겼습니다. 그 중 하나로 다음과 같은 말이 있습니다. "나태는 녹과 같다. 그것은 노동보다 더 심신의 소모를 촉진시킨다."

늘 사용하는 부엌칼이나 낫 등은 매일 손질하기 때문에 언제나 윤이 나고 잘 듭니다. 그러나 창고 한구석에 처박아 둔 물건은 어쩌다가 꺼내 보면 녹이 슬어 있습니다. 그런 물건은 결국 못 쓰게 되어 버리게 됩니다. 한편 프랭클린은 13개 항의 실천덕목을 가지고 있었는데, 음주절제, 정돈, 오래 참음, 절약, 정직, 절제 등이 그것입니다. 그는 또한 "시간은 돈이다"라는 말을 남기기도 했습니다. 그가 18세기 미국을 대표하는 인물로서 미국 사상의 방향을 주도할 수 있었던 것은 거저 얻어진 것이 아닙니다.

건달처럼 빈둥거리면서 방탕한 생활을 하는 사람은 절대로 잘 살 수 없습니다. 흥청망청 과소비하며, 일확천금 하려는 허황된 생각만 하고 부지런히 일할 생각은 하지 않는 사람이 잘살게 된다는 것은 있을 수 없는 일입니다. 설령 어찌어찌하여 일확천금 하였다 해도 방탕하고 사치함으로 얼마 있지 않아 바닥이 나고 다시 건달 생활을 하게 됩니다. 그러므로 방탕한 것을 따르는 것은 한탕하기만 기다리다가 파산케 되는 어리석은 짓일 뿐입니다.

 당신은 하나님의 말씀을 얼마나 가까이 대하고 있습니까?

> "미련한 자는 분노를 당장에 나타내거니와 슬기로운 자는 수욕을 참느니라"
>
> 잠 12:16

4월 24일

마음씨 좋고, 친절하며, 착한 일 잘하기로 소문난 부잣집 마님이 있었습니다. 어느 누구라도 헐뜯을 사람이 없이 정말로 온순한 부인이었습니다. 그런데 하루는 그 집에서 일하는 하녀가 부인의 본심을 시험해 보기로 했습니다.

다음 날부터 하녀는 매일 늦게 일어났고, 꾸짖는 마님에 대해 지지 않고 말대꾸를 하며 대들기까지 했습니다. 물론 하녀의 태도는 계획적인 것이었습니다. 이렇게 하기를 일주일, 날이 갈수록 더해 가는 말대답에 마님은 화가 날대로 나 있었습니다. 대낮이 되어서야 마당으로 나오는 하녀를 향해 마님은 닥치는 대로 몽둥이를 휘둘렀습니다. 그 동안 쌓였던 분풀이를 하고 만 것입니다. 그러자 소문은 금새 퍼져, 다음날부터 부잣집 마님은 악하고, 교양 없는 못된 여자로 낙인찍히고 말았습니다.

지혜로운 사람은 아무리 모욕을 당해도 성내지 않고 참습니다. 심한 모욕을 당하고도 성이 나지 않는 사람은 없을 것입니다. 그러나 모욕을 당했다 해서 그 자리에서 성을 내는 것이 아니라, 그 순간은 참아서 넘기면 성이 사라지고 마는 것입니다. 성을 내어 분노를 분출하면 일이 복잡해집니다. 그러나 감정을 억제하고 참으면 오히려 문제가 잘 해결됩니다. 이러한 이치를 알고 자신의 감정을 절제할 줄 하는 사람이 지혜로운 사람인 것입니다.

 당신 안에는 아직도 미워하는 사람이 자리잡고 있습니까?

"혹은 칼로 찌름같이 함부로 말하거니와 지혜로운 자의 혀는 양약 같으니라"

잠 12:18

4월 25일

마라스머스라는 이상한 병은 주로 전쟁 고아나 고아원에서 외롭게 자라는 어린이들에게 나타나는 병입니다. 증상은 신체발육이 부진하고 온몸에 힘이 빠지는 것으로 나타납니다. 그리고 환자는 시름시름 앓다가 결국 죽고 맙니다. 이 병은 영양부족이나 병균 때문에 생기는 것이 아닙니다. 그 원인은 사랑의 결핍입니다. 마음속의 사랑을 표현하지 못하거나 남들로부터 전혀 사랑을 받지 못하는 사람은 마라스머스와 유사한 병에 걸릴 확률이 높습니다. 그런데 의사들이 밝히는 이 병의 치료법은 너무도 간단합니다. "매일 사랑을 고백하십시오."

의인의 진실한 입술은 상처받은 사람에게 위로의 말을, 낙심하고 절망한 사람에게 소망의 말을, 환난과 핍박 가운데 있는 사람에게 힘과 용기를 주는 말을, 문제를 당한 사람에게 지혜로운 말을, 나태한 사람에게 권면과 훈계의 말을, 죽어 가는 사람에게 생명의 말을 하여 소생케 합니다.

지금 부모와 형제, 남편과 아내, 친구와 연인, 직장 동료와 이웃에게 적극적으로 사랑을 표현하시길 바랍니다. 사랑의 한마디는 만병을 치유합니다. 진실한 사랑의 말은 가정과 사회를 건강하게 만듭니다.

 당신은 습관적으로 남을 비난하고 있지는 않습니까?

> "진실한 입술은 영원히 보존되거니와 거짓 혀는 눈깜짝일 동안만 있을 뿐이니라"
>
> 잠 12:19

4월 26일

중국 전국시대 위나라의 방총은 볼모로 잡혀 있는 태자를 다시 고국으로 모셔오기 위해 조나라로 떠나게 되었습니다. 그런데 자신의 부재 중 혹 자신의 실각을 음모하지는 않을까 하여 이를 염려한 방총은 혜왕을 찾아뵙고 다음과 같이 말했습니다.

"상감마마. 시장에 호랑이가 나타난다는 것은 있을 수 없는 일이나 세 사람의 증언으로 호랑이가 나타난 것이 됩니다. 그런데 제가 태자를 모시러 조나라에 갔을 때에 소인에 대한 참소와 모함을 할 자가 셋 이상이 되지 않겠습니까? 이점을 상감께서 부디 통촉하시옵소서." 혜왕의 다짐을 받은 방총은 그제서야 조나라로 떠났는데, 아니나 다를까 방총의 생각대로 방총을 모함하고 참소하는 자들이 나타났습니다. 그러나 그렇게 미리 신신당부했음에도 불구하고, 혜왕은 그들의 거짓된 참소를 받아들였고, 이후 방총은 더 이상 혜왕에게 나아갈 수 없게 되었습니다.

거짓을 말하는 사람은 진리를 거슬러 악하고 비뚤어지고 거짓된 말을 하므로 불의가 드러납니다. 특히 재판할 때에 거짓 증언을 하는 사람은 그 재판에 연루되어 있는 사람은 물론 사회에까지 해악을 끼칩니다. 그러나 악인의 거짓된 혀는 영원할 수 없습니다. 거짓말로 당분간은 사람들을 속일 수 있지만 금방 그 거짓이 드러나고, 순식간에 사라져 버리고 마는 것입니다.

당신은 진정한 공의와 사랑과 믿음을 갖춘 신앙 생활을 하십니까?

> "슬기로운 자는 지식을 감추어 두어도 미련한 자의 마음은 미련한 것을 전파하느니라"
>
> 잠 12:23

4월 27일

아인슈타인은 겸손한 사람이었습니다. 상대성 이론 발견으로 크게 성공한 다음에도 대자연 앞에서 자신은 미약한 존재에 지나지 않는다는 것을 강조했습니다.

어느 날 제자들이 아인슈타인에게 "선생님, 선생님의 그 많은 학문과 지식은 어디에서 나옵니까?"라고 물었습니다.

그는 잠시 생각했습니다. 그리고 실험기구에 있던 물에 손가락을 적신 뒤 한 방울의 물을 톡 떨어뜨리며 말했습니다. "나의 학문은 바다에 비유한다면 이 한 방울의 물에 지나지 않습니다."

슬기로운 사람은 지식을 많이 가지고 있어도 그것을 자랑하지 않습니다. 아무 일에나 나서서 이러쿵저러쿵하지 않습니다. 벼가 익을수록 고개를 숙이듯이 슬기로운 사람은 겸손하며 말을 삼가고, 꼭 필요한 경우에만 그 지혜를 발휘합니다. 그리하여 문제를 해결하고 사람들에게 유익을 줍니다.

반면 미련한 사람은 자신의 짧은 지식을 대단한 것으로 생각하여 큰 소리로 떠들고 자랑합니다. 하지만 그가 한 말은 빈 깡통이 내는 요란한 소음으로 간주되는 것입니다.

 당신은 직분을 받은 자로서 정직하고 충성스럽게 일하고 있습니까?

> "부지런한 자의 손은 사람을 다스리게 되어도 게으른 자는 부림을 받느니라"
>
> 잠 12:24

4월 28일

인도네시아에서 선교를 한 어느 선교사가 전해준 이야기입니다. 이곳에는 약 350년 동안 기독교가 전파되었으나 십일조, 예배의 시간 관념 등이 약하다고 합니다. 술과 담배에 대해서도 그렇게 경계를 하지 않아서 예배 시간에도 재떨이를 놓고 예배를 드리는 곳도 있다고 합니다. 게다가 계절이 식물이 자라기에 적합하고 땅이 비옥해서 이모작, 삼모작이 가능하며 화산에서 떨어진 곳은 대개가 옥토라고 합니다. 그래서 과실이 풍부하며 먹고사는 것은 별로 걱정이 없다고 합니다. 기후가 춥지 않아서 옷 걱정이 별로 없으며 집 걱정도 없다고 합니다. 하지만 문화적인 면에서 개발해야 할 부분이 많습니다. 3천 개의 섬은 각각의 언어를 가지고 있으며 학교 시설도 발달되지 않았기 때문입니다. 인도네시아는 풍요로운 자연 환경을 하나님으로부터 선물받았으나 근면하게 이를 개발하여 향유하지 못하고 있습니다.

국민이 부지런한 나라 치고 후진국이 되는 나라가 없습니다. 반대로, 국민이 게으르고 일하지 않는 나라가 선진국이 되는 경우도 찾아보기 어렵습니다. 게으른 국민을 가진 나라는 세계 경쟁에서 뒤쳐져서 점점 살기가 어려워집니다. 그리고 급기야 부강한 외국의 원조를 받으며 그들의 지배를 받는 경제 속국으로 전락하고 마는 것입니다.

 십계명에 비추어 당신의 삶을 진단해 보십시오.

"근심이 사람의 마음에 있으면 그것으로 번뇌케 하나 선한 말은 그것을 즐겁게 하느니라"

잠 12:25

4월 29일

영국의 속담에 "하루를 기쁘게 살려는가? 이발을 하라. 한 주간을 기쁘게 살려는가? 자동차를 사라. 한 달을 기쁘게 살려는가? 결혼을 해라. 한 해를 기쁘게 살려는가? 새 집을 지어라."라는 말이 있습니다.

그렇다면 새 집을 짓고 손보면서 자리잡는 기쁨은 어떨까요? 이 속담은 그것도 역시 별로 오래 갈 수 없다고 말해 줍니다. 여기서 우리는 변하지 않는 오직 하나의 결론을 내릴 수 있습니다. "영원히 기쁘게 살려는가? 예수님을 믿어라."

마음에 근심이 꽉 들어차면 침울해집니다. 근심이 가득한 마음에 기쁨이 있을 수 없습니다. 근심으로 인해 번뇌하여 건강까지 해치게 됩니다. 그러나 이처럼 근심이 가득하여 마음이 괴로울 때 누군가가 와서 위로하고 격려하고 좋은 말을 해주면, 근심의 구름이 걷히고 고통과 괴로움이 사라집니다. 그리고 평안과 기쁨이 그 자리를 대신하는 것입니다.

세상의 조건들 속에서 오는 기쁨은 지극히 가변적이고 일시적입니다. 그러나 예수님께로부터 오는 영적인 기쁨이야말로 이 세상이 줄 수 없는 참된 만족을 주는 고귀하고 영원한 것입니다. 예수님만이 우리의 참 위로가 되어주십니다.

 당신이 지금 예수님의 십자가 밑에 내려 놓지 못한 짐은 무엇입니까?

> "의인은 그 이웃의 인도자가 되나 악인의 소행은 자기를 미혹하게 하느니라"
>
> 잠 12:26

4월 30일

'구밀복검'이란 "입에는 꿀이 있고 뱃속에는 검이 있다"는 말인데, 겉으로는 상냥하게 굴면서 뒤로 돌아서면 다리를 당긴다는 뜻입니다. 중국의 역대 왕조에는 이렇게 속이 검은 궁정 정치가들이 헤아릴 수 없이 많았습니다. 그 중에서도 당(唐)의 이임보가 특히 유명합니다. 그는 환관에게 뇌물을 보내고 그 연줄로 현종 황제의 총비에게 잘 보여 출세의 단서를 잡은 사람이니 출발부터 전형적인 궁정 정치가였습니다. 죽을 때까지 19년간 현종의 측근에서 인사권을 휘두르고 국정을 좌지우지했습니다. 또한 질투심이 많아 인재 등용을 기피하고 총애를 받는 신하가 있으면 무슨 수를 써서라도 배척 당하게 만들었습니다. 결국 생전에는 권력을 등에 업고 권력의 칼을 휘둘렀으나, 뒤늦게 죄상이 백일하에 드러나 생전의 관직을 박탈당하고 무덤도 파헤쳐져서 보잘것없는 관으로 옮겨져 매장되는 존재로 전락했습니다.

악인은 남을 속여서 헤치려 하다가 오히려 자기가 속아서 해를 당하게 됩니다. 악한 마음을 먹고 남을 해치기 위해 올무를 놓지만, 그것은 결국 자신의 영혼을 옭아매게 될 줄 모르고 스스로 묶는 올가미가 되고 맙니다. 자신은 바른 길을 간다고 생각하지만, 그것은 비뚤어진 길이요, 죽음이 기다리고 있는 천길 벼랑길입니다.

 당신은 이웃을 구제하는 일에 관심을 가지고 실천하고 있습니까?

잠언으로 여는 365일

5월

"지혜를 버리지 말라 그가
너를 보호하리라 그를 사랑하라
그가 너를 지키리라"(4장 6절)

 "의로운 길에 생명이 있나니 그 길에는 사망이 없느니라"

잠 12:28

5월 1일

어느 숲 속에 바링톤 토끼 한 마리가 살고 있었는데, 털이 아주 많았고 따뜻했습니다. 그러나 가족이 없었기 때문에 크리스마스가 다가오자 더욱더 외로움을 느꼈습니다. 그러던 어느 날, 슬픔에 잠겨 있는 바링톤에게 커다란 은빛 늑대 한 마리가 찾아와 이렇게 말하며 위로했습니다. "털이 많고 따뜻하다는 것은 아주 중요해. 그리고 숲 속의 모든 동물들이 너의 가족이라는 것을 항상 잊지 마." 바링톤은 은빛 늑대의 말에 기분이 좋아져서 숲 속 친척들에게 선물을 하고 싶어졌습니다. 그래서 숲 속을 뛰어다니던 중, 길을 잃고 추위에 벌벌 떨고 있는 아기 들쥐 한 마리를 만나게 되었습니다. 바링톤은 자기의 따뜻한 몸으로 생명이 사그러져 가는 아기 들쥐를 꼭 껴안아 주었습니다. 바링톤은 아기 들쥐에게 최상의 선물인 자기 생명을 주었습니다.

예수님께서는 우리의 의와 생명이 되십니다. 또한 예수님께서는 길이요, 진리요, 생명이십니다. 그러므로 예수님을 믿고 그 말씀에 순종하는 사람은 의와 생명을 얻고 의로운 길로 나아가는 것입니다. 의로운 길에는 사망이 없습니다. 의로운 길의 끝은 영원한 생명과 맞닿아 있습니다. 따라서 말씀에 순종하며 예수님의 인도하심을 받아 의의 길을 가는 사람은 영원한 생명을 약속 받은 사람인 것입니다.

 당신은 주님을 섬기기 위해 당하는 희생과 고난을 기쁘게 감당하고 있습니까?

> "지혜로운 아들은 아비의 훈계를 들으나 거만한 자는 꾸지람을 즐겨 듣지 아니하느니라"
>
> 잠 13:1

5월 2일

 한번은 코울리지(Coleridge)가, 어린 아이들에 대한 종교 교육의 가치를 인정하지 않는다고 말하는 한 사람과 이야기를 나누게 되었습니다. 그 사람의 이론은 어린이의 마음에 어느 한 방향으로의 편견을 갖게 해서는 안되며, 수년 간 신중히 생각한 후에 자기 스스로가 자신의 종교적 견해를 선택하게 해야 한다는 것이었습니다. 코울리지는 잠시 후 그 방문자에게 정원을 보여 주겠노라고 제의했습니다. 그런데 정원에는 잡초만이 자라고 있었습니다. 그는 놀라서 코울리지를 바라보며 말했습니다. "이걸 정원이라고요! 여긴 잡초밖에 없는 걸요!" "글쎄요, 보십시오." 하고 코울리지가 대답했습니다. "어쨌든 나는 정원의 자유를 침해하고 싶지 않았을 뿐입니다. 나는 단지 정원에서 스스로를 표현하고 자신의 산물을 선택할 기회를 주고 있을 뿐입니다."

 어려서부터 훈계를 받아보지 못하고 자란 사람은 안하 무인이 되어, 나중에 부모에게 행패를 부리고 스승에게도 대드는 패륜아가 되기 쉽습니다. 정원에 무성한 잡초와 같이 되는 것입니다. 그러나 부모의 사랑과 관심을 받으며, 잘한 일에 대해서는 인정과 칭찬을 받고, 잘못한 일에 대해서는 훈계를 받으면서 자란 사람은 지혜로워지고 인격이 다듬어집니다. 자식이 귀할수록 사랑의 훈계와 매도 주는 부모가 되어야 합니다.

 생활 속에서 하나님의 뜻이 아닌 당신의 뜻대로 행하고 있는 것은 없습니까?

"입을 지키는 자는 그 생명을 보전하나 입술을 크게 벌리는 자에게는 멸망이 오느니라"

잠 13:3

5월 3일

캐나다의 의학박사 윌리엄 오슬러는 침묵에 대한 귀한 말을 남겼습니다.

"침묵은 가장 훌륭한 예술에 속한다. 생활의 분위기는 일상의 소용돌이 속에서 필연적으로 생겨나는 사소한 일, 즉 별로 중요하지 않은 일에 대해서 투덜거리거나 실랑이함으로써 어두워진다.

항상 모든 일이 우리 마음대로 이루어지는 것은 아니다. 그러나 사소한 일에도 화가 나거든 침묵으로 받아들이는 연습을 하라. 또한 항상 온화한 마음을 가지도록 애쓰며, 주변에 있는 사람들이 당신이 내는 불평으로 인하여 짜증을 내거나 힘들어하지 않도록 조심하라."

말을 많이 하다 보면 쓸데없는 말까지 하게 됩니다. 나중에 말한 것을 후회해도 일단 입으로 쏟아 놓은 말은 도로 주워담을 수 없습니다. 그래서 자신이 함부로 했던 말 때문에 문제가 생기면 그것을 감당하기 위해 굉장한 고통을 겪게 됩니다. 그러나 자기의 입을 지켜 꼭 필요한 말, 유익한 말을 하고 쓸데없는 말을 떠벌리지 않으면, 나중에 고통을 겪을 일이 없습니다. 그러므로 우리는 항상 말조심하는 습관을 들여야겠습니다.

 당신은 거룩함을 지켜 나가기 위해 구체적으로 어떤 노력을 하고 있습니까?

> "게으른 자는 마음으로 원하여도 얻지 못하나 부지런한 자의 마음은 풍족함을 얻느니라"
>
> 잠 13:4

5월 4일

데모스테네스는 그리스 제1의 웅변가이자 정치가로 불리던 사람입니다. 그렇지만 그는 태어나면서부터 그처럼 탁월한 웅변가는 아니었습니다. 목소리는 낮았고, 숨은 짧고, 발음이 부정확해서 무엇을 말하는지 알아듣는 사람이 없었습니다. 반면 그는 학문 연구를 좋아했고, 독서를 좋아하며, 풍부한 사상을 정리할 수 있는 장점을 가지고 있었습니다. 하지만 충분히 사상을 연마한 후 연단에 서기는 했으나 매번 실패로 끝나고 말았습니다. 연설 도중 초조해하면 할수록 부정확한 발음이 전달되어 청중들의 비웃음 소리를 들어야만 했습니다. 그러나 그는 굴하지 않고 파도치는 바닷가에서 음성 연습을 하며, 발음 교정을 했습니다. 수년이 지나 27세가 되어 그는 다시 연단에 섰는데 그동안의 노력이 결실을 맺어 일시에 명성을 떨칠 수 있었습니다. 드디어 그는 정계에 투신하여 조국 아테네의 발전을 위해 전력할 수 있었습니다.

마음에 소원이 있으면, 그 소원을 위해 열심히 노력하고 일하여야 하는 것입니다. 과정 없이 결과만 있을 수 없고, 실행 없이 성취만 있을 수 없습니다. 마음에 소원을 품고 그것을 이루기 위해 성실히 일을 실행하는 부지런한 사람만이 소원을 성취하고 보람을 충만히 느낄 수 있는 것입니다.

 당신은 직분과 사명을 귀히 여기며 충성을 다하고 있습니까?

"의인은 거짓말을 미워하나 악인은 행위가 흉악하여 부끄러운데 이르느니라"

잠 13:5

5월 5일

임마누엘 칸트(Emmanuel Kant)의 아버지가 본국인 실레지아(Silesia)로 가는 도중에 강도들과 마주치게 되었습니다. 그는 자신의 것을 모두 주었습니다. 그 강도들은 물건을 뺏은 후 그를 그냥 보냈습니다. 그가 안전한 곳까지 가게 되었을 때 그의 옷의 가장자리에 무언가 단단한 것이 만져졌습니다. 그것은 금이었는데 안전을 위해 거기에 꿰매 두었던 것으로 두렵고 당황한 나머지 그는 그것을 아주 잊어버렸던 것입니다. 즉시 그는 돌아가서 강도들을 찾아갔습니다. 그리고 온순히 말을 하였습니다. "나는 당신들에게 거짓을 말했다오. 그것은 고의적이 아니었는데 나는 너무 무서워 생각을 못했던 거요. 여기 내 옷 속에 금이 있소." 그러자 놀랍게도 아무도 그의 금을 가져가려고 하지 않았습니다. 그리고 그 강도들은 그에게 빼앗은 것을 모두 돌려주고 서서히 뒷걸음쳤습니다. 결국 선이 악을 이긴 것입니다.

거짓은 마귀로부터 말미암은 것입니다. 의로우신 하나님께서는 정직한 자를 기뻐하시고 거짓말과 거짓된 행동을 하는 자를 미워하십니다. 하나님 안에는 모두가 참이고 거짓이 없습니다. 그러므로 하나님을 경외하고 하나님의 영이신 성령님과 함께 하는 의인은 거짓말을 미워하고, 오직 진리를 말하며 진실한 삶을 사는 것입니다.

 오늘 당신이 맺은 선한 열매는 무엇입니까?

> "스스로 부한 체하여도 아무것도 없는 자가 있고 스스로
> 가난한 체하여도 재물이 많은 자가 있느니라"
>
> 잠 13:7

5월 6일

나폴레옹이 전투를 하루 앞두고 서산에 지는 노을을 바라보며 깊은 상념에 잠겼습니다. "내게 여호수아처럼 저 태양을 두 시간만 멈추게 할 힘이 있다면…" 그의 군대가 전투에서 승리하기 위해서는 맑은 날씨가 필요했습니다. 왜냐하면 그가 자랑하는 포병은 맑고 밝은 대낮에는 막강한 힘을 발휘하지만 흐린 날씨에서는 힘을 잃었기 때문입니다. 그러나 해는 어김없이 서산으로 기울고 말았습니다. 드디어 다음날 전투가 시작됐습니다. 그런데 갑자기 천둥과 번개가 치고 소나기가 내리는 것입니다. 길은 온통 수렁으로 변했고 나폴레옹이 자랑하던 포병은 진흙탕에 박혀 무용지물이 되고 말았습니다. 이것이 바로 나폴레옹의 권세를 무너뜨린 워털루전투입니다.

인간은 자연 앞에서는 한없이 나약한 존재입니다. 세상에서 가장 어리석은 자는 자연의 창조자인 하나님을 부인하는 사람입니다. 자연은 인간에게 겸손을 가르치는 위대한 스승인 것입니다. 내실을 기하지 않고, 타인의 눈을 의식한 교만으로 인해 풍선과 같이 몸을 부풀린 사람들을 통해 우린 IMF와 같은 경제적 난관을 겪어야 했습니다. 벼는 익을수록 고개를 숙이는 법입니다. 우리는 자연을 통해 겸손을 배워야 할 것입니다.

당신은 성령님의 전인 심령을 날마다 그리스도의 보혈로 깨끗하게 하십니까?

> "소망이 더디 이루게 되면 그것이 마음을 상하게 하나니
> 소원이 이루는 것은 곧 생명 나무니라"
>
> 잠 13:12

5월 7일

어떤 사람이 배를 타고 가다가 물 속에 진주를 빠뜨렸습니다. 이 사람은 배가 육지에 닿자마자 큰 바가지로 바닷물을 떠서 버리기 시작했습니다. 그가 사흘 동안을 끈기 있게 물을 퍼내고 있을 때 물 속에서 거북이가 나와서 물었습니다.

"당신은 무얼 하려고 물을 긷고 있소?"

"바닷물 속에 빠뜨린 진주를 찾으려고 물을 푸고 있소."

"그런데 그 일은 언제까지 할 생각이오?"

"물론 이 바닷물을 다 퍼낼 때까지 하지."

이 말을 들은 거북이는 깜짝 놀라 물 속으로 급히 들어가서 진주를 찾아다가 그 사람에게 돌려주었습니다.

소망이 성취되는 것처럼 기쁜 일은 없습니다. 소원을 성취한 사람은 세상에 부러운 것이 없습니다. 그러나 내가 원하는 때에 예상했던 계획대로 소망이 이루어지지는 않습니다. 우리에게 소망을 주신 하나님께서는 하나님의 때에 하나님의 방법으로 그 소망을 이루어 주십니다. 그러므로 우리는 요동치 않는 믿음으로 소망을 굳게 잡고 하나님께서 이루실 때까지 인내하며 기도하여야 하는 것입니다.

 당신의 삶에 생기가 넘쳐나고 있습니까?

> "지혜로운 자와 동행하면 지혜를 얻고 미련한 자와 사귀면 해를 받느니라"
>
> 잠 13:20

5월 8일

미국의 클린턴 대통령은 끊임없이 섹스 스캔들에 휘말렸습니다. 그런데 클린턴이 청소년 시절을 보낸 핫 스프링은 유명한 온천 유원지입니다. 거리는 온통 여관과 도박장의 현란한 네온사인에 휘청거리는 곳입니다. 클린턴 소년은 약 2km에 이르는 이 거리를 매일 걸어서 등교했다고 합니다. 그는 환락과 퇴폐의 풍경화를 보며 청소년기를 보냈습니다. 어머니인 버지니어 케리는 무려 다섯 번이나 가출한 경험이 있습니다. 클린턴 소년은 공부를 잘하는 모범생이었습니다. 그러나 어렸을 때 보았던 음화(淫畵) 같은 풍경은 그의 기억에서 좀처럼 지워지지 않았을 것입니다. 성장한 후에도 그 기억이 꿈틀대며 살아나 그를 섹스 스캔들의 함정으로 몰아넣었는지도 모릅니다.

우리의 인생은 연습이 없습니다. 지금 이 순간이 지나면 다시 돌아올 수 없습니다. 그러므로 우리는 가치 있는 인생을 살기 위해서 최선을 다하는 노력을 하여야 합니다. 세속적인 사람, 악인, 죄인을 멀리해야 합니다. 악한 일과 허탄한 일을 하지 말아야 합니다. 항상 지혜로운 사람, 믿음과 순종의 사람들과 교제하여 의로운 일, 선한 일을 행하여야 합니다. 그리할 때 우리는 나날이 발전하고 진보하며 성공을 거두는 가치 있는 인생을 살게 되는 것입니다.

 당신은 일상의 모든 문제와 필요를 해결해 주시는 주님을 믿고 간구하고 있습니까?

"선인은 그 산업을 자자손손에게 끼쳐도 죄인의 재물은 의인을 위하여 쌓이느니라"

잠 13:22

5월 9일

슈바이처가 운영하는 아프리카의 랑바레네 병원에서 궂은 일을 도맡아 하는 미모의 간호사가 있었습니다. 그의 이름은 마리안 프레밍거. 헝가리 귀족의 딸로 태어난 그녀는 모든 악기의 연주에 능했으며 비엔나에서 가장 유명한 연극배우로 명성을 떨치기도 했습니다. 무엇 하나 부족함이 없던 그녀는 어느 날, 슈바이처의 찬송가 연주를 듣고 결심했습니다. "지금까지 내 인생은 허상일 뿐이었다. 남을 위한 삶에 진정한 가치가 있다." 이에 프레밍거는 그 자리에서 아프리카 행을 결심했습니다. 그리고 20년 동안 슈바이처가 운영하는 병원에서 흑인 병자들을 위해 사랑을 베풀다가 눈을 감았습니다. 프레밍거가 남긴 마지막 말은 "남을 위한 삶이 이렇게 행복한 것을…."이었습니다.

지혜로운 사람은 물질을 땅에 쌓아두지 않습니다. 하늘에 쌓아둡니다. 나누어주고, 베품으로써 덕으로 재산을 늘려나갑니다. 개인의 유익을 따라 행하는 것이 아니라, 나눔으로 얻어지는 큰 축복의 길을 아는 사람이 바로 지혜로운 사람입니다. 그러한 사람의 자녀는 부모가 뿌린 덕의 씨앗이 열매맺어 일생에 두고두고 필요한 자원이 됩니다. 그러나 죄인은 스스로를 위해서 재물을 땅에 쌓아둡니다. 하지만 이 세상을 떠날 때 금은보화를 가져가는 사람은 아무도 없습니다.

 당신은 예수 그리스도의 제자라는 이름에 합당한 삶을 살고 있습니까?

> "가난한 자는 밭을 경작하므로 양식이 많아지거늘 혹 불의로 인하여 가산을 탕패하는 자가 있느니라"
>
> 잠 13:23

5월 10일

중국 오나라 때 사주를 보고 팔자를 점치며 운명을 예언하는 처사 한 사람이 있었습니다. 이 사람은 자기가 천자(황제)가 될 운명임을 점치고는 아주 황홀해 했습니다. 그리고 그는 깊은 산의 고찰에 가서 수십 년을 태평세월로 보내며 기다렸습니다.

그리고 마침내 그 날이 왔습니다. 그는 이른 아침부터 의관을 정제하고 자기를 모시러 올 봉요를 하루 종일 기다렸으나 아무도 나타나지 않았습니다. 점점 시간이 흐를수록 초초해진 처사는 고심 끝에 마을로 내려갔습니다. 그런데 마을은 온통 새로운 황제 등극으로 인해 축제분위기였습니다. 그 처사는 자신을 대신해서 황제가 된 사람에 대해 조사를 해 보았습니다. 그 황제는 송태조 조광윤이라는 사람으로 오랑캐의 침략을 막고, 백성을 보호하는 등 큰 공을 세운 사람이었습니다. 그리고 처사는 조광윤의 이름과 생년월일이 자기와 똑같다는 사실도 발견했습니다.

노동은 성스러운 것입니다. 하지만 최근에는 일확천금을 노리는 사람들이 많이 있습니다. 자족할 줄 모르고 허황된 일을 좇아 불노 소득을 얻으려는 사람은 결국 그 올무에 걸려, 모든 것을 잃어버릴 수 있습니다. 그러므로 우리는 정직하게 땀 흘려 얻은 소득이야말로 참으로 값진 것인 줄 알고 성실하게 일하며, 자신의 소득에 자족하고 감사하여야겠습니다.

당신의 생활에 복음의 씨앗이 열매 맺지 못하는 원인은 무엇이라 생각하십니까?

"초달을 차마 못하는 자는 그 자식을 미워함이라 자식을 사랑하는 자는 근실히 징계하느니라"

잠 13:24

5월 11일

어느 날 한 청년이 현인을 따라 산으로 올라가 한참을 걸어 네 그루의 나무가 있는 곳에 이르렀습니다. 현인은 청년에게 "이 나무들을 뽑아 보아라."고 명령했습니다. 첫 번째 나무는 갓 심은 나무로 금방 뽑을 수 있었습니다. 두 번째 나무는 심은 후 약간의 시일이 지나서인지 좀 힘을 들여 뽑았습니다. 세 번째 나무는 심은 지가 꽤 되었는지 쉽게 뽑히지 않아 땀을 뻘뻘 흘려 전력을 다하여 뽑았습니다. 그런데 마지막의 것은 뽑을 수가 없었습니다. 청년이 기진해서 "도저히 뽑을 수 없습니다."라고 말하자 현인이 말했습니다. "습관이라는 것은 선이든 악이든 한번 붙으면 그만이어서 다시 뽑아 버릴 수 없네. 그러므로 언제나 조심하는 것이 좋네."

'초달'은 회초리로 종아리를 때리는 것을 말합니다. 자식이 잘못했는데도 바로잡지 않으면, 그 자식은 잘못됩니다. 고착화된 잘못은 뿌리 깊은 나무와 같이 바로 잡기 힘든 것입니다. 그런데 자식을 징계할 때 꼭 주의하여야 할 점이 있습니다. 그것은 분풀이로 하지 말라는 것입니다. 자신이 왜 징계를 받는지 확실히 알지 못하고 징계받을 때, 자식은 올바르게 변화되지 못하고, 부모에 대하여 분노하고 낙심합니다. 그러므로 징계를 할 때에도 잘못을 바로 깨우쳐 주고서 사랑으로 매를 들어야 할 것입니다.

당신은 믿음의 뿌리를 어디에 두고 있습니까?

"의인은 포식하여도 악인의 배는 주리느니라"

잠 13:25

5월 12일

어느 날 태산을 유람하던 공자는 사슴의 가죽으로 만든 옷을 입고 새끼로 만든 띠를 졸라매고 거문고를 타며 노래를 부르는 노인을 보았습니다. "선생께서 즐거워하는 까닭은 무엇입니까?" "나의 즐거움은 많소. 하늘이 만물을 낼 때에 모든 것들 중에 사람을 가장 귀한 존재로 내었는데 내가 사람으로 태어났으니 이것이 바로 첫째 가는 즐거움이요, 또 사람이 태어나면서 빛나는 해와 달도 보지 못하고 강보 속에서 죽음을 맞게 되기도 하는데 나는 이미 90세나 되니 그 또한 내 즐거움이요, 가난하게 사는 것은 도를 닦는 이에게 당연히 있는 일이요, 죽음이란 산 사람에게 있어서 당연한 종말이오. 그러니 이제 나는 당연히 있는 일에 처하여 살다가 제명에 죽게 되니 내가 무엇을 근심하겠소?" "참으로 좋은 말씀입니다. 선생은 스스로 마음을 너그럽게 가질 수 있는 분이십니다."

'포식한다'는 말은 '부족함이 없다', '만족함이 있다'는 뜻입니다. 의인의 마음과 생활에는 만족함이 있습니다. 그러나 악인은 만족함이 없습니다. 아무리 호의 호식을 하고 재물을 쌓아 놓아도 마음에 만족함이 없고, 늘 무엇인가 부족한 듯한 결핍증에 시달립니다. 참 만족은 물질의 많고 적음에 있지 않습니다. 참 만족은 오직 하나님 안에 있는 것입니다.

 오늘도 당신은 하나님의 신실한 사랑과 약속의 말씀을 굳게 의지하고 있습니까?

> "무릇 지혜로운 여인은 그 집을 세우되 미련한 여인은 자기 손으로 그것을 허느니라"
>
> 잠 14:1

5월 13일

미국의 하딩 목사는 매우 급한 성격의 소유자였는데, 젊은 시절 어느 조그마한 회사에 근무했었습니다. 그런데 그가 다니는 회사는 급여인상을 차일피일 미루었습니다. 가만히 지켜보던 하딩은 마침내 급여인상을 강력히 요구한 후 그것이 받아들여지지 않으면 사표를 쓸 생각이었습니다. 그리고 아내에게 자신의 뜻을 밝히고 이튿날 출근을 했습니다.

하지만 하딩은 그 날 일에 파묻혀 사장을 면담할 기회를 갖지 못했습니다. 지친 몸으로 귀가한 그는 테이블 위에 놓인 두 장의 카드를 발견했습니다. 그것은 아내가 준비한 카드였습니다. "여보, 봉급인상을 축하해요.", "봉급은 인상되지 않았지만 나는 당신의 능력을 믿어요. 여보, 힘내세요." 아내는 역경과 순경의 대비책을 미리 준비해 놓은 것입니다.

하나님께서 여자를 남자에게 돕는 배필로 주셔서 한 가정을 이루게 하셨으므로 남자는 여자의 도움이 없이는 살아갈 수 없게 되어 있습니다. 그런데 지혜로운 아내는 최고의 보물입니다. 세상에서 가장 행복한 사람은 좋은 아내를 얻은 사람입니다. 그러므로 결혼을 앞둔 남자나 며느리감을 찾는 부모는 세상적인 조건을 볼 것이 아니라 지혜가 있는 여인을 찾아야 하는 것입니다.

 당신은 지혜로운 배우자를 얻기위해 기도하고 있습니까?

> "소가 없으면 구유는 깨끗하려니와 소의 힘으로 얻는 것이 많으니라"
>
> 잠 14:4

5월 14일

인도에 일하기를 싫어하여 매일 놀다가 거지가 된 사람이 있었습니다. 어느 날 그 거지가 다른 때와 같이 길가에 앉아서 구걸하고 있는데 우연히 석가가 그 앞을 지나가게 되었습니다. 거지가 "나리님, 한 푼 보태 주십시오."하자 석가는 그를 불쌍히 여겨 집집에서 얻은 음식을 나눠주었습니다. 거지는 "감사합니다."하고 두 손을 내밀어 받으려고 했으나 웬일인지 손이 움직여지지 않았습니다. 거지는 깜짝 놀라 우는 얼굴로 "나리님, 이게 웬일인가요?" 하며 물었습니다. 석가는 한참 동안 거지의 거동을 보고 있다가 "당신은 젊은데도 불구하고 일하기 싫어서 구걸하고 있는 것이 틀림없다. 수족은 일하는 사람에게만 필요하지 일하지 않는 사람에게는 필요치 않으니 나중에는 눈, 귀가 다 움직이지 않아 마지막엔 죽을 것이다."라고 말하였습니다. 이 후 거지는 마음을 돌이켜 열심히 일했으며, 훌륭한 농부가 되었다고 합니다.

수고하지 않고 되는 일은 없습니다. 일을 이루는 데에는 반드시 그에 따르는 수고가 있는 것입니다. 수고하는 일은 때때로 괴롭기도, 짜증스럽기도 합니다. 그러나 우리는 인생의 목표와 소망을 이루는 데에 따르는 수고를 괴롭고 귀찮다고 불평하지 말고, 기쁘고 즐거운 마음으로 적극적으로 행하여야겠습니다.

 당신은 삶의 우선 순위를 차례로 적어 보십시오.

"신실한 증인은 거짓말을 아니하여도 거짓 증인은 거짓말을 뱉느니라"

잠 14:5

5월 15일

후한의 양진은 상서학자(尙書學者)로 해박한 지식이 유가에 견줄 만하여 "관서(關西)의 공자"라고 불렸습니다. 그가 동래군 태수로 발령이 났을 때였습니다. 부임 도중에 양진이 창읍에 머물렀는데, 밤이 되자 창읍 현령인 왕밀이 품고 왔던 돈보따리를 양진에게 바쳤습니다. 그러자 양진이 거절하면서, "당신의 옛친구는 당신의 사람됨을 이해하고 있는데 당신이 그렇지 못함은 우스운 노릇이 아니오!"하고 말했습니다. 왕밀이 은밀한 목소리로 "한밤중의 일은 아는 이가 없습니다."라고 설득했습니다.

그러자 양진이 말했습니다.

"하늘이 알고 귀신이 알고 내가 알고 자네가 아는데 어찌 아는 사람이 없다고 말하는가."

'신실한 증인'은 하나님을 믿고 경외하는 증인을 가리킵니다. 이런 사람은 절대로 뇌물을 받지 않고 재판 때에 정직하게 증언합니다. 뿐만 아니라, 매 순간 정직을 원칙으로 하나님을 두려워하며, 자신의 삶을 점검합니다. 그러나 거짓 증인은 마음이 거짓되어서, 뇌물만 주면 시키는 대로 위증하여 판결을 굽게 만듭니다. 그들은 하나님을 두려워하지 않습니다. 사람의 눈을 두려워할 것인지, 아니면 그 사람의 눈과 마음을 감찰하시는 하나님을 두려워할 것인지 우리는 늘 생각해야 할 것입니다.

 당신에게 인간의 눈을 의식한 외식적 행위는 없습니까?

> "너는 미련한 자의 앞을 떠나라 그 입술에 지식 있음을 보지 못함이니라"
>
> 잠 14:7

5월 16일

어떤 개구쟁이가 산에 갔다가 독수리 알 하나를 주워 와서 알을 품고 앉아 있는 암탉의 둥지 속에 집어넣었습니다. 얼마 뒤 여러 병아리들과 함께 새끼 독수리도 부화되었습니다. 새끼 독수리는 그저 자신이 병아리려니 하고 다른 병아리들이 하는 짓을 하며 따라 지냈습니다. 어느 날 밤, 들쥐떼가 닭장을 습격해 왔습니다. 닭들은 무서움에 떨며 몸집 큰 독수리를 쳐다보았습니다. 그러나 쥐떼가 무섭기는 그도 마찬가지였습니다. 닭들은 일제히 독수리를 손가락질 하면서 미워했습니다. 세월이 흐른 어느 날 독수리는 구름 한 점 없는 맑은 하늘을 나는 위용 당당한 새를 보았습니다. "아, 저렇게 멋진 새도 있구나." 초라하게 늙은 독수리가 중얼거리자 친구 닭이 점잖게 말했습니다. "저건 독수리라는 새야. 날개 있는 새들 중에서도 왕이지. 그러나 넌 꿈도 꾸지 말아야 해. 넌 들쥐한테도 쫓겨다니는 닭이니까."

사람은 어떤 환경에 속해 있느냐, 또 어떤 사람과 만나느냐에 따라 인격이나 생각 등이 변하게 됩니다. 따라서 미련한 사람과 동행하다 보면 그 사람의 생각을 처음엔 부정하다가도 닮아가게 됩니다. 미련한 사람은 하나님을 아는 지식이 전혀 없고, 세속에 취해서 어리석은 말만 합니다. 그런 사람과 함께 하다보면 알지 못하는 가운데 영향을 받아, 미련함에 빠지게 되는 것입니다.

하나님은 우리가 어떤 삶을 살 때 우리의 승리를 보장하십니까?

> "미련한 자는 죄를 심상히 여겨도 정직한 자 중에는 은혜가 있느니라"
>
> 잠 14:9

5월 17일

어느 추운 겨울, 한 여인이 포도를 구하기 위해 여러 곳을 돌아다녔습니다. 중병에 걸린 외아들이 포도를 간절히 원했기 때문입니다. 여인은 궁궐의 담벼락에 탐스런 포도가 주렁주렁 열린 것을 보고 관리인에게 사정했습니다. "1백 달러에 포도를 파십시오." 관리인은 고개를 저었습니다. 여인은 다시 2백 달러를 제시했습니다. 관리인은 화를 벌컥 내며 여인을 궁궐 밖으로 내쫓았습니다. 공주가 그 광경을 보고 있다가 슬피 울고 있는 여인을 불렀습니다. "여인이여, 당신은 지금 큰 실수를 했습니다. 이 포도의 주인은 이 나라의 왕이십니다. 그분은 장사꾼이 아닙니다. 그분은 포도를 팔지 않고 그냥 주신답니다."

이 세상에 죄가 없는 사람은 아무도 없습니다. 그러나 그리스도인은 자신이 죄인임을 알고 정직하게 회개할 줄 안다는 점에서 세상 사람들과 다릅니다. 자신의 죄를 깨닫지도, 인정하지도 않는 사람은 회개하지 않으므로 용서받지 못하고 자신의 죄 값을 치르게 됩니다. 그러나 자신의 죄를 깨닫고 회개하는 사람에게는 죄 사함의 은혜가 있습니다. 우리는 우리의 죄를 하나님 앞에 정직하게 자백하고 회개함으로 하나님의 풍성한 은혜를 받는 것입니다. 그리고 이 은혜는 오직 예수 그리스도의 공로로 값없이 얻는 선물인 것입니다.

 당신은 하나님 앞에 진실된 마음으로 회개하고 있습니까?

"어떤 길은 사람의 보기에 바르나 필경은 사망의 길이니라"

잠 14:12

5월 18일

제2차 세계대전으로 폐허가 된 독일의 쾰른시. 독실한 신앙인으로 알려진 프랑케 부인의 부엌방에 6년간 세들어 살고 있는 서른 여덟 살의 케테. 그녀의 인생은 온통 비극적이었습니다.

전화교환원인 남편은 가출했으며 남겨진 것은 가난에 중독된 창백한 세 자녀뿐이었습니다. 케테는 한 달에 한 번씩 지저분한 여관에서 남편을 만났습니다. 가난과 고생으로 부쩍 늙어버린 남편을 향해 던지는 케테의 절규. "당신은 왜 이 절망적 상황에서 기도하지 않나요. 기도만이 유일한 희망임을 당신도 알잖아요." "주님은 내게서 너무 멀리 있어." "아니예요. 지금 우리 곁에 있어요."

이상은 노벨문학상을 수상한 하인리히 뵐의 〈그리고 아무 말도 하지 않았다〉라는 작품의 일부입니다.

세상에는 완전하신 하나님을 의지하기보다는 어리석은 도를 따르는 사람들이 많이 있습니다. 이들은 하나같이 모두 자신이 진리라고 말하고, 자신만이 평안과 성공으로 안내할 것이라고 유혹을 합니다. 그러나 성경은 다른 이로서는 구원을 얻을 수 없다고 했습니다(행 4:12). 오직 예수 그리스도만이 참 길이요 진리가 되십니다. 세상을 바라보며 의지하지 마십시오. 지금 당신 곁에는 예수님이 함께 하고 계십니다.

당신의 마음은 지금 예수님께 연합되어 있습니까? 세상과 연합되어 있습니까?

 "노하기를 속히 하는 자는 어리석은 일을 행하고 악한 계교를 꾀하는 자는 미움을 받느니라"

잠 14:17

5월 19일

징기스칸은 사냥을 위해 매를 데리고 다녔는데, 매를 사랑하여 마치 친구처럼 먹이를 주며 길렀습니다. 하루는 사냥을 마치고 왕궁으로 돌아오는 길이었습니다. 그는 손에 들고 있던 매를 공중으로 날려보내고 자신은 목이 말라 물을 찾았습니다. 가뭄으로 개울물은 말랐으나 바위틈에서 똑똑 떨어지는 샘물을 발견할 수 있었습니다. 그는 바위틈에서 떨어지는 물을 잔에 받아 마시려고 하는데 난데없이 바람 소리와 함께 자신의 매가 그의 손을 쳐서 잔을 땅에 떨어뜨렸습니다. 물을 마시려고 할 때마다 매가 방해하자 징기스칸은 몹시 화가 났습니다. 그래서 칼로 매를 내려쳤습니다. 그는 죽은 매를 치우면서 바위 위를 보게 되었는데 거기에는 죽은 독사의 시체가 샘물 안에서 썩고 있었습니다.

화를 내는 것은 자칫 일을 그르칠 뿐 아니라 하나님의 의를 이루지 못합니다.

사람은 화가 나면 이성이 마비되어 평상시에 하지 않던 행동을 합니다. 노한 사람은 대개 나중에 후회할 어리석은 일을 저지르게 됩니다. 성급하게 성내는 것처럼 어리석은 짓이 없습니다. 성을 내면 이성을 잃고 쓸데없는 말과 행동을 하여 싸움이 벌어지고 죄도 짓게 되는 것입니다. 따라서 그리스도인은 적절히 자신의 감정을 다스릴 줄 알아야겠습니다.

 당신은 조그마한 일에도 혈기를 부리고 있지는 않습니까?

"그 이웃을 업신여기는 자는 죄를 범하는 자요 빈곤한 자를 불쌍히 여기는 자는 복이 있는 자니라"

잠 14:21

5월 20일

'유교무류'(有敎無類)는 모든 사람을 가르쳐 이끌어 줄 뿐, 가르치는 상대에게 차별을 두는 일이 없음을 말합니다.

옛날 중국에 호향이란 마을이 있었는데 이 마을은 특정 지역에 사는 천한 계급이나, 천한 직업에 종사하는 사람들이 모여 살아 다른 사람들은 그 마을 사람들과 말도 하지 않았습니다. 그런데 어느 날 호향이란 마을에 사는 아이가 공자를 찾아왔습니다. 공자의 제자들은 그 아이를 돌려보내려고 했으나 공자는 그 아이를 들어오라고 해서 반갑게 만나 주고 또 그 아이가 묻는 말에 일일이 자상하게 대답해 주었습니다. 공자는 이 때 제자들을 타이르며 제자들에게 잠재해 있는 차별의식을 안타까워했습니다.

모든 사람은 하나님의 형상과 모양대로 지음 받았습니다. 빈부귀천 구별 없이 모든 사람은 하나님께서 당신의 형상대로 지으신 동등한 인격체이며, 하나님께 사랑 받는 존재입니다. 그러므로 세상 풍조와 인심을 따라 힘있고 부요한 사람을 우대하고 가난한 사람을 업신여기는 사람은 결국 하나님을 업신여기는 죄를 범하는 것입니다. 가난한 이웃을 돌보아 주는 것이야말로 하나님께 복을 받는 길인 것입니다.

 당신은 믿음이 동할 때 실천해 본 적이 있습니까?

"모든 수고에는 이익이 있어도 입술의 말은 궁핍을 이룰 뿐이니라"

잠 14:23

5월 21일

독일의 위대한 작가인 괴테의 집은 그와 이야기를 나누려는 사람들로 언제나 북적거렸습니다. 찾아오는 사람들의 직업도 다양했습니다. 그런데 그들 중에는 남의 험담이나 음담패설로 대화의 대부분을 보내는 사람들이 있었습니다.

이에 괴테는 그 사람들이 갈 때 정중하게 다음과 같이 타일렀다고 합니다.

"휴지나 음식 부스러기를 우리 집에 흘리는 것은 괜찮습니다만 더러운 말을 흘리는 것만은 용납할 수가 없습니다. 그런 말들은 모두 주워 가십시오. 그리고 다시는 저희 집에 가지고 오지 마십시오. 이런 말들은 공기와 행복을 더럽히는 것입니다."

정직한 수고에는 반드시 이익이 있습니다. 육체적인 것이든 정신적인 것이든 땀 흘려 일을 하면 소득이 있는 것입니다. 그러나 일은 하지 않으면서 말만 하는 사람은 궁핍하게 될 뿐입니다. 그는 여기저기 다니면서 비판하고 평론하여 분쟁을 일으키고 오해를 하게 만듭니다. 일은 하지 않고 말만하고 돌아다니는 말쟁이는 쓸데없는 말, 다른 사람의 신상에 관한 비밀까지 함부로 떠듭니다. 결국 이런 사람은 신뢰를 잃고 사람들에게서 따돌림당하게 될 뿐입니다. 심고, 수고하지 않았기에 그에겐 거두어들일 열매가 없는 것입니다.

당신은 동료들이나 상사의 비밀을 말함으로 신뢰를 잃은 적은 없습니까?

"여호와를 경외하는 자에게는 견고한 의뢰가 있나니 그 자녀들에게 피난처가 있으리라 … 사망의 그물에서 벗어나게 하느니라"
잠 14:26-27

5월 22일

오래 전의 이야기입니다. 스코틀랜드의 숲 속 한 동네에 강아지 한 마리가 나타났습니다. 그 강아지는 너무도 더러웠고 오랫동안 길을 잃고 헤맸던지 굶주림에 거의 죽어 가고 있었습니다. 처음에 사람들이 별로 신경을 쓰지 않았으나, 그들은 강아지 목에 달린 이름표를 주목하게 되었습니다. 그리고는 아마도 주인이 있을 것이라고 생각해서 개를 붙들었습니다. 그 개의 이름은 '밥스'였습니다. 그리고 그 밑에는 작은 글자들이 있었습니다. "나는 이 나라 왕에게 속했습니다." 사람들은 놀랐습니다. 왕의 강아지였던 것입니다. 왕의 부처가 에딘버러 성에 휴가를 왔다가 그를 잃은 것이었습니다.

하나님께서는 우리의 인생을 인도해 주시는 목자이십니다. 즉, 우리가 어디를 헤매던지 우리에게 이름표만 분명하다고 한다면 즉각적인 보호가 주어지게 되며 확실하게 주인에게로 인도된다는 사실입니다. 그러므로 우리는 '하나님께서 나를 인도하시고 돌보아 주신다.'는 사실을 잊지 말고, 눈에는 아무 증거 안 보이고 귀에는 아무 소리 안 들리고 손에는 잡히는 것이 없어도 하나님을 따라가야 합니다. 하나님께 순종하고 나아갈 때, 하나님께서 우리의 모든 필요를 돌보아 주시고 우리의 인생을 인도해 주시는 것입니다.

 예수님을 믿고 난 당신은 무엇이 변화되었습니까?

"마음의 화평은 육신의 생명이나 시기는 뼈의 썩음이니라"

잠 14:30

5월 23일

이웃과 현실에 불만이 많은 한 사람이 있었습니다. 그는 길을 걸으면서도 투덜거렸습니다. "우리 마을 사람들은 정말 비열해. 남을 도울 생각은 조금도 하지 않는 사람들이야. 내 직장 동료들은 또 얼마나 이기적인지 몰라." 그 때 그의 곁에서 함께 걷던 천사가 물었습니다. "당신의 주변 사람들이 그렇게도 형편없나요?" "물론이지요. 저 앞에서 걸어오고 있는 사람들 좀 보세요. 저 탐욕스런 눈과 불만에 가득 찬 입과 교만스런 표정을 보세요. 내가 어떻게 저 사람들을 사랑할 수 있겠어요." 천사가 불만에 가득 찬 사람의 귀에 입을 대고 속삭였습니다. "당신은 지금 중요한 사실을 망각하고 있어요. 우리는 지금 거울을 향해 걸어가고 있고, 당신이 말한 그 못된 사람은 바로 당신 자신입니다."

불만과 저주의 눈으로 바라보는 세상은 추합니다. 그러나 사랑의 눈으로 바라보는 세상은 아름답습니다.

평강의 하나님을 마음에 모시고 의지하면 하나님의 평안이 그 마음에 차고 넘치게 됩니다. 그래서 건강한 사람은 더욱 활기차게 되고, 건강하지 못했던 사람은 건강하게 변화되는 것입니다. 그러므로 우리는 평강의 하나님을 마음 속에 모셔들이고 하나님의 평안이 늘 내 마음을 주장하게 하여, 심신에 건강을 얻고 활기찬 생활, 긍정적인 생활을 해야겠습니다.

당신은 오늘도 절대 감사의 자세로 살 준비가 되어 있습니까?

> "가난한 사람을 학대하는 자는 그를 지으신 이를 멸시하는 자요 궁핍한 사람을 불쌍히 여기는 자는 주를 존경하는 자니라"
> 잠 14:31

5월 24일

어느 숲에 흑사병이 유행해 동물들은 공포에 휩싸였습니다. 동물의 왕인 사자가 비상회의를 소집했습니다. "하늘이 흑사병을 내린 것은 우리의 죄가 많기 때문이다. 우리들 중 가장 죄 많은 자를 희생제물로 바쳐야 한다. 자, 모두 자기의 죄를 고백하라." 호랑이가 제일 먼저 죄를 고백했습니다. "나는 며칠 전 염소를 잡아먹었다" 그러자 약삭빠른 여우가 거들었습니다. "그것은 죄가 아닙니다. 염소가 너무 많으면 초원이 줄어듭니다. 잘 하신 일입니다." 표범과 늑대와 곰이 차례로 죄를 고백했습니다. 그러나 동물들은 조용히 듣고만 있었습니다. 이번에는 가장 힘이 없고 순진한 노새의 차례였습니다. "너무 배가 고파 남의 밭에서 자란 풀을 몰래 뜯어먹은 적이 있어요." 그러자 동물들이 일제히 손가락으로 노새를 가리키며 소리쳤습니다. "유죄!"다.

정의보다 힘, 약자보다 강자가 판을 치는 사회는 부패합니다.
우리의 신앙은 십자가 신앙입니다. 따라서 신앙 생활을 한다는 것은 하나님 사랑과 이웃 사랑을 실천한다는 것을 말합니다. 하나님을 사랑한다면서 이웃을 사랑하지 않을 수 없습니다. 이웃을 미워하고 멸시하면서 하나님 사랑한다는 것은 있을 수 없습니다. 이처럼 하나님 사랑과 이웃 사랑이 균형을 이룰 때 십자가 신앙은 바로 설 수 있습니다.

 당신이 돌봐 주고 관심을 가져야 할 소외되고 가난한 이웃은 누구입니까?

"악인은 그 환난에 엎드러져도 의인은 그 죽음에도 소망이 있느니라"

잠 14:32

5월 25일

아빠와 아들이 오솔길을 거닐며 다정하게 이야기를 나눕니다.
"아빠! 용기란 무엇일까요? 나보다 더 큰 아이가 다른 약한 친구를 괴롭힐 때 맞서서 싸워 주는 게 용기지요?"

아들의 말에 아빠는 "그래, 그렇지만 그건 작은 용기란다. 진정한 용기는 더 큰 용기이지."

이들은 오솔길을 따라 한참을 걸어갔습니다. 그러자 얼마 전 산불이 나서 주위가 검게 타버린 곳이 나타났습니다. 그런데 그 곳에 가냘픈 제비꽃 한 송이가 피어있었습니다. 그걸 조심스레 바라보며 아빠가 아들에게 말했습니다.

"얘야, 진정한 용기란 바로 저 꽃과 같은 거란다."

악인은 환난 가운데서 하나님의 도우심을 받지 못합니다. 이 세상에서 잠시 형통한 듯해도 육신이 죽으면 그 모든 업적도 다 사라져 버리고 영원한 형벌에 처합니다.

그러나 의인은 육신의 죽음을 맞을 때에도 마음의 소망이 있습니다. 생명의 근원이 되시고 부활의 첫 열매가 되신 예수님을 믿으므로 의인은 부활과 영생의 소망을 가지고 평안히 육신의 죽음을 맞는 것입니다.

 당신의 거룩함을 유지하기 위한 방안을 세워 보십시오.

> "슬기롭게 행하는 신하는 왕의 은총을 입고 욕을 끼치는 신하는 그의 진노를 당하느니라"
>
> 잠 14:35

5월 26일

당나라의 2대 임금인 태종의 정관의 치세는 길이 후세에까지 훌륭한 정치의 귀감이 되고 있습니다. 이렇게 된 것은 태종이 임금으로서 사치를 금하고 정직하고 충성된 인물들을 많이 등용했기 때문입니다. 어느 날 태종이 왕규에게 물었습니다. "그대는 그대 자신이 방현령 이하 여러 대신들과 비교하여 어떻다고 생각을 하는가?" 왕규는 서슴지 않고 대답하였습니다.

"성실하게 나라에 봉사하고, 알면서도 입밖으로 내어 말하지 않는 점에서 소신은 방현령을 따르지 못합니다. 재능에 있어서 문무를 겸비하고 조정에 들어서는 현명한 재상이요 어엿한 대장군이라는 점에서 소신은 두여희를 당할 수 없습니다. 임금님께 직간을 올리고 잘못을 바로잡기에 여념이 없기로는 또한 소신이 위징을 따르지 못합니다."라고 말하며 다른 중신들보다 자신이 부족한 사람이라고 겸손히 대답했습니다.

고용인이 지혜롭게 일을 잘 처리하고 성실하고 충성스럽게 일하면 주인의 칭찬을 받지만, 시키는 일마다 망치고 태만하며 불성실하여 대충대충 적당주의로 일을 한다면 주인의 추궁을 당하고 질책을 받게 될 것입니다. 이와 마찬가지로 왕을 잘 보필하는 슬기롭고 겸손한 신하는 왕의 총애를 받지만, 왕에게 욕을 끼치는 어리석은 신하는 왕의 진노를 당하게 됩니다.

당신은 하나님의 인도를 받기 위해서 구체적으로 무엇을 준비하고 있습니까?

"유순한 대답은 분노를 쉬게 하여도 과격한 말은 노를 격동하느니라"

잠 15:1

5월 27일

한번 지나가면 다시는 돌아오지 않는 세 가지가 있습니다. 그것은 잃어버린 기회와 시위를 떠난 화살과 입에서 나온 말입니다. 그 중 가장 무서운 것이 말입니다. 격려와 기쁨의 말은 사람에게 용기와 행복을 주지만 저주와 비난의 말은 한 사람의 신용과 명예를 일시에 무너뜨립니다.

개구리가 뱀에게 발각돼 잡아먹히는 것은 시끄러운 울음소리 때문입니다. 꿩의 울음소리는 사냥꾼의 표적이 됩니다. 물고기는 입으로 낚입니다.

사랑의 말은 상처를 치유합니다. 그러나 부주의한 말은 분쟁을 만듭니다. 두 손뼉이 마주쳐야 소리가 나듯이, 서로 감정이 대립되고 의견 충돌을 할 때 싸움이 됩니다. 한 쪽이 이성을 잃고 분을 낼 때 똑같이 흥분하여 분을 내면 싸움이 커집니다. 그러나 한 쪽이 이성을 잃고 분을 낼 때 이에 맞서지 말고 잠잠히 참으면 싸움이 되지 않습니다. 그리고 분을 냈던 사람도 분이 가라앉게 되는 것입니다.

분이 난다 해서 과격한 말을 하면, 그 말이 상대방의 마음에 깊은 상처를 줍니다. 아무리 절친한 사이라도 예의를 지키지 않으면 안 되는 것입니다.

당신이 오늘 예수님을 슬프게 한 죄는 구체적으로 무엇입니까?

> "여호와의 눈은 어디서든지 악인과 선인을 감찰하시느니라"
>
> 잠 15:3

5월 28일

고대 그리스에 키소이테스와 파라시우스라는 두 화가가 있었습니다. 사람들은 두 화가의 우열을 시험하고자 했습니다.

먼저 키소이테스가 포도 그림을 나무에 걸어놓았습니다. 그러자 새가 날아와 그것을 쪼았습니다. 이에 사람들은 감탄을 했습니다. 그러자 파라시우스가 엷은 커튼 그림을 창문에 걸고 키소이테스를 초청했습니다.

그런데 창문에 걸린 그림을 진짜 커튼으로 안 키소이테스가 걷으려고 손을 댔습니다. 이에 아테네 사람들은 "사람의 눈을 속인 파라시우스가 새의 눈을 속인 키소이테스보다 뛰어나다"고 평했습니다.

그러나 그 누구도 하나님의 눈은 속일 수가 없습니다.

하나님께서는 졸지도 않으시고 주무시지도 않으시며 모든 사람을 감찰하십니다. 악인도 선인도 하나님의 눈을 피할 수 없으며, 그 마음의 은밀한 생각과 계획도 하나님의 눈에는 다 드러납니다. 이러므로 우리는 우리의 생각과 말과 행위가 하나님 앞에 합당하게 되도록 모든 죄악과 잘못을 회개하고, 성령의 도우심을 받아 정결하고 거룩한 삶을 살아야겠습니다.

 당신은 하나님의 손길에 얼마나 강하게 붙잡혀 있습니까?

"온량한 혀는 곧 생명 나무라도 패려한 혀는 마음을 상하게 하느니라"

잠 15:4

5월 29일

어느 택시 회사에 성미가 무척 까다로와서 직장 전체의 분위기를 우울하게 만드는 한 수리공이 있었습니다. 그러던 어느 날 인사 과장이 그 사람의 해고 문제를 사장에게 정식으로 건의했습니다. 그러나 사장은 그 사람이 얼마나 완벽하게 일을 해내고 있는지에 대해 칭찬하면서 그 일을 없었던 것으로 하자고 말했습니다. 사장의 그 이야기는 머지 않아 수리공의 귀에까지 들어가게 되었습니다. 그리고 놀랍게도 그 사람은 유능하고 유머 있는 사람으로 변하게 되었습니다. 이처럼 칭찬에는 사람을 변화시키는 힘이 있습니다.

사람들 중에는 뛰어난 재능이 있음에도 불구하고 패려한 말에 상처받아서 인생의 낙오자가 되는 사람이 있는가 하면, 반대로 지극히 평범한 사람인데도 온량한 말로 인해 위대한 인물이 되는 사람도 있습니다. 말로 인해 성공자가 될 수도 있고, 실패자가 될 수도 있는 것입니다. 그러므로 우리는 언제나 용기를 주는 말, 칭찬과 위로의 말을 하여 사람들을 살리고 성공하도록 도와주어야 하는 것입니다.

 당신은 주위 사람들에게 얼마나 격려의 말을 해 주고 있습니까?

> "악인의 제사는 여호와께서 미워하셔도 정직한 자의 기도는 그가 기뻐하시느니라"
>
> 잠 15:8

5월 30일

한 가난한 가족이 생활이 어려워 작은 마을로 이사를 가게 됐습니다. 그런데 일곱 살 된 딸이 근심스런 표정으로 어머니에게 물었습니다. "그곳에도 예배당이 있나요. 주일학교에 못 가면 어떻게 하지요?" 어머니는 슬픈 표정으로 대답했습니다. "그곳은 아주 작은 마을이란다. 그래서 아직 예배당이 없단다." 가족들이 열심히 이삿짐을 챙기는데 딸이 보이지 않았습니다. 어머니가 방으로 들어가 보니 딸이 무릎을 꿇은 채 기도를 드리고 있었습니다. "저희는 교회가 없는 곳으로 이사를 간답니다. 하나님, 안녕히 계세요." 어머니는 딸의 기도하는 모습을 보며 함께 무릎을 꿇었습니다. 그런데 이 가족이 작은 마을로 이사를 간 지 두 달 만에 교회가 세워졌습니다.

진실한 기도는 땅에 떨어지는 법이 없습니다.
정직한 의인의 기도는 하나님께서 기쁘게 들어주십니다. 정직한 사람은 자기의 죄를 낱낱이 다 회개하고 하나님 앞에 바르게 살려고 애씁니다. 또한 자기 이익만을 주장하는 것이 아니라 하나님의 뜻을 찾고자 기도합니다. 따라서 하나님께서는 이런 사람의 죄를 용서해 주시고, 은혜와 사랑을 쏟아 부어 주십니다. 뿐만 아니라 환난과 시험 가운데서, 문제를 당하였을 때 그의 부르짖음을 기쁘게 들으시고 응답해 주시는 것입니다.

 당신은 예배드릴 때 어떤 마음 자세로 드리십니까?

"거만한 자는 견책받기를 좋아하지 아니하며 지혜 있는 자에게로 가지도 아니하느니라"

잠 15:12

5월 31일

훌륭한 안장과 말굴레를 쓰고 출정준비를 마친 군마가 우레 같은 말굽소리를 내면서 큰 길로 뛰어오고 있었고, 불쌍한 나귀가 무거운 짐을 등에 싣고 같은 길을 천천히 내려가고 있었습니다.

"길을 비켜! 그렇지 않으면 진흙에다 짓밟아 버릴 테다."

군마는 교만하기 짝이 없었습니다.

그 후 얼마 지나지 않아서 군마는 한쪽 눈을 총에 맞아 다쳤습니다. 그래서 군마는 군대에 적당치 않아서 어느 농부에게 팔려 갔습니다. 농부는 그 말에 무거운 짐을 싣고 나섰습니다. 언젠가 나귀에게 큰 소리 치던 기개는 사라지고 없었습니다. 나귀는 짐을 싣고 오는 군마를 물끄러미 바라다 보았습니다. 그리고는 이렇게 말했습니다. "아이고, 당신이구려. 어느 날인가에 전락이 있을 줄 알았소."

거만한 사람은 이 세상에서 자기가 제일 잘나고 똑똑하다고 생각합니다. 그렇기 때문에 다른 사람이 잘못을 지적하고 꾸짖으면 아주 싫어합니다. 그래서 거만한 사람에게는 교훈을 할 수 없습니다. 길거리를 지나가는 개의 귀를 잡으면 개에게 물리는 것과 한가지로, 거만한 사람을 교훈 하였다가는 오히려 그의 공격을 받게 되므로 사람들이 꺼리게 되는 것입니다. 그렇기 때문에 거만한 사람은 변화도 발전도 되지 않는 것입니다.

 당신은 현재 영적으로 교만해 있지는 않습니까?

잠언으로 여는 365일

6월

"무릇 지킬 만한 것보다 더욱
네 마음을 지켜라 생명의 근원이
이에서 남이니라" (4장 23절)

"마음의 즐거움은 얼굴을 빛나게 하여도 마음의 근심은 심령을 상하게 하느니라"

잠 15:13

6월 1일

영국의 과학잡지 뉴 사이언티스 최근호는 밝고 따뜻한 햇살을 받으며 사는 사람들이 잿빛 하늘 아래 사는 사람들보다 훨씬 건강하다는 보고서를 게재, 눈길을 끌었습니다. 이 보고서에 따르면 프랑스에서 조사된 건강실태의 경우, 북부 칼레에 거주하는 주민들은 남부 피레네에 사는 주민들보다 소화계통의 암이나 간경변에 걸릴 확률이 3배나 높은 것으로 나타났습니다. 또한 자살건수도 햇살을 받지 못하는 사람들이 훨씬 많다는 것입니다.

메이요 클리닉의 공동 설립자인 찰스 H. 메이요 박사는 이렇게 말했습니다.

"근심은 순환기관과 심장, 임파선 및 모든 신경계통에 영향을 주어 건강을 크게 해칩니다. 나는 지금까지 과로로 인하여 죽은 사람은 거의 못 보았지만 근심으로 인하여 죽은 사람은 많이 보았습니다."

얼굴은 마음의 거울입니다. 마음의 상태가 얼굴에 그대로 드러나 보이는 것입니다. 마음이 즐거우면 얼굴이 빛납니다. 멀리서 봐도 얼굴이 환하게 빛나는 사람은 하나님의 은혜를 받아 마음에 평안과 기쁨이 넘치는 사람입니다. 그러나 마음에 근심이 있는 사람은 얼굴이 어두워 보입니다. 마음에 염려와 근심이 있으면 심령이 상하며, 얼굴에도 어두운 그늘이 생기는 것입니다.

 당신은 걱정과 두려움을 몰아내는 강력한 영적 무기는 무엇이라 생각합니까?

> "여간 채소를 먹으며 서로 사랑하는 것이 살진 소를 먹으며 서로 미워하는 것보다 나으니라"
>
> 잠 15:17

6월 2일

미국의 유명한 여성 상무장관의 남편이 자살소동을 벌인 적이 있었습니다. 그 부부는 아내가 상무장관이 되기 전에는 같은 대학의 교수로 서로 끔찍이 사랑하며 즐겁게 지냈습니다. 그러나 아내가 너무 출세하여 상무 장관까지 되고나서는 늘상 워싱톤 D.C.에서 살다시피 하므로 일주일 내내 아내의 얼굴조차도 보기 어려울 정도였습니다. 남편은 그만 삶의 기쁨을 잃고 말았으며, 결국 자살을 기도하게 되었던 것입니다. 가정생활이 파탄에 이르자 여성 상무장관은 단호히 장관직을 포기하여 가정을 택했고, 그때서야 가정에 안정과 행복을 되찾게 되었다고 합니다.

대부분의 사람들이 성공의 척도를 부에 두고 있습니다. 그래서 다들 삶의 목표를 성공, 그것도 부자가 되는 것에 두고 있습니다. 물론 물질이 많으면 살아가는데 있어서 없는 것보다는 편한 것이 사실입니다. 그러나 물질이 있다고 해서 결코 모든 것을 얻는 것은 아닙니다. 때때로 주위에서 물질 때문에 형제간, 부모자식간의 의가 상하는 것을 보게 됩니다. 진정한 행복은 물질에 있는 것이 아닙니다. 가정의 행복은 가족들간에 흐르는 따뜻한 사랑과 이해 속에서 피어나는 것입니다. 진수성찬을 차려 놓고도 식탁에 둘러앉아서 가족간에 서로 미워하고 다툰다면 그것을 행복이라고 말할 수는 없는 것입니다.

 당신의 가정을 믿음의 분위기로 만들기 위해 당신은 어떤 노력을 하고 있습니까?

"지혜로운 아들은 아비를 즐겁게 하여도 미련한 자는 어미를 업신여기느니라"

잠 15:20

6월 3일

한 소년이 바다를 정복할 꿈에 부풀어 평생 뱃사람으로 살아갈 것을 다짐했습니다. 어느 날, 소년은 큰 선박회사에 취직해 먼 나라로 항해를 떠날 준비를 했습니다. 그는 배에 자신의 짐을 모두 실은 후, 어머니에게 작별의 인사를 드렸습니다. 그 때 어머니가 슬픈 표정으로 눈물을 흘리며 말했습니다.

"너를 떠나보내는 것이 너무 괴롭구나."

효심이 지극했던 소년은 어머니의 눈물을 보고 항해를 포기했습니다. 어머니는 아들의 손을 잡으며 말했습니다. "부모를 공경하는 자녀는 복을 받는다고 성경에 기록돼 있다. 너도 복을 받을 것이다." 어머니는 그 날부터 효자 아들을 위해 눈물의 기도를 심었습니다. 그리고 소년은 위대한 지도자로 성장했습니다. 이 사람이 바로 미국 대통령을 지낸 조지 워싱턴입니다.

아들이 지혜로워서 어려서부터 부모의 말을 잘 듣고, 열심히 공부하고, 사회에 나가서 올바르게 처신해서 잘살며 부모에게 효도하면 아버지의 영광이 됩니다. 보는 사람들마다 칭찬을 함으로 부모의 마음이 여간 기쁘고 자랑스럽지 않습니다.

그리스도인은 하나님의 자녀입니다. 그러므로 그리스도인이 지혜롭게 행하므로 모든 사람들 위에 뛰어나게 되는 것은 곧 하나님의 영광이 되는 것입니다.

 당신은 지금 부모님을 어떻게 공경하고 있습니까?

> "의논이 없으면 경영이 파하고 모사가 많으면 경영이 성립하느니라"
>
> 잠 15:22

6월 4일

기사도 활약상이 눈부셨던 6세기 경의 전설적인 영웅 아더 왕의 무용담은 세간에 익히 알려진 바입니다. 그는 보검 엑스칼리버를 휘두르며 여러 나라를 공략했습니다. 그러자 그의 주위에는 우수한 기사들이 뭇 별과 같이 모여들었습니다. 아더 왕은 그들을 거리낌없이 대우했으며 그들 사이에 상하 구별이나 다툼이 없도록 대리석 원형테이블을 만들어 앉혔습니다. 기사들에게는 그 원탁에 앉는 것 - 원탁의 기사가 되는 것 - 이 최고의 영예로 생각되었습니다. 그리고 원탁 석상에서는 갖가지 문제가 공정하게 토의되었습니다.

자기가 제일이고 자기만 모든 것을 안다고 독단적으로 일을 처리하면 일이 이루어지지 않습니다. 자기 혼자서 다한다고 남의 말을 듣지 않고 행하는 사람은 결코 크게 성장할 수 없습니다. 어떤 일이든 많은 사람이 모여서 다양한 의견을 내놓고 의논을 하면 일이 성사됩니다. 지혜로운 경영자나, 지도자는 결코 독단적으로 일을 성사시키지 않습니다. 많은 사람들의 종합적으로 수렴하는 것, 그것은 가장 최선의 길을 선택하는 지름길이 될 수 있는 것입니다.

당신은 24시간 중 얼마나 하나님의 음성에 민감한 시간을 보내고 있습니까?

"여호와는 교만한 자의 집을 허시며 과부의 지계를 정하시느니라"

잠 15:25

6월 5일

인도의 위대한 황제 아크바르가 아홉 명의 현인을 궁중에 두었습니다. 그러나 왕은 그들이 자신에게 도움이 되지 못한다며 화를 냈습니다. 한 아이가 궁중을 구경하고 싶어서 어느 현인을 따라 같이 들어왔다가 그 광경을 보고 웃자 아크바르 황제는 화를 냈습니다. 이에 아이는 황제가 현인들에게서 도움을 받지 못한 이유를 알고 싶냐고 물었습니다. 왕이 그렇다고 하자 아이는 "그렇다면 폐하는 제 말을 따르셔야 합니다. 폐하께서는 제가 앉아 있는 이 자리로 내려오셔야 하고 왕좌에는 제가 앉겠습니다. 그런 다음에 폐하께서는 스승이 아니라 제자로서 질문을 하세요."라고 말했습니다.

그제서야 황제는 그동안 그 아홉 명의 현인들이 가르칠 능력이 있었으나 왕이 준비를 갖추지 못했고, 받아들일 마음도 없었으며, 겸허하지 못했기 때문에 배우지 못했음을 깨달았습니다.

교만이라는 것은 자기를 과대 평가하는 데서 오는 것입니다. 자기가 잘났다고 생각하고 거만하게 행동하는 것이 바로 교만입니다. 성경은 "교만은 패망의 선봉이요 거만한 마음은 넘어짐의 앞잡이니라"(잠 16:18)고 말씀합니다. 교만한 자는 하나님께서 미워하시므로 잘될 수 없으며, 스스로 잘났다고 착각하고 있다가 멸망하고 마는 것입니다.

 당신이 예수 이름으로 내어쫓을 마음속의 더러운 것은 무엇입니까?

> "이를 탐하는 자는 자기 집을 해롭게 하나 뇌물을 싫어하는 자는 사느니라"
>
> 잠 15:27

6월 6일

동물의 왕인 사자가 죽자 여러 짐승이 흉내도 잘 내고 나무에도 잘 오르며 꾀도 많다고 해서 원숭이를 왕으로 뽑았습니다. 그런데 원숭이는 권리를 탐하고 교만하여 토색이 매우 심하였습니다. 참다 못한 여우가 하루는 고기 한 덩어리를 덫 속에 넣고 원숭이를 찾아가 말했습니다. "신이 오다 보니 고기 한 덩어리가 저기 있사오니 대왕께서 거동하사 잡수시옵소서." 원숭이는 여우의 충성됨을 기뻐하여 많은 상품을 하사한 후, 고기 있는 곳으로 가서 고기를 끌어내리려 하다가 덫에 걸리게 되었습니다. 그제서야 여우의 간계를 깨달은 원숭이가 여우를 꾸짖으니 여우는 "덫 놓은 것도 모르고 눈앞의 작은 이익만을 탐하니, 너 같은 놈이 왕이 다 무엇이냐." 이렇게 말하고는 달아나 버렸습니다.

'이를 탐하는 자'는 탐욕스러운 사람, 즉 자기 분수를 뛰어넘는 욕심을 내는 사람을 가리킵니다. 자신의 분수와 분량을 모르고 탐욕을 내어 부정 부패와 불의도 아랑곳하지 않는 사람은 자신뿐만 아니라 자기 집안에까지 피해를 줍니다.

우리는 과거 전직 대통령들이나, 전현직 장관 및 국회의원들이 이를 탐하다가 결국 자신은 물론 타인에게까지 악영향을 미치는 모습을 많이 봐왔습니다. 정직하고 성실한 사람이 미덕이 되는 사회가 되도록 모두가 노력해야 할 것입니다.

 당신은 천만 인의 칭찬보다 단 한 분 하나님의 칭찬을 사모하고 있습니까?

"여호와는 악인을 멀리하시고 의인의 기도를 들으시느니라"

잠 15:29

6월 7일

영국의 왕, 윌리엄 4세가 사망했을 때 그에게는 어린 딸이 있었습니다. 사람들은 그녀에게 아버지의 뒤를 이어 영국의 여왕이 되었음을 일러 주었습니다. 그녀는 그 소식을 듣자마자 무릎을 꿇고 하늘에 계신 아버지께 앞으로의 세월을 통해 그녀를 이끌고 도와 주실 것을 기원했습니다.

이 소녀가 바로, 후에 64년 간 대영제국을 통치했던 빅토리아 여왕입니다. 영국은 그녀의 통치 기간 동안 그 어느 때보다도 가장 눈부신 발전을 이룩했습니다. 어느 날 인도의 한 왕자가 그녀에게 영국의 힘의 비결이 어디에 있냐고 묻자, 그녀는 가까이에 있는 탁자에서 한 권의 책을 조용히 집어드는 것이었습니다. "이것이 그 비결이지요." 그녀가 집어 든 책은 다름 아닌 하나님의 말씀, 즉 성경이었습니다.

하나님께서는 악인에게 관심을 갖지 않으시며, 그들을 그대로 방치하여 멸망 길을 가게 내버려두십니다. 그러나 하나님의 뜻을 찾아 그 뜻 안에서 기도하며 그 뜻대로 행하는 의인은 하나님께서 사랑하십니다. 하나님께서는 지극한 관심을 가지고 의인을 돌보시며, 그의 기도를 듣고 응답해 주십니다.

 당신은 하나님을 향한 순수하고 한결같은 신앙심을 소유하고 있습니까?

> "여호와를 경외하는 것은 지혜의 훈계라 겸손은 존귀의 앞 잡이니라"하여 났느니라"
>
> 잠 15:33

6월 8일

사무엘 브랭글 목사는 가난한 사람들을 생각하는 마음이 남달랐습니다. 그는 가난한 사람들이 어려움을 당하고 있는 것을 보고, 맡고 있던 교회를 사직하고 런던에 있는 구세군에 들어갔습니다. 처음으로 그가 한 일은 한 무더기의 흙투성이의 장화를 닦는 일이었습니다. 그는 속으로 불평하였습니다. 그러나 곧 예수께서 제자들의 발을 씻기신 일을 생각하면서 자신 또한 예수님처럼 섬기는 자가 될 수 있기를 기도했습니다. 그렇게 해서 브랭글 목사의 섬기는 삶은 시작되었습니다. 결국 그는 일생동안 많은 이들을 섬김으로 많은 열매를 거두었습니다.

사람들은 종종 "저로 머리가 되게 하고 꼬리가 되지 말게 하옵소서."하고 기도를 합니다. 사람들은 이런 기도를 하면서 높은 위치에서 호령하고 있는 자신을 상상합니다. 그러나 하나님은 "머리란 무릎 꿇고 섬기는 자"라고 말씀하십니다.

한편 하나님께서는 하나님을 경외하는 사람에게 지혜의 훈계를 주셔서 영적으로 성장시키고 인격을 성숙시키는 것입니다. 그러므로 우리는 두렵고 떨리는 마음으로 하나님을 섬기며, 겸손히 하나님께 순종하여야 합니다. 그리할 때 하나님께서 우리를 더욱 귀히 보시고 높여 주시므로 하나님과 사람들에게 존대함을 받게 되는 것입니다.

당신이 하나님을 섬김으로 받았던 복을 구체적으로 적어 보십시오.

"마음의 경영은 사람에게 있어도 말의 응답은 여호와께로서 나느니라"

잠 16:1

6월 9일

윌슨 대통령이 국제적인 협상 문제로 한참 어려움을 겪고 있을 때, 그는 하나님의 도우심의 손길이 절실히 필요함을 느꼈습니다.

윌슨 대통령이 각료 회의에 도착했을 때 그의 얼굴이 자못 엄숙해 보이는 것으로 보아 국가의 심각한 문제가 그의 마음속에 자리하고 있음이 분명했습니다. 그는 각료들에게 말했습니다. "여러분들이 기도의 능력을 믿는지 안 믿는지는 잘 모르겠지만, 전 믿습니다. 하나님께 기도하여 도움을 청했으면 합니다." 윌슨 대통령은 내각 의원들과 함께 무릎을 꿇고 전능하신 하나님께 도움을 얻기 위해 기도를 드렸습니다.

완벽하게 계획하고 준비하여 필사적으로 추진한다고 해서 일이 성공한다는 보장이 없고, 어설프게 일을 벌인 초보자라 해서 다 실패한다는 공식도 성립되지 않습니다. 우리의 말도, 일도 그 결과와 성패는 하나님께서 결정하시고 이루시는 것입니다.

 당신은 예수 그리스도의 제자라는 이름에 합당한 삶을 살고 있습니까?

> "사람의 행위가 자기 보기에는 모두 깨끗하여도 여호와는 심령을 감찰하시느니라"
>
> 잠 16:2

6월 10일

노르웨이의 작가 입센의 작품 중 "민중의 적"(1882년)이라는 것이 있습니다. 노르웨이 남부의 해안 거리에 스토크만 형제의 힘에 의해 온천이 개발되고, 그 온천은 그 거리를 발전시킬 것이 확실하므로 시민 모두의 희망이 되었습니다. 그런데 어느 날, 대학 실험실에서 날아온 한 통의 편지는 온천에 독물이 포함되어 있어 매우 위험하다는 결과를 전했습니다. 토마스는 형과 대립할 수 밖에 없었고, 서너 명을 제외한 모든 시민들로부터 배척을 당했습니다. 점차 소동의 진폭이 커지자 진상을 가려내기 위한 시민대회가 열렸고, 토마스는 여지없이 온천과 거리를 파괴하려는 '민중의 적'으로 낙인찍히고 말았습니다. 게다가 그의 가족들까지 모두 생매장되다시피 했습니다. 그러나 토마스는 다수자로부터 갖가지 압력을 당하면서 끝까지 진리와 정의를 위해 맞서 싸웠습니다.

하나님께서는 공평하고 공정하며 정확한 하나님의 자를 가지고 우리를 재십니다. 우리가 행위에 대해 재는 것과는 달리 하나님께서는 그 중심, 즉 심령을 꿰뚫어 보십니다. 과연 정의에 서서, 진리에 서서, 거룩함에 서서 행하였는가를 보십니다. 이러므로 하나님 앞에서 자기의 입장을 변명하고 자신의 의와 깨끗함을 주장하는 것은 쓸데없는 짓입니다.

 당신은 어떤 때 신앙의 위기를 느낍니까?

"너의 행사를 여호와께 맡기라 그리하면 너의 경영하는 것이 이루리라"

잠 16:3

6월 11일

1850년 1월 6일, 영국의 콜체스터 시는 심한 눈보라로 도시 전체가 마비되어 버렸습니다. 그리하여 한 십대 소년은 그가 늘 다니던 교회에 갈 수가 없어, 그는 가까이에 있는 교회에 들어가 예배에 참석하였습니다. 그 교회에서는 출타한 목사님을 대신하여 한 평신도가 서툴게 설교를 했습니다. 소년은 구원의 확신을 갖고 있지 못했습니다. 그 서툴게 준비한 대리 설교자는 별다른 말을 하지 않은 채, 다만 본문을 반복해 외칠 뿐이었습니다. 그 때, 설교자는 한쪽 구석에 앉아 있는 새 방문자를 바라보았습니다. 그는 그 방문자를 쳐다보면서 다음과 같이 말했습니다. "젊은이, 자네는 아주 피곤해 뵈는군. 예수 그리스도를 바라보게!" 그 때 그 젊은 청년은 믿음으로 그리스도를 바라보았는데, 이것이 바로 위대한 설교가 스펄전의 회심의 경험이었습니다.

사람은 항상 눈에 보이는 환경에 얽매어 낙심하고 좌절합니다. 그래서 세상의 헛된 것을 따르며, 미신이나 권력을 의지합니다. 그러나 그리스도인은 일단 하나님께 맡겨 놓은 다음에 '살든지 죽든지, 흥하든지 망하든지 주님만 믿고 따라갑니다'하고 요동치 않는 믿음으로 따라야 합니다. 그러면 사람이 보기에는 안 되는 것 같아도 하나님께서 친히 이끄셔서 인간의 방법이 아니니 하나님의 방법으로 멋있게 이루어 주시는 것입니다.

 당신은 날마다 십자가 앞에 나아가 죄를 고백하고 있습니까?

"여호와께서 온갖 것을 그 쓰임에 적당하게 지으셨나니 악인도 악한 날에 적당하게 하셨느니라"

잠 16:4

6월 12일

숲의 아름드리 나무들 사이에 재목으로 쓰이지 못할 만큼 심하게 구부러진 나무 한 그루가 있었습니다. 몇 십 년이 지난 뒤에 궁전을 지을 목수가 그 숲에 나타나서 목재를 고르기 시작했습니다. 그러나 구부러진 나무가 선택받는 기회는 오지 않았고, 나무는 그만 좌절하고 말았습니다.

그러던 어느 날 한 랍비가 그 숲을 지나가다가 커다란 그늘을 만들고 보기 좋게 구부러진 그 나무 밑에 당도해서 땀을 씻으며 앉았습니다. 이 때 구부러진 나무는 그 랍비를 붙잡고 자신의 신세를 하소연하였습니다. 그러자 랍비는 이렇게 말해 주었습니다. "나무야, 네가 그 때 선택되어서 뽑혀 갔다면, 지금의 나와 같은 사람에게 이런 휴식의 기쁨을 누가 주겠느냐?"

이 말을 들은 나무는 비로소 자기가 쓰일 곳을 깨달았습니다.

이 세상에 하나님께서 지으신 것 중에 필요 없는 것은 하나도 없습니다. 이 세상에 무용지물은 없는 것입니다. 사람도 그렇습니다. 선한 사람은 물론 악한 사람까지도 다 하나님의 뜻을 이루기 위해 지음 받았습니다. 바로의 맘을 강퍅하게 하사 이스라엘 백성들을 애굽에서 인도하신 것처럼, 때로 하나님께서는 악인을 의인을 징계하거나 깨닫게 하는 도구로 사용하시기도 합니다. 하나님께서는 모든 만물을 통해 그분의 뜻을 이루는 것입니다.

 당신은 많은 선택의 길에서 주저없이 주님 편에 설 준비가 되어 있습니까?

"사람의 행위가 여호와를 기쁘시게 하면 그 사람의 원수라도 그로 더불어 화목하게 하시느니라"

잠 16:7

6월 13일

'제노비즈의 경우'(Genovese Case)라는 말이 있습니다. 이것은 뉴욕 퀸스에서 발생하였던 실화에서 나온 말입니다.

1964년 키티 제노비즈가 살해되었습니다. 이 여자가 공격을 받고 살해되는 장면을 38개의 얼굴이 창문에서 바라보았는데 한 명도 경찰을 부르거나 나가서 도와주지 않았습니다.

뒤에 이들을 심문하였는데 38명이 한결같이 "다른 사람이 도와줄 것으로 생각했다"고 말하는 것이었습니다.

최근 미국의 몇 주는 위기를 보고도 도와주지 않는 사람을 처벌하는 법을 만들었다고 합니다. 가령 로드 아일랜드의 경우 이런 무관심한 사람에게 5백 달러의 벌금을 부과합니다.

사랑의 출발은 관심입니다. 또한 사랑은 상대방을 진심으로 배려하는 것입니다.

예수님께서 우리에게 명하신 새 계명은 '사랑의 계명' 입니다. 그러므로 우리는 예수님 안에서 하나님을 사랑하고, 이웃을 사랑하며, 원수까지도 사랑해야 합니다. 선한 사마리아인과 같은 그리스도인이 되어야 하는 것입니다.

그리스도의 명령에 순종하여 사랑을 실천할 때, 원수가 변하여 친구가 되는 놀라운 일이 일어납니다. 사랑에는 노여움과 불만을 녹이는 강력한 힘이 있습니다.

하나님께서 당신에게 특별히 허락하신 은혜는 무엇이라고 생각하십니까?

> "사람이 마음으로 자기의 길을 계획할지라도 그 걸음을 인도하는 자는 여호와시니라"
>
> 잠 16:9

6월 14일

제2차 세계대전 직후 설립된 한 '자매회'에서 있었던 일입니다. "당시 식량 사정은 매우 어려웠으며 많은 사람들이 굶주렸습니다. 자매회로 많은 자매들이 몰려왔으나 식량 문제가 심각한 골칫거리였습니다. 당시 식량 사정은 두 명이 먹을 양만 비축되어 있었고 다른 먹을 것이나 돈, 의류, 가재 도구 등은 거의 없는 상태여서 겨울 동안 무엇을 먹고 어떻게 살아가야 할지 암담한 상태였습니다. 그러나 자매회의 자매들은 하나님을 향한 믿음을 잃지 않았습니다. 취사를 담당한 자매들은 매일 저녁 감자가 몇 개밖에 저장되어 있지 않은 지하실에서 감자가 떨어지지 않게 해달라고 간절하게 기도하였습니다. 그런데 놀랍게도 겨울 동안 7명의 손님들이 더 머물렀는데도 감자가 모자란 적이 없었습니다. 더욱이 하나님께서는 사람들의 마음을 감동시키셔서 필요한 가재 도구도 보내주셨습니다. 하나님께서 자매회를 돌보셨습니다."

하나님의 뜻대로 계획한 일은 하나님께서 이루십니다. 좋은 일이라고 해서 반드시 하나님께서 기뻐하시는 것은 아닙니다. 하나님께서 원하시는 일을 하는 것을 하나님께서는 기뻐하시고 이루어 주십니다. 따라서 하나님께서 친히 그 일을 이루시도록 부단히 기도하며 하나님을 의지하여야 하는 것입니다.

 당신은 삶의 우선 순위를 차례로 적어 보십시오.

"하나님의 말씀이 왕의 입술에 있은즉 재판할 때에 그 입이 그릇하지 아니하리라"

잠 16:10

6월 15일

역사가 윌리엄 H. 프레스코트는 스페인의 페루 침략자 프란시스코 피자로 장군의 생애에 있었던 한 사건을 설명해 주었습니다.

피자로는 위기의 지경에 처했을 때, 칼을 들어 동에서 서로 펼쳐진 모래사장을 따라서 경계선을 긋고는 남쪽을 향하여 돌아서서 말했습니다. "친구들이여, 그 쪽은 수고와 배고픔과 헐벗음, 억수같은 폭우, 황폐와 죽음이 있지만, 이 쪽은 안락과 기쁨이 있다. 페루는 부를 가지고 있으나, 여기 파나마는 가난을 가졌다. 각자가 용감한 카스틸리안이 되는 최선을 선택하라. 나는 남쪽으로 간다."

우리는 인생을 살면서 끊임없이 판단하고 선택하게 됩니다. 선택의 기로에서 하나님의 말씀에 기초해서 판단하고 선택하면 절대로 잘못되지 않습니다. 그러므로 우리는 항상 하나님의 말씀으로 충만하여, 순간순간 공정하고 올바른 판단을 내리고 선택을 해야겠습니다.

 당신은 삶 가운데에서 늘 하나님의 편에 서고자 노력합니까?

"교만은 패망의 선봉이요 거만한 마음은 넘어짐의 앞잡이니라"

잠 16:18

6월 16일

재정난을 겪고 있는 한 학교에, 하루는 큰 부자가 찾아와 벽에 칠을 하고 있는 백발의 한 남자에게 학장실이 어디냐고 물었습니다. 그 칠장이가 학교 안의 한 건물을 가리키면서 정오쯤 돼야 거기에 학장이 있을 거라고 말했습니다. 방문객이 그 시간에 맞춰 학장실을 방문했더니 비록 의상은 다르지만 운동장에서 자신과 말을 나눈 바로 그 사람이 문을 열었습니다. 방문객은 초대를 받아들여 칠장이 학장과 점심을 하며 대학의 필요한 것들에 대해 묻고 작은 헌금을 보내겠노라고 말했습니다. 이틀 후 5만 달러에 해당하는 수표가 담긴 편지를 받았습니다. 대학 학장의 지위에도 거만하지 않고 작업복을 입고 급한 일을 할 수 있는 한 인간의 겸손은 돈주머니의 끈을 풀 수 있게 했습니다.

인생은 혼자서는 살 수 없습니다. 사랑의 징검다리를 밟고서 인생이라는 큰 바다를 건너가는 것입니다. 그러므로 사람과 사람 사이의 유대 관계가 좋아야 합니다. 겸손하고 온유한 사람은 인간 관계가 좋습니다. 그러므로 앞에서 끌어 주고 뒤에서 밀어 주어 큰 어려움 없이 인생 길을 순탄하게 나아가게 됩니다.

그러므로 우리는 겸허하게 하나님 앞에 낮아져서 겸손과 온유로써 좋은 인간 관계를 맺고서 영원한 영광이 기다리고 있는 하늘 나라를 향해 인생 항로를 힘차게 헤쳐 나가야겠습니다.

 오늘 당신의 최대 관심사의 내용은 영적인 것입니까? 육적인 것입니까?

"강포한 사람은 그 이웃을 꾀어 불선한 길로 인도하느니라"

잠 16:29

6월 17일

여관을 운영하는 모녀가 있었습니다. 어머니는 이곳에서 어렸을 때 집을 떠난 아들을 기다렸습니다. 가난과 고독에 시달린 모녀는 어느 날부터 부유하게 보이는 남자 손님을 살해한 후 금품을 빼앗고 시체를 강물에 던져버렸습니다.

어느 날, 말쑥한 차림의 한 청년이 여관을 찾았습니다. 청년은 고향을 떠난 후 크게 성공해 가족을 만나러 귀향하던 길이었습니다. 모녀는 청년에게 독약을 먹인 후 강물에 던졌습니다. 여인은 지갑에서 돈을 꺼내다가 피살자의 신분증을 보고 절규했습니다. 그는 바로 자신이 지금까지 기다려온 아들이었던 것입니다.

이것은 알베르 카뮈의 소설 '오해'의 줄거리입니다.

죄의 유혹은 언제, 어떻게 시작되는 지 알 수 없습니다. 그런데 늘 하나님 앞에 올바로 서고자 노력하지 않는 한 인간은 항상 죄의 유혹에 처합니다.

본 절의 '강포한 사람'이란 포악한 사람, 즉 완력을 쓰고 무자비한 행동을 하여 남을 해치는 사람을 말합니다. 이런 사람은 이웃을 꾀어서 자기와 똑같이 강포한 자로 만듭니다. 죄의 유혹은 한 순간입니다. 따라서 그리스도인은 항상 성령님의 인도하심에 모든 것을 의지해야 할 것입니다.

 오늘 당신이 선 자리가 혹 죄의 자리는 아닙니까?

"눈을 감는 자는 패역한 일을 도모하며 입술을 닫는 자는 악한 일을 이루느니라"

잠 16:30

6월 18일

황새가 논두렁에서 눈을 감고 묵묵히 앉아 있었습니다. 이것을 본 산비둘기가 물었습니다. "황새 선생, 왜 눈을 감고 있소?"

"사람이나 짐승, 심지어 식물까지 전부 도둑놈이라 보기 싫어서 눈을 감고 있다네." 산비둘기는 '참 훌륭한 황새다.' 라고 생각하였습니다. 그리고 마침 자기 새끼들을 맡길 곳이 없던 중에 잘됐다 하며 물었습니다.

"내가 지금 먹을 것을 구하러 가야 되는데 내 새끼들을 좀 봐주시겠어요?" 황새는 쾌히 승낙하였습니다. "그것쯤 어렵지 않소." 그러고는 여전히 점잖게 눈을 감고 있었습니다.

얼마 후 산비둘기가 먹이를 가지고 돌아왔으나 새끼들이 보이지 않자 황새에게 물었습니다. "황새님, 내 새끼들이 어딜 갔소? 어딜 갔단 말이오?" 그러자 황새는 시치미를 떼며 말했습니다.

"내가 눈을 감고 있는데 어떻게 안단 말이오?"

악인은 눈을 감고 생각에 깊이 몰입하여 남을 해칠 계획을 세웁니다. '어떻게 하면 성공적으로 해치울 수 있을까?' 하고 치밀하게 궁리하며 가장 효과적인 방법을 찾아냅니다. 그리고 나서 그 계획을 발설하지 않고 입을 꼭 다문 채 실행에 옮김으로써 악한 일을 성취시킵니다. 이에 그리스도인은 악인의 올무에 걸리지 않도록 끝없이 하나님의 도우심을 간구해야 할 것입니다.

행여 타인을 곤궁에 처하게 하지 않았는지 반성해 봅시다.

 "백발은 영화의 면류관이라 의로운 길에서 얻으리라"

잠 16:31

6월 19일

41년 동안 한 교회에서 목회를 하였던 발드윈(Baldwin) 박사는 30세 때 세계의 철학과 종교들을 모두 살펴본 후, "예수의 복음보다 더 좋은 것은 없다."라고 말했습니다. 그리고 40세에 "복음서 같이 좋은 것은 없다."라고 말했습니다. 주인을 잃은 빈 의자가 동그마니 놓여 있고 무덤을 만드는 사람이 도와주겠다고 할 때인 50세에는 "복음서와 비교할 만한 것이 없다."라고 말했습니다. 또한 세상의 모든 것들이 무상하게 보이는 60세에는 "복음서 외에는 없다."라고 말했습니다. 많은 것이 제한되고 빼앗기는 70세에는 "사람들의 생각은 나의 믿음을 공격할 것이고 나는 그들에게서 무상함과 거짓에 가득 참을 볼 것이며 그 때 나는 나의 가슴을 복음으로 묶을 것이다."라고 노래했습니다.

오로지 하나님만을 믿고 섬기며 경건하고 의롭게 한평생을 살아 온 노인의 백발은 그 무엇보다도 영화로워 보이며, 일생을 믿음으로 경주한 인생의 승리자가 쓴 면류관처럼 찬란해 보입니다. 그러나 똑같은 백발 노인이라도 악하고 추하게 살아 온 사람의 백발은 영화로워 보이기는 커녕 오히려 추해 보입니다. 그러므로 우리는 남은 여생을 하나님 안에서 의롭고 거룩하고 정결하게 보내어 우리의 노년에 참으로 영화로운 모습을 보일 수 있도록 해야겠습니다.

 당신의 모습에서는 영화로운 그리스도인의 모습이 나타나고 있습니까?

> "마른 떡 한 조각만 있고도 화목하는 것이 육선이 집에
> 가득하고 다투는 것보다 나으니라"
>
> 잠 17:1

6월 20일

어느 마을에 화평한 가정이 있었습니다.

하루는 친구가 와서 화평하게 사는 방법을 물었습니다.

주인은 곧 큰 아들을 불러서 밭에 이삭이 갓 패인 보리를 베어 묶어 세우라고 하였습니다. 그러자 아들은 보리를 벨 때가 아니지만 아버지가 하라는 대로 하였습니다. 그런데 아버지는 그것을 중단시키고 이제는 소를 지붕 위로 올리라고 하니 아들은 또 소를 지붕에다 끌어올리려고 애썼습니다.

이것을 본 친구는 '화평의 비결이 이것이구나'하고 깨닫게 되었습니다. 그래서 곧장 집으로 가서 아들을 불러서 "보리를 베어 묶어라"라고 하자 아들이 대답하기를 "아버지 식전에 어디 갔다 오시더니 노망이 들었소?"하며 말을 듣지 않았습니다.

이것을 본 아버지는 "우리 가정은 화평하긴 틀렸구나."하며 한탄하였습니다.

우리 행복의 근원은 정신적인 것에 있지 물질적인 환경에 있는 것이 아닙니다. 부부간에 갈등 없이 서로 신뢰하고 사랑하며, 부모 자식간에 서로 사랑하고 존경하고 사는 가정에 흐르는 훈훈한 분위기는 실로 그 무엇으로도 살 수 없는 행복입니다. 가정의 행복이야말로 가장 큰 재산이라는 것을 알고, 화목하고 행복한 가정을 이루는 데 힘써야겠습니다.

가족간의 갈등을 어떻게 해결하고 있습니까?

 "도가니는 은을, 풀무는 금을 연단하거니와 여호와는 마음을 연단하시느니라"

잠 17:3

6월 21일

다섯 살 때 피아노를 시작한 아르헨티나인 소년이 있었습니다. 그는 콩쿠르에 출전할 때마다 상을 휩쓸어 '피아노의 신동'으로 불렸습니다. 스무 살 때는 세계적인 피아니스트요 지휘자로 이름을 날렸습니다. 한창 명성을 쌓아가던 그는 오른손 셋째와 넷째 손가락의 신경이 마비되는 불의의 사고를 당했습니다. 그의 음악인생은 비극으로 끝날 것만 같았습니다. 그러나 그는 고난 속에서 희망의 불빛을 바라보았습니다.

"내겐 아직 왼손이 있다. 오른손이 안되면 왼손으로 더 열심히 피아노를 연주할 것이다."

그는 피나는 노력으로 다시 한번 세인들을 놀라게 만들었습니다. 손가락이 보이지 않을 정도로 날렵한 핑거링은 양손을 가진 사람을 무색하게 만들었습니다. 그의 이름은 라울 소사. 최근 한국공연에서 청중들로부터 기립박수를 받은 피아니스트의 이름입니다.

하나님께서는 불 같은 시험으로 원석 같은 우리의 마음을 연단해서 순수한 사람으로 만드십니다. 하나님께서는 우리의 마음속에서 부정과 불의와 악과 거짓과 교만과 탐심과 미움 등 온갖 불순물을 제거하시고, 정의롭고 선하고 성실하고 정직하고 진실하고 겸손하고 온유하고 거룩하게 변화시키십니다.

 당신은 어떤 기도를 드릴 때 하나님의 손길의 움직임을 체험합니까?

"가난한 자를 조롱하는 자는 이를 지으신 주를 멸시하는 자요 사람의 재앙을 기뻐하는 자는 형벌을 면치 못할 자니라"
잠 17:5

6월 22일

미국 로스앤젤레스의 사우스 센트럴. 이곳은 미국에서도 대표적인 홈리스(노숙자) 밀집촌입니다.

이곳에 사는 '코리아 마마' 글로리아 김(김연웅, 57)선교사에게 얼마 전 많은 손님들이 몰려들었습니다. 2개월 전 김씨 교회에 화재가 났을 때 불을 꺼준 로스앤젤레스 소방관들이었습니다. 소방관들은 김씨에게 1천 달러 짜리 수표를 전달했습니다. 가난하고 위험한 동네에서 11년째 자선 사업을 벌이고 있는 '코리아 마마'가 화재로 집을 잃었다는 사연에 한 독자가 보내온 선물이었습니다. 소중한 사진 몇 장 외에는 세간살이까지 모조리 불길에 잃은 김 선교사는 오히려 "홈리스들을 위한 간이 휴게소가 없어졌다."며 안타까워했습니다.

김 선교사는 매일 새벽 4시면 몸을 일으켜 부엌으로 갑니다. 그리고 자원 봉사자 몇몇과 샌드위치와 따뜻한 수프 2백 인분을 준비합니다.

가난하고 헐벗고 못산다 해서 멸시하고 조롱하는 것은 그 사람에게 하는 것 같아도 사실은 하나님께 하는 것입니다. 하나님께서는 이 세상 모든 사람을 하나님의 형상과 모양대로 지으셨습니다. 그렇기 때문에 가난하다는 이유로 조롱을 하면 그 가난한 사람을 지으신 하나님을 조롱하는 것이 되는 것입니다.

 당신이 이타적인 삶을 살기 위해 실천하고 있는 것은 무엇입니까?

"손자는 노인의 면류관이요 아비는 자식의 영화니라"

잠 17:6

6월 23일

토머스 에디슨은 너무 어리석어 '우둔한 아이'라는 평을 들었습니다. 5살 때는 오리의 알을 품에 넣고 부화를 시도한 몽상가였습니다. 그는 13살 때 퇴학을 당했습니다.

조각가 로댕의 학교성적은 항상 꼴찌였습니다. 예술학교 입학을 세 번이나 거부당했으며 그의 아버지는 '왜 하필 우리 집에 이런 바보가 태어났는가' 라며 통탄했다고 합니다.

아인슈타인의 수학성적은 항상 낙제점이었습니다. 그는 4살 때까지 전혀 말을 할 줄 몰랐고, 7살 때 겨우 책을 읽을 수 있었습니다. 담임선생은 '정신발달이 느리고 사교성이 없으며 환상에 사로잡힌 아이' 라고 혹평했습니다.

학교성적이 좀 떨어졌거나 입시에 실패한 자녀의 기를 단번에 꺾어서는 안됩니다. 오히려 지혜로운 부모들은 자녀의 소질을 발견하려고 노력합니다.

부모가 있는 아이는 부모에게 의지할 수 있으므로 쉽게 좌절하거나 절망하지도 않습니다. 그러나 모든 부모가 아이에게 있어서 이런 부모가 되는 것은 아닙니다. 건전하고 정직하고 성실하며 자녀에게 애정과 관심을 쏟는 부모의 교육을 통해 훌륭한 자녀가 탄생한다는 것을 기억하시기 바랍니다.

눈에 보이는 것만으로 사람들을 평가하거나 책망하지는 않습니까?

"분외의 말을 하는 것도 미련한 자에게 합당치 아니하거든
하물며 거짓말을 하는 것이 존귀한 자에게 합당하겠느냐"
잠 17:7

6월 24일

미국 정치사에서 가장 정직했던 대통령으로 그로버 클리블랜드를 뽑고 있습니다. 그의 좌우명은 "오직 진실만을 말하겠다"였습니다.

그가 대통령 선거전에 나섰을 때 '뉴욕 월드지'는 클리블랜드를 지지할 수밖에 없는 이유를 다음과 같이 적고 있습니다.

첫째, 그는 정직한 사람이다.
둘째, 그는 정직한 사람이다.
셋째, 그는 정직한 사람이다.
넷째도 그는 정직한 사람이다.

얼마나 진실하고 정직하게 살았던지 상대측으로부터의 비방도 "꼴사납게 정직하다"는 말을 들을 정도였습니다.

이런 것으로 보아 클리블랜드 대통령이 매우 진실했던 것만큼은 틀림없었던 것 같습니다.

국민들의 신망을 받는 지도자는 진실하고 정직해야 합니다. 지도자 한 사람이 잘못된 발언을 하면 국민 전체가 잘못됩니다. 그러므로 무엇을 하나 하더라도 심사 숙고하고 철저히 연구해서 결정을 내리고, 일단 결정하고 발표한 것은 흔들림 없이 시행하여야 합니다. 최고 지도자의 존귀한 위치에 있더라도 조석으로 말이 바뀌면 국민의 신뢰와 호응을 기대할 수 없습니다.

 당신은 사람들에게 얼마나 신뢰를 주는 사람입니까?

"허물을 덮어 주는 자는 사랑을 구하는 자요 그것을 거듭 말하는 자는 친한 벗을 이간하는 자니라"도하는 자는 여호와시니라"
잠 17:9

6월 25일

알렉산더 대왕이 거대한 제국을 건설한 후 더 늙기 전에 자신의 초상화를 남기고 싶었습니다. 그는 유명한 화가들을 모두 불러 초상화를 그리게 했으나 만족할 만한 작품이 나오지 않았습니다. 왜냐하면 알렉산더의 얼굴은 전쟁에서 입은 상처 때문에 흉악한 모습을 하고 있었기 때문입니다. 많은 화가들이 이 흉터 때문에 알렉산더의 얼굴을 무섭고 잔인하게 그렸습니다.

그 때 평소 알렉산더를 존경하던 한 화가가 나섰습니다. 화가는 알렉산더를 테이블 위에 앉히고 손으로 턱을 고이게 한 후 손가락으로 얼굴의 흉터를 자연스럽게 가리도록 요구했습니다. 그리고 흉터를 감쪽같이 감춘 웅장한 초상화를 완성했습니다. 알렉산더는 그제야 흡족해 하며 그 화가에게 큰 상을 베풀었습니다. 사랑의 마음이 알렉산더의 흉터를 감춰준 것입니다.

사랑은 허다한 허물을 덮지만, 미움은 허물을 자꾸 파냅니다. 있는 허물뿐 아니라 없는 허물까지 파냅니다. 미움이 있을 때에는 상대방의 허물을 파내고 그것으로 협박을 합니다. 뿐만 아니라 다른 사람들 앞에서 허물을 들추어내서 망신을 주고, 친구들을 찾아다니면서 험담을 해서 사이가 벌어지게 만듭니다. 베드로전서 4장 8절에 "무엇보다도 열심히 서로 사랑할지니 사랑은 허다한 죄를 덮느니라"고 했습니다.

 이웃의 허물을 덮어주고자 노력할 일을 적어봅시다.

"차라리 새끼 빼앗긴 암곰을 만날지언정 미련한 일을 행하는 미련한 자를 만나지 말 것이니라"

잠 17:12

6월 26일

요동 지방의 한 노인이 돼지 머리가 흰 것을 보고 매우 신기하게 생각했습니다. 그래서 그는 그것을 임금님께 바치기로 결심하고 하동(河東)지방으로 갔습니다. 그런데 그곳의 돼지 머리가 모두 흰 것을 보자 그는 부끄러워서 집으로 되돌아왔다고 합니다.

이 고사에서 유래되어 '요동시'(遼東豕)란 말이 나왔는데 그것은 식견이 좁으면서도 잘난 체하는 사람, 혹은 견문이 좁은 사람을 뜻합니다.

무지하고 어리석은 사람은 사나운 암곰보다 더욱 사람을 힘들게 만듭니다. 무지하면서도 스스로를 알지 못하고 고집을 피우면 정작 지혜로운 사람, 지식인이 어려움에 처하기도 합니다.

또한 이런 사람은 자신만을 아는 이기적인 성향을 가지고 있기 때문에 상대방을 배려하지 않습니다. 그래서 미련한 사람은 더할 수 없이 잔혹하고 파괴적이며, 언제 무슨 일을 터트릴지 모르는 다이너마이트 같고, 한번 하겠다고 생각한 것은 고집스럽게 하므로 아무도 말릴 수 없습니다. 그러므로 우리가 위험을 당하지 않으려면 미련한 사람을 피해야 하는 것입니다.

 지혜를 얻기 위해 당신은 어떠한 노력을 하고 있습니까?

> "다투는 시작은 방축에서 물이 새는 것 같은즉 싸움이 일어나기 전에 시비를 그칠 것이니라"
>
> 잠 17:14

6월 27일

몇 년 동안 두 사람의 수도사가 다정하게 살아 왔습니다. 어느 날, 한 수도사가 그들의 단조로운 생활 방식에 대해 말하였습니다. "매일의 단조로운 생활을 벗어나서 세상 사람들이 하는 대로 생활해 봅시다." "그러면, 세상 사람들이 하는 것이란 무엇이지?" "글쎄, 한가지 아는 것은 서로 다툰다는 것이야."

그들은 너무나 오랫동안 하나님의 사랑에 충만해 있어 싸우는 방법을 잊었습니다. 한 수도사가 질문하였습니다. "세상 사람들은 어떻게 싸우지?" 다른 수도사가 대답하였습니다. "저 바위를 봐. 저 바위를 가운데 놓고 자네 것이라고 말해보게." 한 수도사의 말에 다른 수도사는 "이 바위는 내 것이야."라고 말했습니다. 서로의 우정을 매우 소중히 여기는 수도사는 잠시 생각한 후 말하였습니다. "친구여, 만약 그 돌이 자네 것이라면 갖게." 결국 싸움을 할 수 없었습니다.

사소한 일로 시비가 붙었을 때 계속 대응하여 맞서다 보면 큰 싸움이 되고 맙니다. 큰 싸움을 피하려면 시비를 그쳐야 합니다. 대개 시비를 걸어오는 사람은 싸우기로 작정한 사람입니다. 내가 한발 양보하여 지고 시비를 그치면 큰 싸움을 면하고 마음속에 평안을 유지할 수 있습니다. 그러므로 그리스도인은 온유와 인내로써 사태를 가라앉히는 지혜자가 되어야겠습니다.

 당신은 온유와 인내로 화목을 이루는데 힘쓰고 있습니까?

> "친구를 사랑이 끊이지 아니하고 형제는 위급한 때까지 위하여 났느니라"
>
> 잠 17:17

6월 28일

 찰스 램은 그의 생애 중에서 여자에 대한 깊은 사랑을 느낀 적이 있었으나 자신의 가족에게 자신이 더욱 필요하다는 것을 깨닫고 결혼을 포기했습니다. 아들로서, 형제로서 그리고 남편과 같은 존재로서, 그는 자신의 가족, 특히 가끔 정신발작을 일으키는 누이 메리를 위해서 가정을 지키는 천사가 되었습니다.

 미쳐버린 그의 누이가 그의 어머니를 찌른 후로 그는 누이를 위해서 자신을 희생했습니다. 38년간 그는 지극한 정성으로 그녀를 돌보았던 것입니다. 한 친구는 램과 그의 누이가 손을 잡고 집에서 나와 다시 정신병원으로 걸어 들어가면서 눈물을 흘리던 일을 이야기하곤 했습니다. 그러나 램이 집안에 있음으로써, 그의 집은 공허한 장소가 되지 않을 수 있었습니다.

 진정한 친구가 한두 명이라도 있는 사람은 굉장히 행복한 사람입니다. 그런데 그런 친구보다 더 끈끈한 관계에 있는 것이 형제입니다. 형제는 한 부모에게서 한 핏줄을 받고 태어났기 때문에 좋으나 싫으나, 죽으나 사나 형제입니다. 겉으로는 아무리 미워하고 다투고 원한을 품은 것 같아도 그 속에는 같은 피가 흐르기 때문에, 형제는 위기에 처한 형제를 위해 끝까지 남아서 도와주는 것입니다.

 형제간의 우애를 위해서 당신이 노력한 것을 적어봅시다.

> "의인을 벌하는 것과 귀인을 정직하다고 때리는 것이 선치 못하니라"
>
> 잠 17:26

6월 29일

A.D. 300년쯤 수도원 운동의 창시자였던 안토니오의 제자 마카리우스는 성인으로 칭송을 받았습니다.

그가 있던 수도원 근처 마을에서 한 여인이 부정한 임신 사실이 드러나자 '아기의 아버지는 마카리우스'라고 거짓말을 했습니다.

마카리우스는 마을 사람들에게 몰매를 맞고 배척받았으나 웃으며 침묵을 지켰고 노동으로 번 돈을 그 여인에게 주었습니다.

이런 사랑으로 결국 여인은 사실을 말했고 마을 사람들은 그에게 용서를 구했습니다.

그러나 그는 조용히 웃으며 사막의 동굴로 들어가 수도했다고 합니다.

의인을 악하다고 몰아세워서 잡아다가 처벌하는 것과, 착하고 인격이 훌륭한 귀인을 정직하다는 이유로 때리는 것은 옳지 못합니다. 이런 일은 하나님의 공의를 짓밟는 것으로, 어느 개인이나 가정이나 사회가 망할 때에 하는 짓입니다. 한 나라가 불안정하고 어수선할 때에 의인이 형벌을 받고 정직하게 사는 사람이 핍박을 받는 현상이 나타나고, 이처럼 공의가 무너진 나라는 망하고 마는 것입니다.

 당신은 공의를 위해서 핍박을 받을 때도 감사할 수 있습니까?

> "미련한 자라도 잠잠하면 지혜로운 자로 여기우고 그 입술을 닫히면 슬기로운 자로 여기우느니라"
>
> 잠 17:28

6월 30일

타우라스산(Mount Tauras)의 정상 후미진 골짜기에는 독수리들이 많이 서식하고 있는 곳으로 알려져 있습니다. 그런데 그 독수리들에게는 두루미가 가장 좋은 먹이 감이라고 합니다. 한편 두루미들은 아주 떠들기를 좋아하는 새들로서 특히 날아다닐 때 큰 소리를 내며, 이러한 소리들은 곧잘 독수리에게는 좋은 신호가 되어 여행 중 소란스럽게 떠들어대는 몇몇 놈들은 독수리의 밥이 된다고 합니다.

그래서 나이 많고 경험이 풍부한 두루미들은 그들의 소란스러운 약점을 드러내지 않고 위험을 피하기 위하여 여행 전이면 항상 그들의 입에 가득 찰 정도의 크기인 돌을 집어 물음으로써 불가피하게 침묵을 유지, 위험에서 벗어나곤 한다는 것입니다.

말이 많으면 실수가 많을 수밖에 없습니다. 더구나 말을 많이 하다보면 내면의 생각들이 드러나게 되고, 이로 인해 낭패를 당하기도 합니다. 즉, 지식과 실력의 정도도, 인격과 성품도, 됨됨이도 여실히 드러나고 마는 것입니다. 그러나 입을 꼭 다물고 침묵하는 사람의 속에는 무엇이 들어 있는지, 어떤 사람인지 알 수가 없습니다. 그러므로 때로는 침묵을 통해 자신의 인격을 성장시켜 보시기 바랍니다.

 말을 많이 함으로 실수했던 일을 적어봅시다.

잠언으로 여는 365일

(7월 ~ 12월)

잠언으로 여는 365일

7월

"여호와의 이름은 견고한 망대라
의인은 그리로 달려가서
안전함을 얻느니라"
(잠언 18:10)

"누구든지 악으로 선을 갚으면 악이 그 집을 떠나지 아니하리라"
잠 17:13

7월 1일

한 불우한 소녀가 있었습니다. 그녀는 너무 가난했으며 아사 직전 이웃에게 발견돼 겨우 목숨을 건진 적도 있었습니다. 설상가상으로 제2차 세계대전이 발발하여 굶주림에 허덕였습니다. 그 때 한 구호단체가 그녀에게 구호품을 전달했습니다. 그 단체는 국제연합아동구호기금(UNICEF)이었습니다. 소녀는 구호 빵을 먹으며 위기를 극복했습니다. 그리고 장성해 세계적인 영화배우가 됐습니다. 그 소녀의 이름은 오드리 헵번(Audrey Hepburn)으로 그녀는 세상에 사는 그 날까지 이 단체의 홍보대사로서 전 세계를 다니며 굶주린 어린이들을 도왔습니다. 그녀는 늘 "절망의 늪에서 나를 구해준 분들을 위해 이제 내가 봉사할 차례다."라고 했습니다.

세상을 살다 보면 은혜를 은혜로 갚는 사람이 참 드뭅니다. 사람들 중에는 은혜를 받는 만큼 악으로 갚는 사람이 있습니다. 자기가 남에게 은혜를 받았다는 것이 열등의식과 좌절감을 가지고 오기 때문입니다. 그러나 이처럼 배은 망덕한 악인의 집안에는 악이 떠나지 않습니다. 하지만 은혜를 은혜로 갚으면 은혜가 떠나지 않습니다. 그리고 이에서 한 걸음 더 나아가 원수에게도 은혜를 베풀어야 합니다. 그것이 우리 그리스도인의 마땅히 행할 바요 하나님의 복을 유업으로 얻는 길입니다.

당신은 얼마나 이웃에게 도움의 손길을 베풀었습니까?

> **"마음의 즐거움은 양약이라도 심령의 근심은 뼈로 마르게 하느니라"**
> 잠 17:22

7월 2일

어떤 사람이 한 회사의 이사회에 참석한 일이 있었습니다. 거기에 모인 여러 사람들의 소리를 듣고 있으니까 주님께서 이 사업체를 떠나셨구나 하는 것을 알 수 있었습니다. 모인 사람들이 하는 대화는 모두가 다 어두운 미래에 대한 것이었습니다. 그 사람은 이렇게 물어보았습니다. "여기 모인 여러분들, 최근에 여러분들이 읽은 책은 무엇입니까?" 참석한 사람들이 대답하기를 무슨 잡지, 무슨 신문, 소설 등이었습니다.

그 때 그 사람이 말하기를 "여러분은 잘못된 책만을 읽었습니다. 우리의 마음속에 환경에 구애됨이 없이 항상 기쁨을 불어넣어 주는 책은 오직 하나님의 말씀입니다."

오늘날 수많은 사람들이 심장병, 고혈압, 당뇨병 등 온갖 성인병을 앓고 스트레스로 인한 각종 질병과 암에 시달리고 있습니다. 그런데 이러한 대부분의 병들은 기쁨을 잃고 과로와 스트레스에 시달리는 사람들에게 생깁니다. 바로 이러한 모든 질병의 궁극적 치료약은 바로 기쁨입니다.

그러므로 우리는 염려와 근심이 생길 때마다 주님께 나아와 기도해서 다 털어 버리고, 우리의 심령을 주님의 평안과 기쁨으로 충만히 채워야 합니다. 이것이 바로 삶의 활력을 얻는 길이요, 최고의 건강비결입니다.

 당신은 기쁨의 근원이 되시는 하나님 안에서 살고 있습니까?

"지혜는 명철한 자의 앞에 있거늘 미련한 자는 눈을 땅 끝에 두느니라"
잠 17:24

7월 3일

작은 배가 몇 시간 동안 폭풍우에 시달리게 되었습니다. 드디어 폭풍우은 자고 바다는 고요해졌으나 엔진이 고장나는 바람에 배는 며칠이고 표류하게 되었습니다. 마침내 배 안에 마실 물이 바닥나서 승객들은 목이 말라 죽어가고 있었습니다.

그 때 수평선 저 너머 멀리서 큰배가 천천히 다가오는 것이 보였습니다.

승객들은 갈라진 입술로 소리쳤습니다.

"물, 물 좀 주시오!"

"물동이를 내려요. 여기는 아마존 강입니다."

배가 바다에서 강으로 거슬러 올라간 줄을 몰랐기에 물을 옆에 두고도 모두가 목말라 죽을 뻔했던 것입니다.

우리의 인생 문제의 해답인 지혜는 바로 우리 곁에 있습니다. 지혜의 영이신 하나님의 성령께서는 우리 곁에, 우리 안에 계십니다. 그러므로 우리가 바로 지금 이 자리에서 하나님께 무릎 꿇고 기도하여 성령님의 도우심을 구하면 지혜를 얻어서 문제를 해결할 수 있습니다.

당신은 늘 성령님과 함께 하여 지혜를 구하십니까

> "미련한 아들은 그 아비의 근심이 되고 그 어미의 고통이 되느니라"
> 잠 17:25

7월 4일

"도대체 자녀교육은 언제 시작하는 것이 좋은가요?"
한 여성이 교육가인 프랜시스 웨이랜드 파커에게 물었습니다.
"꼬마 나이가 몇 살이지요?"
"다섯 살입니다."
"아이고 맙소사! 부인, 시간 낭비할 틈이 없어요. 서두르세요. 벌써 가장 중요한 5년의 시기를 놓쳤습니다."

자녀교육에 있어서 가장 중요한 것은 그들이 하나님을 경외하는 아이들로 성장하게 하는 것입니다.

그들이 하나님을 경외할 때 지혜는 물론, 부모의 영광이 되는 자녀로 성장하는 것입니다. 자녀교육의 중요성은 아무리 강조해도 모자람이 없습니다.

우리 모두는 하나님의 자녀입니다. 따라서 우리도 하나님께 근심과 고통이 되는 자녀가 아니라 하나님께 영광을 돌리는 자녀가 되도록 해야합니다.

 당신은 자녀를 하나님을 경외하는 사람으로 교육시키고 있습니까?

> **"말을 아끼는 자는 지식이 있고 성품이 안존한 자는 명철하니라"**
> 잠 17:27

7월 5일

탈무드에서는 현인이 되는 조건을 다음과 같이 이야기하고 있습니다.
1. 자기보다 현명한 사람이 있을 때에는 침묵한다.
2. 상대방의 이야기를 중단시키지 않는다.
3. 대답할 때에는 당황하지 않는다.
4. 항상 적절한 질문을 하고, 조리 있는 대답을 한다.
5. 자기가 알지 못할 때에는 그것을 인정한다.
6. 진실을 인정한다.

"빈 수레가 요란하다"는 말처럼 모든 것을 다 아는 듯한 말이 많은 사람들은 대부분 지식이 얕습니다. 이와 반대로, 진짜 지식이 많고 명철한 사람은 말을 아끼고 신중합니다. '성품이 안온한 자'란 말은 마음이 평온하고 안정되고 조용하고 침착하며 냉정한 사람을 가리킵니다. 이러한 사람은 신중하고 절제력이 있어서 생각 없이 함부로 말하는 실수를 저지르지 않습니다.

혹 가벼운 말로 이웃에게 상처를 주지는 않았는지 반성해 봅시다.

"무리에게서 스스로 나뉘는 자는 자기 소욕을 따르는
자라 온갖 참 지혜를 배척하느니라"   잠 18:1

7월 6일

개와 사람과 고양이 그리고 매가 앞으로 서로 진심으로 사랑하면서 한집에서 살고 식사도 함께 나누며 정답게 지내자는 약속을 했습니다. 이런 약속을 맺은 날, 그들 넷은 사냥을 나갔습니다. 너무 먼 길을 걸어서 피곤했기 때문에 그들은 시냇가에서 쉬게 되었습니다. 그 때 숲 속에서 큰 곰 한 마리가 입을 벌리고 어슬렁거리며 기어 나왔습니다. 그러자 그들은 모두 언제 약속 했느냐는 듯이 서로 제 목숨을 구하기에 정신이 없었습니다. 매는 공중으로 날아가 버렸고 고양이는 숲 속으로 숨어 버렸습니다. 그러나 사람은 꼼짝달싹 못하고 그만 곰에게 목숨을 잃을 판이었습니다. 그 때 개가 이를 보고 그 무서운 곰에게 달려들었습니다. 개는 곰한테서 몇 번인가 내동댕이쳐졌지만 결코 물러나지 않았습니다. 그럼 사람은 어떻게 되었을까요? 개가 곰을 물고 늘어져 기진맥진했을 때 사람은 총을 메고 집으로 도망쳐 버렸습니다.

사람은 누구나 자신의 이익을 추구하기 마련입니다. 그러나 자신의 이익을 위해서 신의를 저버리는 것은 바르지 못합니다. 이기적인 행동이 잠시의 유익을 줄지는 모르지만 결국 이러한 행동을 하는 사람은 참지혜를 배척하고 자기 멸망의 구덩이를 파는 미련한 외톨이인 것입니다.

 당신은 자신의 이익을 위해서 신의를 저버린 적은 없습니까?

> "미련한 자는 명철을 기뻐하지 아니하고 자기의 의사를
> 드러내기만 기뻐하느니라"
> 잠 18:2

7월 7일

두 나그네가 말을 타고 여행을 하고 있었는데, 한 사람은 장님이었습니다. 두 나그네가 들에서 하룻밤을 자고 아침이 되자 장님은 채찍을 든다는 것이 추워서 반쯤 얼어붙은 뱀을 잡아들었습니다. 한참을 가다가 해도 뜨고 날이 밝았으므로 나그네가 장님이 들고 있는 뱀을 보게 되었습니다.

"여보, 당신이 가진 것은 뱀이오. 어서 버리시오!"

그러나 장님은 들으려 하지 않고 "뭐라구요? 내가 장님이라고 속이려 하는군. 당신은 내가 좋은 채찍을 얻는 것이 샘이 나는 모양이구려." 하며 충고를 무시하고 오히려 화를 내었습니다.

두 나그네가 다시 여행을 계속하는 중에 날씨가 차차 따뜻해져서 뱀은 녹고 기운을 회복하였습니다. 그러자 뱀은 장님의 팔을 보고 입맛을 다시더니 꽉 물어 버렸습니다. 충고를 무시했던 장님은 말에서 떨어져 죽고 말았습니다.

사람은 다른 많은 사람들에게서 듣고 배움으로써 명철해집니다. 명철은 잘 깨달아 아는 것입니다. 내 말만하고 남의 말에는 귀기울이지 않으면 명철해질 가능성을 스스로 차단하는 것입니다. 마찬가지로 내 주장만을 내세우고 지혜와 명철의 근원이 되시는 하나님의 음성을 듣지 않는 사람은 세상을 살아가는 지혜를 결코 얻을 수 없는 것입니다.

당신은 하나님의 음성에 귀기울이며, 그의 뜻대로 행하기 위해 노력하고 있습니까?

> "악인을 두호하는 것과 재판할 때에 의인을 억울하게
> 하는 것이 선하지 아니하니라" 잠 18:5

7월 8일

한 간악한 스코틀랜드인 변호사가 있었습니다. 한번은 말을 빌렸는데 사고였는지 거칠게 다루었는지 모르지만 그 말이 죽고 말았습니다. 자연히 주인은 자기가 입게 된 손해보상과 함께 말 값을 지불하라고 주장했습니다. 변호사는 손해배상은 기꺼이 지불하겠지만, 당장 현금이 없으니 현금대신 약속어음을 받겠냐고 말 주인에게 묻자, 그 말 주인은 기꺼이 승낙했습니다. 그러자 변호사는 지불할 기한이 필요하다고 했습니다. "시간은 마음대로 하시죠."라고 말주인이 말했습니다. 그러자 간악한 그는 심판의 날에 지불하도록 어음을 발행했습니다. 결국 말주인은 그 문제를 법정으로 가져갔고, 거기에서 변호사는 자신의 변호에서 판사에게 어음을 보라고 말했습니다. 그러자 판사는 어음을 보고 나서 이렇게 대답했습니다. "약속어음은 완전히 유효합니다. 그리고 오늘은 심판의 날이므로 내일 지불할 것을 판결합니다."

하나님의 심판의 맷돌은 쉬지 않고 천천히 돌아갑니다. 마치 우리가 살고 있는 지구가 쉬지 않고 돌고 있는데도 느끼지 못하는 것과 마찬가지로 악인은 자신이 하나님의 심판의 맷돌이 돌아감에 따라 갈린다는 것을 느끼지 못합니다. 하나님의 맷돌은 천천히 돌아가는 것 같아도 확실합니다. 그러므로 우리는 모든 악의 모양을 버리고 정의롭게 살아야 하는 것입니다.

당신은 매일시판을 준비하며 살고 있습니까

"자기의 일을 게을리 하는 자는 패가하는 자의 형제니라"
잠 18:9

7월 9일

유명한 영국의 소설가 찰스 디킨스는 유복한 가정에서 태어나 행복한 어린 시절을 보냈는데, 소년이 되었을 무렵, 그의 가정은 당시 영국 해군 경리국 사무원이었던 아버지의 심한 낭비벽으로 인해 재정적인 어려움에 처하게 되었습니다. 그리고 결국 그가 12살 되던 해, 그의 가정은 완전히 재정 파탄 상태에 이르러 디킨스는 학교를 중퇴할 수밖에 없었습니다. 그러나 그는 곧 마음을 굳게 먹었습니다. 어린 소년 디킨스는 용기를 내 구두닦이를 시작했습니다. 디킨스는 밤늦게까지 구두를 닦으면서도 늘 입가에 노랫가락을 흥얼거리곤 했습니다. 자신의 처지를 한탄하는 대신 답답한 마음을 노래로 달래곤 했던 것입니다. 사람들은 그를 보면 한마디씩 묻곤 했습니다. "구두 닦는 일이 좋으냐?" 그러면 그는 반짝이는 두 눈을 더욱 빛내며 대답했습니다.

"그럼요, 저는 희망을 닦고 있는 걸요."

때로 사람은 가난이나 고난을 통해서 성장하기도 합니다. 그러나 그것은 자신에게 닥친 상황을 얼마나 긍정적인 자세로 받아들이고, 그 가운데서 성실을 행하느냐에 달린 것입니다.

자기 일을 사랑하지 않으면서 게으름만을 일삼는다면 그 사람에겐 미래나 희망이란 있을 수 없는 것입니다.

당신은 어떻게 살기를 원하십니까?

> "여호와의 이름은 견고한 망대라 의인은 그리로 달려가서 안전함을 얻느니라"
> 잠 18:10

7월 10일

영국의 선교사로 아프리카 선교 및 탐험에 일생을 바친 데이비드 리빙스턴의 경험담입니다.

"1855년 11월 20일 빅토리아 폭포를 발견한 우리 140명 일행은 동북방향으로 길을 떠났다. 언제나처럼 우리는 온갖 위험에 노출되어 있었다. 그러나 우리는 하나님 말씀의 전파자로서 아무도 방패를 갖고 있지 않았다. 방패는 곧 전쟁의 무기로서, 우리가 방패를 갖지 않은 까닭은 어떠한 싸움도 원치 않았기 때문이었다. 우리 일행이 길을 갈 때에 원주민 무리들이 나타나 우리를 공격하려 하기도 했으나, 그들은 우리에게 싸울 의사가 전혀 없음을 알아차리고서는 곧 돌아가 버리곤 했다. 비록 우리 140명 일행의 손에 방패는 없지만, 우리는 보이지 않는 하나님을 방패로 삼았기에 무사히 제1회 전도여행을 마칠 수 있었던 것이다."

하나님의 이름의 능력을 의지하고 하나님께로 피하는 사람은 해를 당하지 않습니다. 어떠한 환난과 시험과 핍박과 고난 가운데 있더라도 견고한 망대이신 하나님을 믿고 의지할 때 하나님께서 눈동자같이 지켜 주시고 구원해 주시므로 안전하고, 그 크신 능력으로 함께 하여 주시므로 승리하게 되는 것입니다.

당신은 환난 가운데서도 보호하시고, 인도하시는 하나님을 의지하십니까?

> "부자의 재물은 그의 견고한 성이라 그가 높은 성벽같이 여기느니라"   잠 18:11

7월 11일

빈주먹으로 30년간 노력한 끝에 드디어 미국에서 손꼽히는 부호가 된 '그르드'란 사람이 있었습니다. 그는 임종시에 단 하나뿐인 딸 에렌을 불러 유언하였습니다.

"나는 너에게 1억 2천만 달러의 재산을 유산으로 준다. 그러나 너는 이것을 가장 유익한 방법으로 쓰지 않으면 안 된다."

그래서 에렌은 1억 2천만 달러의 상속금을 아낌없이 사회사업에 희사하여 불행한 사람들을 많이 구원해 주었습니다. 그 때에 주위에 있는 사람들이 사회사업이라고 하지만 그 돈을 그렇게 써서 되겠느냐고 했을 때 에렌은 이렇게 대답했다고 합니다.

"아닙니다. 아버지께서는 부자가 되어 돈의 덕을 모르는 사람은 추악한 물질의 노예에 지나지 않는다고 하셨습니다. 나는 물질의 노예가 되고 싶지 않습니다."

부자들은 돈만 있으면 안 될 일이 없다고 생각하고 재물에 의지합니다. 그러나 재물은 순식간에 없어질 수 있습니다. 재물은 영원하지도 전능하지도 않습니다. 다만 너무 없으면 불편하기 때문에 없는 것보다는 있는 것이 좋습니다. 그러므로 우리는 재물을 의지할 것이 아니라 그 물질을 주시는 하나님을 의지해야 하는 것입니다.

당신은 혹시 하나님보다는 물질에다 우선순위를 두고 있지는 않습니까?

"사람의 마음의 교만은 멸망의 선봉이요 겸손은 존귀의
앞잡이니라"   잠 18:12

7월 12일

무릎을 꿇고 비석을 다듬는 석공이 있었습니다. 석공은 땀을 흘리며 비석을 깎고 다듬었습니다. 그리고 나중에 그 비석에 명문을 각인했습니다.

그 과정을 한 정치인이 바라보고 있었습니다. 그는 작업을 마무리짓던 석공에게 다가가 이렇게 말했습니다. "나도 돌같이 단단한 사람들의 마음을 당신처럼 유연하게 다듬는 기술이 있었으면 좋겠소. 그리고 돌에 명문이 새겨지듯 사람들의 마음과 역사에 내 자신이 새겨졌으면 좋겠소."

그러자 석공이 대답했습니다. "선생님도 저처럼 무릎 꿇고 일한다면 가능한 일입니다."

겸손한 사람은 언제나 자신의 부족을 깨닫고 발전하기 위해 애쓰기 때문에 계속 발전을 거듭합니다. 또한 다른 사람들을 볼 때 장점을 찾아서 봄으로 자신보다 남을 낫게 여기고 겸손히 배웁니다. 그러므로 개인적으로 계속 성장하는 것은 물론 사람들로부터 칭찬과 존경을 받게 되며, 하나님께서 높여 주심으로 하나님과 사람 앞에 존귀한 자가 되는 것입니다.

혹시 자신을 드러내기 위해 노력한 일은 없는지 반성해 봅시다.

> "사연을 듣기 전에 대답하는 자는 미련하여 욕을 당하느니라"
> 잠 18:13

7월 13일

헨리 나우웬은 다음과 같이 말했습니다.

"남의 말을 경청(傾聽)하는 것은 매우 힘든 일입니다. 말을 경청하기 위해서는 우리에게 정신적인 안정감이 필요하기 때문입니다. 즉 우리가 연설을 하고, 논쟁을 하며, 성명서를 내거나 또는 선언을 하는 등의 행위로 더 이상 우리 자신을 입증할 필요가 없다는 것을 인정할 수 있을 때 우리는 비로소 남의 말에 귀를 기울일 수 있습니다. 진정으로 경청하는 사람은 자신을 내세우려고 애쓸 필요가 없습니다. 진정으로 듣는 자는 사람을 맞이하고 환영하며 그리고 받아들이는 데 자유로운 사람입니다."

문제를 끝까지 읽어야 정답을 쓸 수 있듯이, 사연을 다 들어 보기 전에는 바른 대답을 해줄 수 없습니다. 사연을 다 듣지도 않고 하는 대답은 부분적이고 편파적일 수밖에 없습니다. 심지어는 사연을 잘못 해석하여 엉뚱한 대답이나 정반대 되는 말을 할 수도 있고 자기 감정에 따라 경솔한 대답을 할 수도 있습니다. 그래서 일을 그르치고 사연을 털어놓은 사람의 마음을 상하게 하여 언쟁을 벌이는 경우도 발생합니다. 따라서 우리는 상대방의 말을 끝까지 경청할 줄 아는 그리스도인이 되어야겠습니다.

당신은 세상의 허망한 것을 얼마나 의지하고 있습니까?

> "사람의 심령은 그 병을 능히 이기려니와 심령이 상하면 그것을 누가 일으키겠느냐" 잠 18:14

7월 14일

어느 연구소의 연구결과에 따르면 스트레스가 만연하면서 과로사, 당뇨병 사망, 간암 사망 등 스트레스성 질병 사망률이 급증하고 있다고 지적하고 흡연, 음주, 이혼, 자살, 피살자 증가도 스트레스에 따른 행동증상이나 회피 수단으로 나타나고 있다고 말했습니다.

또한 스트레스 요인으로 분단 상황, 높은 인구 밀도, 고속 성장, 교통 문제, 사 교육비 급증, 퇴근 후 비즈니스 연장, 세대간 가치 차이, 지도층에 대한 불신 등을 거론했습니다.

사람의 마음은 그 육체에 지대한 영향을 줍니다. 마음이 평안하면 몸도 건강하지만 마음에 평안이 없으면 몸도 상하고 병듭니다. 그러므로 항상 마음에 평안과 기쁨이 있는 것이야말로 어떤 보약보다도 육신을 건강하게 하는 최고의 양약인 것입니다.

예수님께서는 "수고하고 무거운 짐 진자들아 다 내게로 오라 내가 너희를 쉬게 하리라"(마 11:28)고 말씀하셨습니다. 우리가 예수님을 의지하고 하나님 앞에 나아가 감사함으로 모든 짐을 맡겨 드리면, 하나님께서 맡아서 문제를 해결해 주시고 우리의 마음속에 놀라운 하나님의 평안으로 채워 주시는 것입니다.

 당신은 문제가 닥치면 어떻게 대처하십니까?

"노엽게 한 형제와 화목하기가 견고한 성을 취하기보다 어려운 즉 이러한 다툼은 산성 문빗장 같으니라" 잠 18:19

7월 15일

한 랍비에게 12명의 아들이 있었습니다. 그의 가정은 화목과 사랑의 공동체였습니다. 아버지는 언제나 형제의 우애를 강조하면서 서로 격려하며 살 것을 권면했습니다.

어느 날 밤 가족이 잠들 무렵, 한 아들이 랍비에게 와서 "아버지 다른 형제들은 잠만 자는데 저는 자지 않고 계속 기도하는 시간을 가졌어요."라고 말했습니다. 그러자 랍비는 빙긋이 웃으며 이렇게 타일렀습니다. "얘야 그래서는 안 된다. 다른 형제의 흠을 보는 것보다 다른 형제와 같이 자는 편이 훨씬 나은 거란다."

세상 사람들은 분노하면 한바탕 싸우고 나서 풀어버립니다. 그러나 형제간에 노여움이 생겨서 반목하게 되면 쉽게 해결되지 않고 원한이 깊어집니다. 에서와 야곱이 그 좋은 예입니다. 한쪽이 화해를 하려 해도 분노한 쪽에서는 산성의 문빗장처럼 굳은 마음의 문빗장을 걸어 놓고 화해의 요청을 받아들이지 않습니다.

그러나 이처럼 완고한 마음의 문빗장도 그리스도의 은혜 안에서는 열립니다. 왜냐하면 예수님 안에서만 참된 용서와 화해가 있기 때문입니다. 무조건 용서할 때 분노가 설 자리를 잃고 진정한 화해가 이루어지고 화목케 되는 것입니다.

형제의 허물을 사랑으로 덮어주며, 권면해 보십시오.

> "죽고 사는 것이 혀의 권세에 달렸나니 혀를 쓰기 좋아 하는 자는 그 열매를 먹으리라" 잠 18:21

7월 16일

공자의 제자 중에 증자라는 사람이 있었는데 그가 하루는 공자에게 살계(殺戒)에 대해 물어보았습니다. 이 때 공자는 다음과 같이 대답했습니다.

"첫째 붓으로 사람을 죽일 수 있고, 둘째 입으로 사람을 죽일 수도 있으며, 셋째 돌로 사람을 죽일 수 있다."

말은 그 배후에 창조적인 능력이 있습니다. 내가 한 말이 내 온 몸과 운명을 좌우하는 열쇠가 되는 것입니다. 늘 부정적인 말을 하는 사람은 그 인생이 부정적인 힘에 잡혀버립니다. "나는 못한다. 나는 할 수 없다. 나는 못산다. 나는 망한다."하고 말하면 그 말의 부정적인 힘에 잡혀서 지혜도 나오지 않고 재능도, 용기도 없어져서 그 말대로 되고 맙니다. 그러나 "할수 있다. 하면된다. 해보자. 하나님이 나와 함께 하신다. 나는 복 받은 사람이다."하고 말하면 지혜와 총명이 생겨나고 힘과 용기가 솟아나 그 말대로 이룰 수 있게 됩니다. 사람은 입술의 말로 묶이고 입술의 말로 사로잡힙니다. 따라서 우리가 하나님의 말씀을 믿고 시인할 때에 구원에 이르고, 치료를 받고, 승리를 하게 됩니다. 그러므로 우리는 파괴적인 말, 부정적인 말, 실패하는 말을 입에 담지 말고 긍정적인 말, 적극적인 말, 생산적인 말, 창조적인 말, 축복과 승리의 말을 해야 합니다.

당신은 오늘, 얼마나 긍정적인 입술의 고백을 했습니까?

> "아내를 얻는 자는 복을 얻고 여호와께 은총을 받는 자니라"
> 잠 18:22

7월 17일

그리스의 철학자 소크라테스의 아내는 악처로 유명했습니다.

한번은 아내가 소크라테스에게 잔소리를 퍼부은 뒤 그래도 성이 안 찼는지 물통에 담긴 물을 머리에 부어 버렸습니다. 그러나 소크라테스는 빙긋이 웃으며 "천둥이 친 다음에는 소나기가 오게 마련이지"라고 말했습니다.

"아니, 어떻게 대 철학자가 저런 부인과 사는가?"라고 주위에서 물을 때마다 그는 이렇게 대답했습니다.

"사나운 말을 타고 연습을 하면 어떤 말도 다룰 수 있지. 아내를 다룰 수 있다면 어떤 사람인들 다루지 못하겠나?"

하나님께서는 남자 혼자서 사는 것이 좋지 못하다고 생각하셔서 여자를 지어 돕는 배필로 주셨습니다(창 2:18). 그런데 어떤 여자를 아내로 맞아들이냐에 따라 남자의 인생은 판가름 납니다. 착하고 지혜로운 아내를 얻으면, 아내의 내조로 가정도 행복하고 직장에서도 출세하고 성공하게 됩니다. 그러나 악하고 미련한 아내를 얻으면, 비록 아내를 통해 철학을 깨닫게 된다고 하더라도 그 인생은 고통과 괴로움의 연속인 것입니다. 그러므로 좋은 아내를 얻는 것이야말로 가장 큰 복인데, 이러한 복은 하나님께서 선물로 주시는 것입니다.

당신은 결혼을 위해서 기도로 준비했습니까?

> "많은 친구를 얻는 자는 해를 당하게 되거니와 어떤 친구는 형제보다 친밀하니라"   잠 18:24

7월 18일

청년 피디아스는 폭군 다이오니시우스의 비위를 상하게 만들어 옥에 갇혔습니다. 그는 죽기 전에 고향에 계신 부모님께 마지막 인사를 드리고 싶었습니다. 그래서 꼭 다시 돌아와 사형을 달게 받겠다며 간청했으나 왕은 비웃을 뿐이었습니다. 그 때 그의 친구 데몬이 나서서 자신의 목숨을 담보로 친구의 청을 들어달라고 왕께 간청했습니다.

왕은 목숨을 걸고 서로 신뢰하는 그들의 우정에 놀라고 감탄하여 허락하였습니다. 그런데 약속한 날이 되었지만 피디아스는 오지 않았습니다. 데몬은 사형장에 끌려나갔습니다. 그런데 사형이 집행되려는 순간 피디아스가 헐레벌떡 달려왔습니다. 그는 돌아오는 길에 풍랑을 만나 고생한 이야기를 하면서 늦을까 봐 애태운 마음을 토로했습니다. 이 광경을 지켜보고 있던 왕은 크게 감동하여 피디아스를 석방하고 두 사람에게 큰상을 베풀었습니다.

진실한 친구를 가진 사람은 굉장히 행복한 사람입니다. 진실한 친구는 내가 기뻐할 때 함께 기뻐해 주고, 내가 슬퍼할 때 함께 울어 줍니다. 좋은 시절에만 친밀한 것이 아니라 내가 문제 가운데 있을 때 위로해 주고, 격려해 주고, 힘과 용기를 불어넣어 주어 다시 한번 재기 할 수 있게 해줍니다.

 당신에게는 당신을 위해 모든 것을 희생할 준비가 된 친구가 있습니까?

"성실히 행하는 가난한 자는 입술이 패려하고 미련한 자보다 나으니라"   잠 19:1

7월 19일

영국에 메리 존스라는 시골 처녀가 있었습니다. 메리는 남의 집 가정부 일을 하며 푼푼이 돈을 모았습니다. 그런데 그녀가 돈을 모으는 것은 한 가지 꿈을 이루기 위해서였습니다. "제 평생 소원은 성경을 갖는 것입니다. 그것을 사기 위해 돈을 모으고 있어요." 마침내 메리는 성경을 살만큼의 돈을 모았습니다. 그리고 그녀는 무려 40㎞를 달려가 성경을 구입했습니다. 메리에게 성경을 판 사람은 그녀의 순수한 신앙, 성경을 사랑하는 마음에 감동했습니다. 그래서 그 이야기를 많은 사람들에게 들려주었습니다. 영국의 기독교인들은 이 소식을 듣고 성경을 싼값에 구입할 수 있는 기관설립을 위한 모금운동을 벌였습니다. 그 결과 영국성서공회가 설립되었습니다.

예수님께서는 "마음이 가난한 자는 복이 있나니 천국이 저희 것이라"고 하셨습니다. 복음을 향한 가난한 마음은 하나님께서 기뻐하시는 것입니다. 또한 물질의 가난은 부끄러운 것이 아닙니다. 가난해도 마음이 정직과 성실로 부요하면 그것이 우리의 삶에 큰 행복을 가져오며, 우리의 인생을 보다 가치 있고 의미 있게 해주는 원동력이 됩니다. 그러므로 우리는 물질의 부요보다는 정직과 성실을 우리의 삶의 자원으로 하여 참으로 행복하고 가치 있고 의미 있는 인생을 살아야겠습니다.

당신은 말씀을 얼마나 사모하면서 대하고 있습니까?

"지식 없는 소원은 선치 못하고 발이 급한 사람은 그릇 하느니라"
잠 19:2

7월 20일

알렉산더 대왕이 친한 친구로부터 귀한 선물을 받았습니다. 선물은 잘 훈련된 사냥개 두 마리였습니다. 사냥을 즐겼던 대왕은 매우 기뻐했습니다. 어느 날 대왕은 사냥개를 데리고 토끼사냥에 나섰습니다. 그런데 개들은 사냥할 생각이 전혀 없는 듯했습니다.

달아나는 토끼를 물끄러미 바라보며 빈둥빈둥 누워있었습니다. 알렉산더 대왕은 화가 나서 사냥개들을 모두 죽여버렸습니다. 그리고 대왕은 사냥개를 선물한 친구를 불러 호통을 쳤습니다. "토끼 한 마리도 잡지 못하는 볼품 없는 개들을 왜 내게 선물했는가? 그 쓸모 없는 사냥개들을 내가 모두 죽여버렸다." 친구는 대왕의 말을 듣고 실망스런 표정을 지었습니다. 그리고 "대왕이시여, 그 사냥개들은 토끼를 잡기 위해 훈련된 개들이 아닙니다. 호랑이와 사자를 사냥하기 위해 오랜 시간 훈련받은 값비싼 개들입니다."라고 말했습니다. 친구의 말을 듣고 알렉산더 대왕은 땅을 치며 후회했습니다.

'발이 급한 사람'은 성급하게 행동하는 사람을 말합니다. 성급하게 일을 처리하면 실수를 하고, 따라서 후회를 하게 됩니다. 그러므로 꼭 시간을 두고 신중히 생각하여 일을 결정하고 처리하는 습관을 들여야 하겠습니다.

당신은 어떤 일을 정하기 전에 깊이 생각하십니까?

> "사람이 미련하므로 자기 길을 굽게 하고 마음으로 여호와를 원망하느니라"   잠 19:3

7월 21일

디마스라는 사람은 사업을 하다가 빚더미에 앉게 되었습니다. 그래서 빚을 갚기 위해 잠도 자지 않고 일을 했습니다. 그래도 되는 일이 없었습니다. 계속 망하기만 할 뿐이었습니다. 그때 그는 자기가 하는 일이 무엇인가 잘못되어 있다는 것을 깨달았습니다. 그는 사업의 주인은 자신이 아닌 하나님이어야 한다는 사실을 알게 되었습니다. 그래서 모든 일의 계획에서부터 결재를 받는 것까지 모두 주님께 의뢰했습니다. 그리고 사업은 주님께 맡기고 전도를 하러 다녔습니다. 그러자 미쳤다는 소리를 듣게 되었습니다. 망하고 있는 사업을 돌보지 않으니 더 망할 것이라고 야단들이었습니다. 그러나 회사는 일어나기 시작했고, 날로 번창하는 기적이 일어났습니다.

미련한 사람은 하나님의 뜻을 구하지 않고 제멋대로 빗나간 행동을 하고서 나중에 일이 제대로 되지 않는다 하여 마음속으로 하나님을 원망합니다. 이러한 행위는 이중적인 범죄를 저지르는 것입니다. 미련한 사람은 자기의 뜻대로 행함으로써 자기 길을 굽게 하여 죄를 짓고, 그 책임을 하나님께 전가하고 원망함으로써 죄를 더하는 것입니다. 따라서 우리가 하나님께 기도하여 하나님의 뜻을 찾고, 그 뜻대로 나가면 하나님께서 책임을 져 주시므로 잘못될 일도, 원망할 일도 없는 것입니다.

당신은 삶의 모든 것을 하나님께 온전히 맡기고 있습니까?

> "거짓 증인은 벌을 면치 못할 것이요 거짓말을 내는 자도 피치 못하리라"
> 잠 19:5

7월 22일

짐캐리가 주연한 '라이어 라이어'는 거짓말을 못하게 된 변호사 플레처의 소동을 다룬 영화입니다.

거짓말쟁이 아버지에게 실망한 아들이 아버지가 하루라도 거짓말을 할 수 없게 해달하고 빌었던 게 신비하게 실현되었기 때문입니다. 미국 정신과 의사 제럴드 젤리슨 박사는 사람들이 평균 8분에 한번씩 거짓말을 한다고 했습니다. 소설가 은희경씨가 새의 선물에서 묘사했듯 우리 언어 관습은 거짓말에 의존하고 있습니다. "내 자랑 같지만"으로 운을 떼는 사람이 진짜 하고 싶은 말은 자기 자랑입니다. "이런 말씀드리고 싶지 않지만"으로 얘기를 시작하면 꼭 그 말을 해야 직성이 풀린다는 것입니다.

인간의 본성은 약하고 악하므로 늘 자기 방어와 자기 이익을 챙기게 마련이며, 그 과정에서 거짓말이 싹트게 되는 것입니다. 거짓말이란 처음에는 그럴 수밖에 없는 상황에서 별로 대수롭지 않은 정도로 시작했더라도 나중에는 감당치 못할 큰 거짓말로 확대되고 맙니다. 처음에는 거짓말이 드러나지 않더라도 어느 한계가 되면 더 이상 감출 수 없게 됩니다. 거짓말은 또 다른 거짓말을 낳아 나중에는 눈덩이처럼 커져서 엄청난 여파를 몰고 오게 되는 것입니다. 그러므로 그리스도인은 모든 거짓된 것들을 잘라 버리고 오직 정직하고 진실된 사람이 되어야겠습니다.

당신이 솔직하지 못했던 일들을 적어보십시오.

> "거짓 증인은 벌을 면치 못할 것이요 거짓말을 내는 자는 망할 것이니라"
> 잠 19:9

7월 23일

열두 살 난 소년이 한 소송의 중요한 증인이 되었습니다. 한 변호사가 집중적으로 심문한 후에 물었습니다. "아버지가 어떻게 말해야 하는지 가르쳐 주셨지, 그렇지?"
"예."하고 소년이 대답했습니다.
"무엇이라고 가르쳐 주셨는지 우리들에게 말해 줄래?"하고 변호사가 채근했습니다. "제가 증언할 때 변호사가 제 말을 뒤죽박죽 되게 만들려고 하겠지만, 제가 조심하고 진실만 말하면 매번 옳은 것만을 말할 수 있을 것이라고 말씀하셨어요."라고 소년이 대답했습니다.

진실한 사람은 아무 것도 숨길 것이 없으나 거짓말을 하는 사람은 그의 부정직함으로 인해 엄청난 대가를 치르게 됩니다. 한 번 거짓말을 하면 그것을 은폐하기 위해 또 다른 거짓말을 하게 되고, 결국에는 거짓말을 한 사람은 자신의 속임수의 거미줄에 걸리게 됩니다.

거짓말에는 엄중한 형벌이 따르고, 거짓말하는 사람의 결국은 멸망입니다. 그러므로 우리는 사소한 것이라도 진실이 아닌 것은 입에 담지 말고 정직을 실천하여 정직한 사람이 되어야겠습니다. 그리고 나아가 이 사회에 팽배한 불신을 몰아내고 정직한 세상을 이루어 나가야겠습니다.

당신은 어떤 상황에서도 진실을 말할 수 있는 그리스도인입니까?

"집과 재물은 조상에게서 상속하거니와 슬기로운 아내는 여호와께로서 말미암느니라" 잠 19:14

7월 24일

발명왕 에디슨은 16세의 메리를 처음 보았을 때 첫눈에 반하고 말았습니다. 하지만 가는 귀가 먹은 에디슨은 자기의 마음을 메리에게 전할 수가 없었습니다. 며칠을 고민하다가 생각해 낸 것이 모르스 부호였습니다. 에디슨이 모르스 부호를 가르쳐 주자 메리는 호기심과 흥미를 느껴 열심히 배웠습니다. 에디슨과 메리의 대화는 언제나 깊은 침묵이 흘렀지만 말보다 더 깊은 공감대가 흘렀습니다. 어느 날 에디슨은 떨리는 가슴으로 메리의 손바닥에 '저와 결혼해 주십시오'하고 쳤습니다. 잠시 후 에디슨은 손바닥에 부드럽게 전해져오는 느낌을 받았습니다.

에디슨과 메리의 신혼여행길. 다른 사람들은 긴 여행에서 오는 피로감으로 모두들 잔뜩 찌푸려져 있었으나 에디슨 부부의 얼굴은 행복감으로 가득 차 있었습니다. 손을 맞잡은 부부는 서로의 애칭을 부르며 끊임없이 사랑의 얘기를 치고 있었기 때문입니다.

남자와 여자가 서로 만나서 사랑을 하며, 한 가정을 이루는 것은 하나님의 은혜이며 축복입니다. 재물은 부모에게서 물려받을 수 있지만 지혜로운 배우자를 만나 깊은 사랑 가운데서 삶을 아름답게 이뤄나가는 것은 하나님께서 인도해주시지 않으면 불가능한 일입니다. 그러므로 지혜로운 배우자를 얻기 위해서는 하나님께 기도로 구해야 할 것입니다.

당신은 매일 당신의 배우자에게 사랑과 격려의 말을 해주고 있습니까?

> "계명을 지키는 자는 자기 영혼을 지키거니와 그 행실을 삼가지 아니하는 자는 죽으리라" 잠 19:16

7월 25일

록펠러는 장래성이 보이지 않는다고 하여 첫 번째 여인에게 버림받은 사나이였습니다. 그런 그가 세계적으로 세 가지 면에서 기적을 일으켰습니다.

첫 번째 기적은 역사상 가장 가난했던 자가 가장 부유하게 된 것입니다. 두 번째 기적은 역사상 가장 많은 돈을 남에게 주었던 사람이라는 것입니다. 세 번째 기적은 장수입니다. 그는 98세까지 살았는데 치아가 하나도 썩지 않고 깨끗하고 건강하게 살다가 죽었습니다.

록펠러가 이런 3가지 기적을 일으키게 된 원인은 바르게 살았기 때문입니다. 그는 주일에 한번도 빠지지 않고 교회에 나갔으며, 성경을 매일같이 읽었고, 늙어서 눈이 어두워졌을 때에는 성경을 읽어줄 사람을 채용해서 귀로 성경을 들으면서 말씀을 날마다 대면했습니다. 그는 자신의 유일한 희망은 '훌륭하고 바르게 사는 것'이라고 늘 말했다고 합니다.

우리의 인생 길에도 경계선이 있습니다. 그것은 바로 하나님의 계명입니다. 우리가 하나님의 계명에서 벗어나지 않으면 우리의 영혼은 안전하며, 우리의 인생 길은 형통케 됩니다. 그러나 계명을 어기면 큰 위험과 파경을 맞아 우리의 영혼이 죽고, 우리의 인생 길은 파멸의 낭떠러지가 되고 마는 것입니다.

당신은 하나님의 뜻에 얼마나 순종하고 있습니까?

> "가난한 자를 불쌍히 여기는 것은 여호와께 꾸이는 것이니 그 선행을 갚아 주시리라"   잠 19:17

7월 26일

죽음의 문턱에서 신의 마지막 은총을 갈구하는 사람들이 켈커타의 한 힌두 사원을 찾아오곤 합니다. 그런 그들이 힌두 사원 근처에서 한 위로자를 발견하게 되는데 주름진 얼굴에 허리가 굽은 작은 여인, 죽어 가는 이들에게 기꺼이 친구가 되어주는 여인이 바로 그 사람입니다.

그녀는 버림받은 사람들과 병든 사람들의 상처를 씻겨주고 그들의 아픔을 달래주며 그들에게 죽음을 준비하도록 도와주면서 극진히 보살폈습니다. "그들은 분명 필요한 사람이 되고 싶고 사랑 받고 싶을 겁니다. 제게는 그들이 예수 그리스도입니다."

지병인 심장병으로 87세를 일기로 세상을 떠났지만 "서로 사랑하라"란 말을 마지막 유언으로 남긴 이 테레사 수녀의 사랑은 그가 남긴 24개국 5천 6백 4개의 자선센터를 통해 계속되고 있습니다.

구제는 사랑의 한 표현입니다. 성경은 "자녀들아 우리가 말과 혀로만 사랑하지 말고 오직 행함과 진실함으로 하자"(요일 3:17, 18)고 말씀합니다. 말로는 누구나 사랑한다고 말할 수 있습니다. 그러나 진정한 사랑에는 희생적인 실천이 따릅니다. 그리고 하나님께서는 사랑을 구체적으로, 실제적으로 실천하는 사람의 선행을 기뻐하십니다.

 당신은 오늘 어떤 사람들을 사랑으로 섬겼습니까?

"사람의 마음에는 많은 계획이 있어도 오직 여호와의
뜻이 완전히 서리라"
잠 19:21

7월 27일

똑똑하고 젊은 변호사였던 척 콜슨은 영향력 있고 권력이 있는 자리에까지 오르고자 계획했었습니다. 닉슨 대통령의 특별 보좌관이었던 그는 주님께서 간섭하시기에 이르기까지 계속 높은 지위로 올라갔습니다. 그러나 그는 워터게이트 사건의 은폐 공작에 연루되어 감옥에까지 가는 처지가 되었습니다.

그리고 이 위기 중에 그는 주님을 영접했습니다. 오늘날 그는 '교도소 선교회'의 지도자로서의 그의 사역이 하나님을 모르던 과거 정계의 삶이나 그 삶이 줄 수 있었던 어떤 것보다 훨씬 더 보람이 있다고 간증합니다.

성경에는 "내 형질이 이루기 전에 주의 눈이 보셨으며 나를 위하여 정한 날이 하나도 되기 전에 주의 책에 다 기록이 되었나이다"(시 139:16)라고 말씀합니다. 하나님께서는 우리를 만세 만대 전에 보고 아시고 우리의 일생을 다 정해 놓으셨습니다. 그러므로 우리는 하나님께서 예정해 놓으신 그 뜻이 어디에 있는지 알기 위해 열심히 기도하고 그 길로 나아가야 합니다. 그리할 때 하나님께서는 우리를 예비된 길로 인도하시며, 우리의 일생을 책임져 주시고 돌보아 주시며, 우리에게 두신 하나님의 뜻을 이루시는 것입니다.

당신은 하나님의 뜻보다 자신의 뜻만을 주장하지는 않습니까?

"여호와를 경외하는 것은 사람으로 생명에 이르게 하는 것이라 경외하는 자는 족하게 지내고 재앙을 만나지 아니하느니라"
잠 19:23

7월 28일

1955년 미국에서 흑인가수로는 처음 메트로폴리탄에 출연, 영감있는 노래로 관중을 사로잡은 여가수가 있었습니다.

마리아 앤더슨이라 불리우는 그녀의 대표적인 곡은 '그 누가 나의 괴로움 알며'(찬 420)입니다. 그녀는 어려서부터 인종과 피부에 대한 편견과 차별로 불행한 날들을 보내야 했습니다. 그러나 하나님을 믿는 그녀의 믿음은 모든 고난을 이기고 더욱 열정적으로 노래를 부를 수 있는 원동력이 되었습니다.

"내 괴로움을 아무도 모르나 오직 주님은 아신다." 그녀는 이런 고백을 하며 현실을 극복했습니다.

우리를 지으시고 우리의 모든 삶을 예비하신 하나님을 경외하는 것이 우리를 생명에 이르게 합니다. 하나님은 생명의 근원이십니다. 하나님을 경외하는 것이 바로 영혼이 잘되는 길이요, 범사에 잘되는 길이요, 건강하게 되는 길입니다.

우리가 하나님을 의지하고 간절히 부르짖어 기도할 때, 하나님께서는 그 간구를 들으시고 우리를 구원해 주시며, 재앙이 변하여 복이 되게 해 주십니다. 그러므로 우리는 하나님을 경외하고 기도할 수 있다는 것이 얼마나 큰 복인지를 알고, 모든 것이 합력하여 선이 이루어지도록 역사하시는 하나님께 감사로 찬양하며 맡겨 드려야겠습니다.

당신의 고통을 하나님께 아뢰어 보십시오.

"거만한 자를 때리라 그리하면 어리석은 자도 경성하리라 명철한 자를 견책하라 그리하면 그가 지식을 얻으리라"
잠 19:25

7월 29일

북극 탐험대의 한 사람인 존 프랭클린은 어느날 눈과 빙산 사이에서 추위에 떨며 잠든 일행을 보았습니다.

탐험대장은 30분이 지나면 의식이 없어진다는 사실을 알고 그들을 깨웠습니다. 그러나 그들은 이렇게 말했습니다.

"우리는 얼지 않습니다. 우리는 단지 얼마간 쉬기를 원할 따름입니다."

30분이 지나자 그들은 잘 움직여지지 않았습니다. 그래서 탐험대장은 그들을 치고 때렸습니다. 그들은 오두막 안으로 비틀거리며 들어갔고 살아났습니다. 그들을 때린 손이 그들을 구해낸 손이 된 것입니다.

건방지고 으스대는 사람은 징계를 받아도 듣지 않습니다. 그러나 그를 따라다니던 어리석은 사람들은 그가 징계 받는 것을 보고 정신을 차립니다. 한편 명철한 사람은 잘못했을 때 굳이 징계까지 할 필요가 없습니다. 왜냐하면 금방 깨닫고 잘못을 고치기 때문입니다. 지혜롭고 명철한 사람이라 해서 실수나 잘못을 저지르지 않는 것은 아니지만, 이런 사람은 잘못을 꾸짖으면 빨리 알아듣고 바로 돌이킬 뿐 아니라 이전보다 더욱 지식을 얻고 지혜로워지는 것입니다.

당신은 이웃의 충고를 기쁘게 받아들이고 있습니까?

> "아비를 구박하고 어미를 쫓아내는 자는 부끄러움을 끼치며 능욕을 부르는 자식이니라" 잠 19:26

7월 30일

텍사스의 한 사내가 아내와 네 자녀를 버리고 캘리포니아로 가서 30년 동안 오직 자기만을 위해 살았습니다. 그는 돈 한푼 없이 죽었는데, 자기의 시체를 고향 텍사스에 묻어 달라는 유언을 남겼습니다. 텍사스에 살고 있던 자식들은 모두 그 소식을 듣고 "그 사람이 우리와 무슨 상관 있어? 그가 아버지로서 우리에게 해준 게 뭔데? 그 사람 때문에 어머니와 우리 모두가 얼마나 고생을 했는데 왜 우리가 그 시체에 수고와 돈을 들여야 하지?"라고 하면서 분개했습니다. 그러나 신앙심 깊은 큰아들은 아무 말 없이 동생들의 불평에도 아랑곳 않고 캘리포니아로 가서 아버지의 시체를 운구해 오기 위해 자기 트랙터와 농기계들을 저당 잡혔습니다. 장례를 치르고 난 후 큰아들은 동생들에게 이렇게 말했습니다. "성경에 '네 부모를 공경하라'고 썩어 있는 것을 난 실천했을 뿐이란다."

자식이 장성해서 늙은 부모를 부양하는 것은 효도가 아니라 자식으로서 마땅한 도리입니다. 하나님께서는 십계명 중 다섯 번째 계명으로 "네 부모를 공경하라"(출 20:12)는 명령을 하셨으며, 자기 아비나 어미를 치는 자와 저주하는 자는 반드시 죽이라고 명령하셨습니다(출 21:15, 17). 육신의 부모를 공경하지 않으면서 하나님 아버지를 섬긴다는 것은 어불성설입니다.

 부모님에게 당신의 사랑을 고백해 보시기 바랍니다.

"내 아들아 지식의 말씀에서 떠나게 하는 교훈을 듣지 말지니라"
잠 19:27

7월 31일

미국 남부에서 시작된 일입니다. 부부 두세 사람이 함께 성경 공부를 시작했습니다. 단순한 성경 공부였지만 그들은 기쁨을 발견하고 생활이 변하여서 나중에는 삼십 명의 친구들이 모이게 되었습니다. 그리고 지금은 세계를 돌아다니면서 성경 공부를 인도하고 있습니다. 수십 명의 선교사들이 배출되었고, 특히 치과 의사 부부가 한 달에 4만 불씩 벌던 직업을 버리고, 단 몇 백 불의 월급을 받으면서 세계를 돌아다니며 성경을 가르치고 있습니다.

좋은 교훈을 계속 듣다 보면 바른 사람으로 변화되는 반면, 잘못된 교훈을 계속 들으면 사람도 잘못됩니다. 우리를 바르게 변화시켜 주는 참 지식의 말씀은 하나님의 말씀, 즉 성경 말씀입니다. 성경 말씀은 우리를 바른 길로 인도해 주고 우리의 인격과 영혼을 성장시켜 줍니다. 그런데 우리는 때로 세상 교훈을 접하게 되고 참 유익이 되는 성경 말씀에서 우리를 멀어지게 하는 잘못된 이단, 사설을 접하게 됩니다. 이러한 것들에 잘못 미혹되면 우리의 인격은 파탄에 이르고 우리 삶이 올무에 걸리게 됨을 기억하고 오직 지식의 말씀에 굳게 서야 하는 것입니다.

당신은 매일 성경을 읽기 위해서 노력하고 있습니까?

잠언으로 여는 365일

8월

"사람의 마음에 있는 모략은 깊은
물 같으니라 그럴지라도 명철한
사람은 그것을 길어 내느니라"
(잠언 20:5)

> "심판은 거만한 자를 위하여 예비된 것이요 채찍은 어리석은 자의 등을 위하여 예비된 것이니라"
>
> 잠 19:29

8월 1일

세계적으로 유명한 신학자이면서 설교가인 미국의 아이언사이드 박사가 교회에서 회의를 한참 진행하고 있었을 때였습니다. 갑자기 청년 하나가 손을 들더니 큰 소리로 고함을 지르듯 말했습니다. "여러 얘기하지 말고 법대로 합시다." 이 말을 듣던 아이언사이드 박사가 그 청년에게 말했습니다. "여보게 젊은이, 법대로 자네를 다루었다면 자네는 어떻게 되었겠는가? 자네는 벌써 지옥에 가 있어야 마땅할 것일세."

거만하고 악한 사람은 공의를 업신여기고 조롱하고 자신의 형편을 생각지 않고 함부로 하는 경우가 많습니다. 하지만 하나님께서는 이러한 형태를 불꽃같은 눈동자로 지켜보십니다. 그리고 회개하여 구원받기를 원하셔서 오래 참고 기다리십니다.

그러나 하나님께서도 그들의 죄악이 가득 차면 더 이상 기다리지 않고 징계하시고 심판하십니다. 그러므로 우리는 하나님 앞에 겸손히 행하며 하나님의 말씀에 순종하여 선하고 의롭게 살아야겠습니다.

내 생각만을 주장하면서 다른 사람을 판단한 일은 없습니까?

> "포도주는 거만케 하는 것이요 독주는 떠들게 하는 것이라 무릇 이에 미혹되는 자에게는 지혜가 없느니라"
> 잠 20:1

8월 2일

프랑스에는 이런 이야기가 있습니다.

하루는 노아가 포도나무를 심고 있는데 무슨 일에나 호기심을 느껴 나서기 좋아하는 사탄이 그 광경을 보고는 노아에게로 다가가서 왜 포도나무를 심는지 슬며시 물었습니다.

그러자 노아가 먹기 위해서라고 대답하자, 사탄은 "그렇다면 나도 무엇인가 도와 드리겠습니다."라고 말하고는 양, 사자와 원숭이와 돼지를 잡아서 죽인 다음 그 피를 포도나무 밑동치에 쏟아 부었습니다. 그 후부터 사람이 포도 열매즙을 조금만 마시면 기분이 좋아지고 처음에는 양처럼 온순해진다고 합니다. 그러나 조금 더 마시면 사자처럼 용맹스러워지고, 좀더 마시면 원숭이처럼 춤추거나 노래 부르게 되며, 흠뻑 취하게 되면 마치 돼지처럼 게걸스럽고 추잡스럽게 된다고 합니다.

이 세상에는 마음에 참 평안과 기쁨과 위로를 주는 것이 없습니다. 그래서 사람들은 술로 시름을 잊어버리려고 하지만 술을 마신다고 해서 염려와 근심이 사라지는 것이 아닙니다. 오히려 더 큰 근심과 파탄을 가져오는 것이 술입니다. 그러나 성령께서는 모든 염려와 근심을 깨끗이 씻어 내고 마음속에 평안과 기쁨이 샘솟게 만들어 주십니다. 그러므로 우리는 오직 성령의 새 술에 취해 참 평안과 기쁨이 충만한 삶을 살아야겠습니다.

당신은 육체의 쾌락을 좇아 행한 일은 없습니까?

> "다툼을 멀리하는 것이 사람에게 영광이어늘 미련한 자마다 다툼을 일으키느니라"
>
> 잠 20:3

8월 3일

고양이 두 마리가 고기 한 덩이를 얻어 가지고 서로 많이 먹겠다고 싸우고 있었습니다. 그 때 지나가던 원숭이가 자기가 재판해 주겠다고 하였습니다. 고양이들은 쾌히 승낙하고 고깃덩이를 원숭이 앞에 놓았습니다. 원숭이는 고깃덩이를 둘로 잘라 하나씩 나누어 주었습니다.

작은 것을 받은 고양이가 "내 것이 더 작다."고 하자 원숭이는 큰 것을 한 입 잘라먹었습니다. 그러자 다른 고양이가 자기 것이 작다고 하였습니다. 원숭이는 또 다른 고기를 한 입 잘라먹었습니다. 이렇게 몇 번을 계속하니 고기가 양쪽 다 아주 작아졌습니다. 그러나 고양이들의 싸움은 여전히 계속되었으므로 원숭이는 고기를 다 먹고는 줄행랑치고 말았습니다. 그제야 고양이들은 자기들의 싸움을 후회하였습니다.

우리는 다소 억울하고 손해를 보더라도 싸우지 말고, 사랑으로써 화평케 하여야 합니다. 성경은 "오직 온유한 자는 땅을 차지하며 풍부한 화평을 즐기리로다"(시 37:11)라고 말씀합니다. 또한 예수님께서도 "온유한 자는 복이 있나니 저희가 땅을 기업으로 받을 것임이요"(마 5:5)라고 말씀하셨습니다. 그러므로 우리는 다툼을 피하고 어느 곳에든지 온유와 사랑의 씨를 심는 하나님의 복된 자녀가 되어야 겠습니다.

 혹 작은 이익때문에 다툼으로 큰 손해를 입기는 않는지 생각해봅시다

> "사람의 마음에 있는 모략은 깊은 물 같으니라 그럴지라도 명철한 사람은 그것을 길어 내느니라"
> 잠 20:5

8월 4일

독일 베를린의 막스 플랑크 교육연구소가 15년 동안 1천 명을 대상으로 나이와 지혜의 연관성을 연구했습니다. 연구소는 오랜 연구를 통해 지혜로운 사람들이 갖는 몇 가지 공통점을 다음과 같이 밝혀냈습니다.

지혜로운 사람들은 대부분 역경을 극복했거나 고난을 체험한 경험이 있습니다. 가난한 환경에서 자란 사람들과 일찍 인생의 어두운 단면을 체험한 사람들이 평탄한 삶을 살아온 사람보다 훨씬 지혜로웠습니다. 또한 개방적이고 창조적인 사람들이 나이가 들수록 점점 지혜의 빛을 발한다는 것이었습니다.

연구소는 인생의 문제를 깊이 생각하는 사람들이 지혜를 얻는다고 발표했습니다. 그러나 고집이 세고 괴팍한 사람들은 나이가 들수록 지혜와 신용을 잃는다고 경고합니다.

사람들은 저마다 마음속에 생각과 의도를 가지고 있습니다. 그런데 겉으로 보아서는 그것을 전혀 알 수 없습니다. 그래서 옛말에도 "열 길 물 속은 알아도 한 길 사람 속은 모른다."는 말이 있는 것입니다. 그러나 명철한 사람은 지혜롭고, 이해력과 분별력이 있으며, 통찰력이 있습니다. 그러므로 사람들과의 대화를 통해 그들의 마음을 읽고, 그들의 생각과 의도를 알게 되며, 그것들을 통해 자신을 성장시키는 것입니다.

 당신은 하나님께서 주시는 통찰력을 가지고 있습니까?

> **"많은 사람은 각기 자기의 인자함을 자랑하나니 충성된 자를 누가 만날 수 있으랴"** 잠 20:6

8월 5일

광무제(光武帝)가 한(漢) 왕조를 재건시키기 위해 전투를 하던 중 상황이 불리해지자 거의 모든 신하들이 그를 버리고 도망쳤습니다. 그러나 충신 왕패만은 그를 버리지 않았는데 왕은 그에게 이런 말을 하였다고 합니다.

"영천에서 나를 따라온 사람들은 모두 내 곁을 떠났다. 그러나 너만 오직 홀로 남아서 분투하고 있구나. 이것은 강한 바람에 약한 풀은 쓰러지나 강한 풀의 강함을 비로소 알게 됨이로다."

내가 환난을 당해 고통과 절망 가운데 있을 때에 변함 없이 찾아와서 함께 슬퍼하고 위로하고 도와주는 사람이야말로 충성된 사람입니다.

충성스러운 신앙도 이와 같습니다. 우리 주위에는 자신의 믿음을 자랑하며 죽기까지 주님을 따르겠다고 호언 장담하는 신앙인들이 꽤 있습니다. 그러나 그러한 말과는 달리 달면 삼키고 쓰면 뱉는 사람들이 의외로 많은 것을 발견할 수 있습니다. 진실로 충성된 신앙인은 시험과 환난 가운데서 그 빛이 찬란하게 드러납니다. 시험과 환난이 다가와 사망의 음침한 골짜기를 지나갈 때에도 오로지 하나님만을 믿고 바라보며 하나님께 모든 것을 의탁하고 순종하는 사람이 충성스러운 성도입니다.

당신은 하나님께 충성된 그리스도인이십니까?

> "내가 내 마음을 정하게 하였다. 내 죄를 깨끗하게 하였다 할 자가 누구뇨"
> 잠 20:9

8월 6일

해방 후 북한에서 기독교 활동을 하던 한 청년이 소련군에 붙잡혀서 재판을 받게 되었습니다. 그 청년은 법정에서 당당하게 소신을 밝혔습니다. "소련군이 이 민족을 해방시킨 것이 아니라, 하나님의 은혜로 이 민족이 해방된 것이다. 이 민족을 살리실 이는 예수 그리스도밖에 없다." 그는 이렇게 진술을 하고 나서는 선고를 기다렸습니다. 그런데 재판관으로부터 "석방"이라는 판결을 듣게 되었습니다. 그가 의아해하고 있는데 통역을 맡았던 북한군 소령이 가까이 다가오더니 이렇게 말했습니다.

"그대는 나라와 민족을 위하여 큰 일을 하시오." 그 통역관은 재판관에게 통역을 할 때에 그의 말을 다 바꾸어 했던 것입니다. 통역관은 자신의 신앙에 대하여 소신을 굽히지 않고 법정에 당당히 선 그의 모습에 감동하였고, 이런 신앙을 가진 젊은이라면 나라와 민족을 위해 필요한 인물이라고 생각하였던 것입니다.

사람은 자기의 힘으로 마음을 깨끗하게 할 수 없으며, 자기의 죄를 씻을 수 없습니다. 아담과 하와가 타락한 이후 인간은 절대 절망의 존재가 되었습니다. 그러나 이러한 인간을 사랑하신 하나님의 은혜로 값없이 죄 사함 받고 깨끗하게 되는 길이 열렸습니다. 바로 우리를 위해 십자가에서 대속하신 예수님을 믿음으로 우리는 마음이 정하게 되고 죄에서 깨끗하게 되는 것입니다.

 당신은 예수님의 대속의 사랑을 믿습니까?

> "비록 아이라도 그 동작으로 자기의 품행의 청결하며
> 정직한 여부를 나타내느니라" 잠 20:11

8월 7일

아테네의 한 극장에서 국경일을 기념하는 연극이 공연되고 있었습니다. 한 노인이 좀 늦게 극장 안으로 들어섰는데, 초만원이라 앉을 자리가 없었습니다. 그 때 두리번거리고 서 있는 노인을 본 아테네인들은 "저 노인에게 자리를 양보하라."고 여기저기서 수군댔습니다. 그러나 그렇게 말은 하면서도 누구 한 사람 자기 자리를 양보하는 이는 없었습니다.

노인은 천천히 외국인석으로 다가갔습니다. 그러자 스파르타인들이 벌떡 일어나 서로 자리를 내주었습니다. 이 광경을 본 모든 사람들이 박수를 쳤습니다. 이때 노인이 말했습니다.

"아테네인도 선(善)이 무엇인지는 알고 있습니다. 그러나 스파르타인은 그 선을 즉시 행동으로 옮기는 사람이다."

어린아이의 행동을 보면, 그 아이의 품성이 어떤지 알 수 있습니다. 이와 마찬가지로 우리의 믿음도 우리의 행동을 통해 드러납니다. 성경은 "영혼 없는 몸이 죽은 것같이 행함이 없는 믿음은 죽은 것이니라"(약 2:26)고 말씀합니다. 아무리 "주여, 믿습니다. 할렐루야!"하고 외쳐도, 정작 하나님의 법을 지키지 않고 자기 마음대로 행동한다면, 그것은 엉터리 믿음입니다. 구원받고 나서 삶 가운데 하나님의 계명을 지키고 순종하는 사람이라야 진정한 믿음을 소유한 사람인 것입니다.

당신은 행함이 있는 믿음의 소유자입니까?

> "듣는 귀와 보는 눈은 다 여호와의 지으신 것이니라"
> 잠 20:12

8월 8일

올리버 삭스는 그의 저서 '화성의 인류학자'에서 버질이라는 한 남자에 대하여 이야기합니다.

어릴 때 실명했던 버질은 수십 년이 지나 수술을 받고 시력을 회복했습니다. 그러나 베데스다 마을 밖에서 예수님으로부터 치유를 받은 장님처럼(막 8:22-26), 버질은 처음에 보는데 어려움이 있었습니다. 물체의 움직임이나 색깔은 분별할 수 있었지만, 영상을 합쳐서 물체를 알아볼 수가 없었습니다. 그래서 얼마동안 그의 행동은 아직 그가 장님이었을 때와 같았습니다.

삭스는 이렇게 말합니다. "볼 수 있는 사람으로 다시 태어나기 위해서는 이전의 장님으로서의 나는 죽어야 합니다. 이것도 저것도 아닌 어중간한 것… 이것이 정작 나쁜 것입니다."

사람이 세상에서 살아가는 동안에 가장 중요한 것은 사물을 밝히 보고 깨달을 수 있는 눈과 거짓과 참을 분별할 수 있는 귀입니다. 하지만 사람들은 저마다 자기의 입장에서 보고, 듣기 때문에 정확할 수 없습니다. 이에 우리가 바로 보고 바로 들으려면, 하나님의 눈으로 보고 하나님의 귀로 들어야 합니다. 즉, 하나님 편에서 보고 하나님의 귀로 들어야 합니다. 그리할 때 편견이 사라지고, 따라서 불평과 다툼도 자취를 감추며, 참으로 올바른 신앙생활을 하게 되는 것입니다.

 당신은 하나님의 뜻을 듣고 분별할 줄 아는 귀와 눈을 가지고 있습니까?

> "너는 잠자기를 좋아하지 말라 네가 빈궁하게 될까 두려우니라 네 눈을 뜨라 그리하면 양식에 족하리라"
> 잠 20:13

8월 9일

한 게으름뱅이가 하루는 사람들을 따라 교회에 나가게 되었습니다. 그런데 이상한 일은 교회에 나온 사람들이 자신처럼 아무런 일도 하지 않고 예배를 드리거나, 성경을 읽는 것이 전부였는데도 누구하나 따분해 하거나 짜증을 내는 사람이 없이 모두들 즐거운 표정이었다는 것입니다. 이에 게으름뱅이는 목사님을 찾아갔습니다. "목사님 저는 매일 매일이 지겹습니다. 그런데 여기 사람들은 아무 일도 하지 않으면서도 즐거운 표정입니다. 그 이유가 뭘까요?" 목사님은 게으름뱅이에게 이렇게 말했습니다. "당신에게 없는 것은 바로 노동입니다. 안식일이 진정한 안식일이 되려면 나머지 엿새 동안의 노동이 있어야 하는데 당신은 엿새를 그냥 무의미하게 보내기 때문에 안식일이 와도 아무런 의미가 없는 거지요." 다음 날부터 게으름뱅이는 연장을 들고 밭에 나가 열심히 일하기 시작했습니다.

밤에 숙면하는 사람은 활기 넘치게 일하면서 하루를 건강하게 보낼 수 있습니다. 그러나 필요 이상으로 오래 자는 것은 좋지 않습니다. 남들은 다 일하는 시간에도 여전히 잠자리에 뒹굴고 잠을 청하는 게으른 사람은 그만큼 남보다 뒤지게 됩니다. 그러므로 근면하고 성실하게 일하여 남보다 앞서가는 생활을 하여야 겠습니다.

당신이 나태했던 때가 있었는지 적어봅시다.

> "사는 자가 물건이 좋지 못하다 좋지 못하다 하다가 돌아간 후에는 자랑하느니라"
> 잠 20:14

8월 10일

빌 하이벨스 목사를 비롯한 윌로우크릭 교회의 임원들은 성경의 진리에 기초한 정직성이 결여된 공동체가 어떤 대가를 치뤄야 하는가를 뼈아프게 체험했다고 합니다.

어느날 핵심 임원 중 하나가 도덕적 문제에 휘말리게 되었습니다. 그러나 모두 쉬쉬하며 감출 뿐이었습니다. 그러다 마침내 빌 하이벨스가 그 문제를 건드리려 하니까, 그런 분위기에 익숙하지 않은 사람들이 반발하였고 결국은 그것이 도화선이 되어 임원들의 반 정도가 교회를 떠나는 사태를 초래하고 말았습니다. 그 때 하이벨스는 카펫을 쥐어뜯으며 욥처럼 하나님께 엎드려 부르짖었다고 합니다. 그 후부터, 하이벨스는 하나님의 사랑과 기록을 동시에 강조하는 균형 잡힌 설교와 사역을 하게 되었고, 특히 윌로우크릭 교회의 모든 사역자들은 교인들이 속한 소그룹에서는 마태복음 18장에 기초한 정직성과 투명성을 사랑 안에서 철저히 추구하는데 최우선 순위를 두고 있다고 합니다.

작은 일에 정직과 의를 실천하지 못한다면, 어떻게 큰 일을 정직하고 정의롭게 행할 수 있겠습니까. 그러므로 우리는 '다른 사람들도 다 그러던데!' 하고 세상을 따라 살 것이 아니라, '나 한 사람부터라도 정직하고 의롭게 살자!'는 결심을 하고 이 사회에 정직과 정의를 구현하는 한 알의 밀알이 되어야겠습니다.

 당신은 불의와 우연 중에 타협하지는 않았습니까?

"세상에 금도 있고 진주도 많거니와 지혜로운 입술이 더욱 귀한 보배니라"   잠 20:15

8월 11일

오래 전 이탈리아 나폴리의 한 공장에서 위대한 성악가를 꿈꾸는 한 소년이 일하고 있었습니다.

어려운 생활 중에 겨우 첫 레슨을 받았을 때, 교사는 그에게 "너는 성악가로서의 자질이 없어. 네 목소리는 덧문에서 나는 바람 소리 같다."고 혹평했습니다.

그 소년은 큰 좌절에 빠지고 말았습니다. 그러나 소년의 어머니는 실망하는 아들을 꼭 껴안으며 이렇게 말했습니다.

"아들아! 너는 할 수 있어, 실망하지 말아라. 네가 훌륭한 성악가가 되도록 이 엄마는 어떤 희생도 아끼지 않고 너를 돕겠다."

소년은 어머니의 격려를 받으면서 열심히 노래했습니다. 이 소년이 바로 세계적인 성악가 '잉리코 카루소'입니다.

지혜로운 입술은 지혜로운 말을 가리킵니다. 고통 당하는 사람에게 고통거리를 해결해 주고, 슬퍼하는 사람에게 위로의 말을 해주고, 고난 당하는 사람에게 격려의 말을 해주고, 답답한 일을 당한 사람에게 시원한 해답을 말해 주는 것처럼 귀하고 값진 것은 없습니다. 그러므로 지혜로운 말이야말로 보석보다 더 귀한 보배요, 지혜로운 말을 하는 사람이야말로 뭇사람들로부터 존귀를 받는 '보석 같은 사람'입니다.

당신은 이웃에게 힘을 주는 지혜를 구하고 계십니까?

> "자기의 아비나 어미를 저주하는 자는 그 등불이 유암 중에 꺼짐을 당하리라"
> 잠 20:20

8월 12일

고구려 때 박 정승이라는 사람이 있었습니다. 그는 나이든 노모를 지게에 짊어지고 '고려장'을 하기 위해서 산으로 올라갔습니다. 그러나 어머니의 죽음 앞에서도 자식을 생각하는 그 사랑에 감격해 그는 노모를 남모르게 봉양했습니다. 그 무렵, 당나라 사신이 말 두 마리를 끌고 고구려를 찾았습니다. 사신은 "이 말은 크기와 생김새가 같다. 어미와 새끼를 가려내 보라."고 문제를 냈습니다. 조정은 매일 회의를 했으나 묘안을 찾지 못했습니다. 박 정승이 이 문제로 고민하는 것을 보고 노모가 말했다. "그게 무슨 걱정거리냐, 나처럼 나이 먹은 부모면 누구나 안다. 말을 하루 정도 굶긴 후 여물을 갖다 주어라. 먼저 먹는 놈이 새끼말이다. 새끼를 배불리 먹이고 나중에 먹는 놈이 어미다." 박 정승은 당나라 사신 앞에서 그대로 시행했고, 사신은 고구려인의 지혜에 탄복하고 본국으로 돌아갔습니다. 박 정승은 임금님께 자초지정을 설명했고 그 때부터 고려장은 사라졌습니다.

부모 자식간에는 불평이 많을 수 있습니다. 그러나 그 불평은 애정으로 무마됩니다. 하지만 부모의 사랑, 부모와 자식간의 천륜을 저버리는 패륜아는 하나님의 심판을 받아 망하게 됩니다. 마치 칠흑 같은 어둠 속에서 등불이 꺼졌을 때와 같이, 절대 절망 가운데 죽는 비참한 인생이 되고 마는 것입니다.

 당신은 부모님의 사랑에 늘 감사하고 있습니까?

> **"처음에 속히 잡은 산업은 마침내 복이 되지 아니하느니라"**
> 잠 20:21

8월 13일

중국의 어느 명궁수의 이야기입니다. 이 사람이 명궁수로 발돋움하기까지는 수 없는 고통과 피나는 훈련이 있었습니다. 그는 가느다란 줄에 벼룩 한 마리를 잡아서 매 놓고 3년 동안 그 벼룩을 겨냥하면서 활을 쐈더니 나중에는 그 벼룩이 말(馬)만하게 보이더라는 것이었습니다. 그는 계속해서 10년 간을 끈질기게 훈련하여 급기야 전국에서 활을 제일 잘 쏘는 명궁수로 성장하였습니다.

어떤 일이 이루어지는 데는 상당한 시간이 걸립니다. 시작하자마자 성공하는 것이 다 좋다고 할 수 없는 것은, 워낙 기반이 약하기 때문에 그 성공을 유지하기가 힘들다는 데 있습니다.

쉽게 빨리 번 돈은 복이 되지 못하고 오히려 화가 되기 쉽습니다. 어렵게 고생을 하면서 벌지 않은 재산은 귀한 줄 모릅니다. 그래서 부모에게 많은 유산을 받은 자녀치고 그것을 잘 유지하는 자녀는 별로 없습니다. 쉽게 돈이 나가 버리고 마는 것입니다.

집을 지을 때에 기초를 깊이 파고 기초부터 천천히 지어 올라가야 튼튼하게 지을 수 있습니다. 이와 마찬가지로, 무엇이든지 처음에 기초부터 시작하여 든든히 다지면서 서서히 올라가야 확실한 성공을 하게 되고, 그것이 복이 되는 것입니다.

당신은 일확천금의 허황한 꿈을 꾸고 있지는 않습니까?

> "너는 악을 갚겠다 말하지 말고 여호와를 기다리라 그가 너를 구원하시리라" 잠 20:22

8월 14일

아일랜드에 있는 어떤 학교에서 한 소년이 다른 소년을 때렸습니다. 그래서 선생님으로부터 처벌을 받으려는 순간에 맞은 소년이 그를 용서해 달라고 간청했습니다. 선생님은 그에게 "왜 그를 용서해 주기를 원하느냐?"라고 물었습니다. 이에 대해 그는 이렇게 대답했습니다.

"저는 성경에서 예수 그리스도께서 우리가 우리의 원수를 용서해 주어야만 한다고 하신 말씀을 읽은 적이 있습니다. 그러므로 저는 그를 용서해 주며, 나로 인해 그가 처벌을 받지 않게 되기를 원합니다."

억울한 소리를 듣고 누명을 쓰고 짓밟히거나 심한 타격을 받으면 원수를 갚겠다는 마음이 생깁니다. 최소한 자신이 받은 만큼은 보복하겠다는 마음을 가지고 기회를 엿보게 됩니다. 그런데 성경은 "내 사랑하는 자들아 너희가 친히 원수를 갚지 말고 진노하심에 맡기라 기록되었으되 원수 갚는 것이 내게 있으니 내가 갚으리라고 주께서 말씀하시니라"(롬 12:19)고 가르쳐 주고 있습니다. 우리가 악을 갚으면 그로 인한 원한의 고리가 이어져서 또 다시 악을 반복하는 일밖에 되지 않습니다. 그러므로 우리는 하나님의 보응이 있음을 기다리는 그리스도인이 되어야겠습니다.

당신은 악을 선으로 갚기 위해 노력하셨습니까?

"지혜로운 왕은 악인을 키질하며 타작하는 바퀴로 그 위에 굴리느니라"   잠 20:26

8월 15일

아라곤이라는 스페인 왕이 어느 날 신하들을 이끌고 어느 보석상 앞을 지나는데 좋은 보석이 많아서 신하들과 함께 보석 하나를 사 가지고 그 가게에서 나왔습니다. 그런데 얼마쯤 갔을때, 보석상 주인이 헐레벌떡 뛰어 와서는 "폐하 말씀 드리기 송구하오나 폐하께서 다녀가신 후에 저희 가게에서 가장 값비싼 다이아몬드 하나가 없어졌습니다."고 조아리는 것이었습니다. 이 말을 들은 왕은 신하들을 모두 데리고 보석상으로 되돌아가 주인에게 부탁했습니다. "큼직한 항아리에 소금을 절반 정도 넣어 가지고 오시오." "지금부터 한 사람씩 차례대로 자기 주먹을 이 항아리 안에 넣고 속에 있는 소금을 잠시 휘젖다가 꺼내라!" 신하들은 한 사람도 빠짐없이 왕의 명령대로 실행했습니다. 왕은 주인에게 탁자 위에 소금을 쏟으라고 하였습니다. 그랬더니 다이아몬드가 그 소금 속에 섞여 있는 것이 아닙니까? 현명한 왕의 기지로 보석을 찾았을 뿐 아니라 그것을 훔쳤던 신하에게 자기 잘못을 뉘우치도록 해주었던 것입니다.

지혜로운 왕은 사사로운 감정 없이 공의에 입각해서 재판을 합니다. 지혜로운 왕은 의인과 선인을 구별하고, 악인에게는 엄한 형벌을 내려 악을 근절시킵니다. 그러므로 그 나라에서 악이 사라지고 법과 질서가 바로 서게 되는 것입니다.

당신은 기도가의 지혜를 위해서 중보기도해슴 니까?

> **"사람의 영혼은 여호와의 등불이라 사람의 깊은 속을 살피느니라"**
> 잠 20:27

8월 16일

옛날 어느 수도원에 훌륭한 원장이 있었습니다. 그는 많은 제자들 중에 특히 한 아이를 지극히 사랑했습니다. 그러나 그 아이는 볼품없고, 지능이 뛰어나지도 않은 아이였습니다. 그러니 다른 제자들의 불만은 대단했습니다. 이에 수도원장은 다음과 같은 문제를 해결하면 그 아이를 사랑하는 이유를 말해주겠다고 했습니다. 원장은 제자들에게 작은 새 한 마리씩을 주고는 아무도 안 보는 곳에서 해질 때까지 그 새를 죽여 가지고 오라고 했습니다. 해질 녘이 되자 제자들이 하나 둘씩 모이기 시작하여 수도원 마당에는 죽은 새의 시체가 쌓였습니다. 그런데 원장이 특별히 사랑하는 아이가 돌아오지 않았습니다. 한참 뒤 돌아온 아이의 손에는 작은 새가 산 채로 있었습니다. 그 아이는 이렇게 말했습니다. "원장님께서는 아무도 안 보는 곳에서 새를 죽이라고 하셨잖아요. 그런데 아무리 조용하고 으슥한 곳을 찾아보아도 하나님은 보고 계셨어요. 그래서 새를 죽일 수 없었어요."

사람의 영혼은 하나님의 등불이므로 하나님께서는 사람의 영혼 속에서 일어나는 모든 일을 환히 보고 아십니다. 하나님께서는 항상 우리의 마음을 감찰하시고 우리의 생각을 낱낱이 아십니다. 그러므로 우리는 하나님을 속일 수 없으며, 하나님께는 아무것도 감출 수 없는 것입니다.

 늘 당신의 영혼을 감찰하시는 하나님을 생각하십니까?

> "젊은 자의 영화는 그 힘이요 늙은 자의 아름다운 것은 백발이니라" 잠 20:29

8월 17일

대학에서 수학을 전공한 학생 하나가 오래간만에 여행을 하다가 어느 조그마한 산장에서 어떤 노신사를 만났습니다. 여러 가지 대화가 오고 가던 중에 노신사가 이렇게 물었습니다.

"학생은 무엇을 하고 있소?"

"방금 수학을 다 마스터했습니다. 끝을 내버렸습니다." 노인이 한참을 웃었습니다. 그래서 학생이 다시 반문을 했습니다. "선생님은 무엇을 하시는 분입니까?"

노신사가 웃으며 대답을 했습니다. "나는 방금 수학 공부하기를 시작했소." 학생은 노신사와 이야기를 하다가 그가 보통 사람이 아님을 느꼈습니다. 그래서 이름이 무엇이냐고 물었습니다. 그러자 노신사는 자기 이름이 화이트 헤드라고 했습니다. 그는 유명한 수학자이며, 과학자였던 것입니다. 그런 그가 방금 수학을 배우기를 시작했다고 했던 것입니다.

사람은 젊어서는 젊은 대로, 또 늙어서는 늙은 대로 좋은 점이 있습니다. 즉, 젊을 때에는 넘치는 힘과 정력이 있으므로 어떤 일에나 겁내지 않고 도전하여 많은 경험을 얻을 수 있고, 늙어서는 그 모든 인생의 경험을 통해서 얻은 지혜와 다듬어진 인격이 빛나게 되는 것입니다. 그리고 더욱 겸손한 마음으로 세상을 새롭게 배워나가며 젊은이들의 안내자가 되는 것입니다.

당신은 주위의 어른들을 공경하며, 그들의 지혜를 배우고자 노력하고 있습니까?

> "사람의 행위가 자기 보기에는 모두 정직하여도 여호와
> 는 심령을 감찰하시느니라"   잠 21:2

8월 18일

스미스씨 가족은 새 집으로 이사를 하게 되었습니다. 스미스씨의 아내는 여기저기 점검해보다가 지하실에서 매우 깨끗해 보이는 두 줄로 쌓아놓은 사이다 통을 발견했습니다.

이 사이다 통을 치우려 하다가 보기에는 깨끗하고 텅 빈 통 같아서 그냥 두기로 했습니다. 그리고 그 통은 2-3년 동안 방치되었습니다. 그런데 어느 날부터인가 이상하게 집에서 나방이 보이기 시작했습니다. 스미스씨 가족은 집에 이런 나방이 생기지 않도록 나름대로 최선의 노력을 기울였지만 별 소용이 없었고 나방이 자꾸만 불어날 뿐이었습니다. 카페트, 가구 등을 모두 소독하고 청소했지만 소용이 없었습니다. 원인을 찾다가 마침내 지하실에 놓아둔 사이다 통을 생각했습니다. 그런데 아뿔싸, 거기서 수천 마리의 나방이 쏟아져 나오는 것이었습니다.

사람들은 모두가 자기 생각과 자기 말과 자기 행위가 옳다고 생각하고 자기를 합리화합니다. 그런가 하면 겉으로 보이는 행동과 결과를 놓고 사람을 판단합니다. 그러나 신앙인은 자신의 관점을 버리고 하나님의 입장에서 볼 줄 알아야 합니다. 무엇보다도 자기 자신을 하나님의 관점에서 보고 냉철하게 판단하여야 합니다. 하나님께서는 겉으로 드러난 결과와 행동을 보고 판단하시지 않고, 그렇게 하게 된 마음 속의 동기를 보십니다.

 당신은 심령을 감찰하시는 하나님을 두려워하고 있습니까?

"의와 공평을 행하는 것은 제사드리는 것보다 여호와께서 기쁘게 여기시느니라"   잠 21:3

8월 19일

미국에서 목회를 하고 있는 어떤 목사님의 이야기입니다.
"목사님, 전화해 주시기 바랍니다."라고 명함 뒤에 글을 써서 누군가가 그 교회 문틈에 끼워 놓고 갔습니다. 목사님이 차일피일 연락을 미루던 어느 날, 명함을 꽂아놓았던 장본인이 찾아와 교회를 새로 페인트칠을 하지 않겠냐고 묻는 것이었습니다. 목사님은 많은 비용이 들어 할 수 없다며 그를 돌려보냈습니다. 그런데 얼마되지 않아 그 미국사람은 미국인의 가장 큰 명절인 '독립기념일'에 생면부지의 교회에 와서 열심히 땀을 흘리며 페인트칠을 해주었습니다. 알고 보니 그는 크리스챤이었고, 듀크 대학과 버지니아 대학을 나온 앨리트이자, 모 회사의 중역이었습니다. 한편 이 소식을 들은 그의 친구들도 합세하여 페인트칠을 도왔는데, 그 중 한 명이 그에게 "이 교회가 너와 무슨 관계라도 있는 거니?"라고 묻자 그는 다음과 같이 대답했습니다. "응, 아침저녁으로 이 교회 앞을 지나다니는 관계야."

하나님께서는 제사를 원치 않으시고 하나님의 뜻에 합당하게 사는 것을 기뻐하신다고 가르쳐 주셨습니다. 그러므로 우리는 하나님의 뜻에 전적으로 순종하며(삼상 15:22), 종교적인 의식보다는 우리의 삶 전체가 하나님께 드려지는 산 제사가 되도록 하여 하나님의 기쁨이 되는 성도가 되어야겠습니다.

당신은 타인에게 보이기 위한 신앙생활을 한 적은 없습니까?

> "부지런한 자의 경영은 풍부함에 이를 것이나 조급한 자는 궁핍함에 이를 따름이니라"   잠 21:5

8월 20일

한 아이가 닭장 앞에 쪼그리고 앉아 있었습니다. 닭장 안에서는 암탉이 병아리를 까기 위해서 알을 품고 있었습니다. 그런데 하루 이틀 시간이 갈수록 아이는 초조해졌습니다. 언제쯤이면 병아리가 나올까 그것만 기다리고 있던 어느 날, 아이는 암탉이 품고 있던 알을 빼앗았습니다.

그리곤 알을 깨뜨려 버렸습니다. 알에서 병아리가 나올 줄 알았던 아이는 깜짝 놀랐습니다. 계란 안에서는 채 모습을 갖추지 못한 병아리가 죽어 있었기 때문입니다.

정직한 방법으로 부지런히 일하는 사람은 잘살게 됩니다. 그러나 빨리 부자가 되고 싶어서 조급해 하는 사람을 점점 궁핍하게 됩니다. 조급한 사람은 오로지 빨리 성공해서 부자가 되겠다는 일념으로 부정 부패도, 불의하고 부정직한 일도, 남에게 피해를 주는 악한 일도 가리지 않습니다.

그러므로 겉으로 보기에는 굉장히 바쁘고 일을 많이 하는 것 같아도 아무 실속이 없고 헛되게 수고만 하다가 궁핍한 처지가 되고 마는 것입니다. 풍족한 생활은 열심을 품고서 성실하고 부지런하게 일하는 사람의 것임을 알아야겠습니다.

 모든 일에는 때가 있습니다. 당신은 혹시 모든 일에서 너무 서두르지는 않습니까?

> **"다투는 여인과 함께 큰집에서 사는 것보다 움막에서 혼자 사는 것이 나으니라"** 잠 21:9

8월 21일

결혼의 파탄은 부부의 한 편이 다른 한 편의 자아, 즉 자존심을 손상시키는 데서 생깁니다. 베티는 여러 사람이 많이 모인 자리에서 재치 있게 농담을 하여 사람들을 곧잘 웃길 줄 알았습니다. 그런데 베티는 그 남편을 진심으로 사랑하면서도 가끔 남편을 재료로 삼아 농담을 하는 버릇이 있었습니다. 마음이 너그러운 남편 봅은 자기 아내의 이러한 농담을 조금도 탓하지 않고 같이 웃곤 했습니다. 그러나 그런 일이 계속되자 남편은 사람들이 모이는 자리에 아내와 같이 가기를 꺼려하기 시작했습니다. 베티는 당황했습니다. 그녀는 비로소 자기가 남편의 마음에 상처를 준 것을 깨닫고 그 때부터 그녀는 농담에 능하던 그 재치로써 이번에는 남편을 추켜 올렸습니다. 이에 한 때 동요했던 남편의 마음은 다시 평정을 찾게 되었다고 합니다.

우리는 행복한 결혼 생활을 위해 성격이 잘 맞는 사람과 만나서 결혼하게 해 달라고 기도를 많이 하고, 일단 사람을 만나면 충분히 교제하여 서로의 성격을 파악한 후 결정해야 합니다. 그리고 결혼한 다음에는 상대방의 성격을 고치려하기 보다는 서로의 성격을 있는 그대로 인정하고 서로 상대방에게 나를 맞추려는 노력을 하며, 하나님 앞에 맹세한 결혼 서약을 평생 지켜야 할 것입니다.

당신은 자신의 아내(남편)의 인격을 얼마나 존중하고 있습니까?

> "의로우신 자는 악인의 집을 감찰하시고 악인을 환난에 던지시느니라"
> 잠 21:12

8월 22일

　몇 사람의 랍비가 악인의 무리와 마주쳤습니다. 이 악인들은 사람을 뼈 속까지 갉아먹을 것 같은 인간들이었습니다. 그만큼 교활하고 그만큼 잔인한 인간들이란 이 세상에 없었습니다. 한 사람의 랍비는 이러한 악당들은 물에 빠져서 모두 죽어버렸으면 좋을 것이라고 말했습니다.

　그러나 랍비 중에서 가장 위대했던 랍비는, "아니야, 유태인으로서 그런 생각을 가져서는 안 되오. 아무리 악인들이 죽어 버리는 게 좋다고 생각하더라도 그러한 일을 기도해서는 안 되오. 악인들이 멸망하는 것을 바라기보다는, 악인들이 회개하는 것을 바라야 하오."

　'의로우신 자'는 하나님을 가리킵니다. 하나님께서는 악인의 집을 감찰하시고, 악인에게 재앙을 내리십니다. 악인은 악행을 해도 당장에 벌을 받지 않음으로 인해 하나님을 만홀히 여기고 더욱 악한 행동을 합니다. 이러한 악인의 형태와 번영은 날로 더해 가는 것 같고, 이로 인해 많은 사람이 그를 부러워하기도 하고 분노하기도 합니다. 그러나 악인의 마음과 생각과 행동을 낱낱이 감찰하시는 하나님께서 그를 심판하시는 날, 악인의 비참한 최후를 맞게 되는 것입니다.

 하나님을 믿지 않는 이웃을 위해 기도했습니까?

> "귀를 막아 가난한 자의 부르짖는 소리를 듣지 아니하면 자기의 부르짖을 때에도 들을 자가 없으리라"
> 잠 21:13

8월 23일

잉글랜드의 오스왈드 왕에 관한 일화입니다. 그가 왕만이 먹는 진수성찬이 담긴 아름다운 은접시가 즐비한 식탁에 앉아 막 음식을 먹으려고 할 때였습니다. 시종으로부터 성문 앞에는 아직도 불쌍한 사람이 많이 있다는 이야기를 듣게 되었습니다. 그 시종은 그들에게 자비를 베풀기를 청했습니다.

그 때에 왕은 "하나님이여, 그들을 도우소서. 하나님이여, 그들을 구원하소서. 하나님이여, 그들을 위로하소서."라고 말하지 않고 시종에게 즉시 그 은접시를 가져가서 음식을 그들에게 나누어주고 그 다음에는 그 접시를 모두 부수어 그들에게 나누어 주라고 명령하였습니다.

내게 도울 수 있는 힘이 있는데도 도움을 청하는 사람들을 외면한다면, 내가 어려움을 당해 도와달라고 부르짖을 때에 나 역시 외면당하게 됩니다. 내게 힘이 있을 때에 어려운 사람들을 도와주어야 나도 어려울 때에 도움을 받을 수 있는 것입니다.

하나님의 나라에서 '심고 거두는 법칙'은 참으로 중요합니다. 내게 있는 것으로 남을 도와주면 반드시 돌려받게 됩니다. 또한 하나님께서 궁휼히 여기시고 기도를 들어 주십니다. 그러므로 우리는 언제나 마음의 문을 활짝 열어 놓고 가난하고 병들고 소외된 이웃을 모른 척하지 말고 힘껏 도와주어야겠습니다.

도움을 청하는 이웃을 외면하지는 않았습니까?

> "공의를 행하는 것이 의인에게는 즐거움이요 죄인에게는 패망이니라"
> 잠 21:15

8월 24일

미국 연방 대법원장을 지낸 호레이스 그레이 대법관이 어느 날 거리에서 한 사람을 만났습니다. 그 사람은 교묘하게 법망을 피해 무죄석방을 받아 거리를 활보하고 있는 중이었습니다. 그 범법자를 알아본 그레이 판사는 그를 붙잡고 이렇게 말했습니다.

"당신이 유죄인 것은 나도 알고 당신도 알고 있소. 당신에게 꼭 일러둘 말이 있소. 후일에 당신은 인간보다 현명하시고 뛰어나신 재판장 앞에 설 것이오. 거기서는 세상의 법률이 아니라 공의대로 심판을 받을 것이오."

빛이 없는 곳에서는 어둠이 판치지만, 빛이 비치면 어둠은 순식간에 사라져 버립니다. 마찬가지로, 공의가 없어지면 죄인이 판치는 세상이 되지만, 공의가 이루어지면 죄인은 설 곳을 잃습니다. 의인은 공의를 행하기를 즐거워하고, 공의가 이루어지면 만족하고 기뻐합니다. 그러나 죄인은 공의를 행하기를 싫어하고, 공의가 이루어지면 두려움 가운데 패망하고 마는 것입니다. 이에 그리스도인은 항상 공의로 판단하시는 하나님을 기억하며 의를 기뻐하는 삶을 살아야겠습니다.

 당신은 공의를 행하고자 노력하고 있습니까?

"연락을 좋아하는 자는 가난하게 되고 술과 기름을 좋아하는 자는 부하게 되지 못하느니라" 잠 21:17

8월 25일

어떤 창고 속에 꿀이 들어 있었습니다.

파리 떼들이 꿀 냄새를 맡고 몰려와 꿀을 핥아먹기 시작했습니다.

어찌나 꿀맛이 달던지 파리들은 떠날 줄 모르고 먹고 있다가 그만 날개며 발에 꿀이 묻어서 결국 영영 꿀 속에서 헤어나지 못하게 되고 말았습니다.

그러자 그중 한 마리가 말했습니다.

"우리들은 불쌍한 족속들이야. 작은 쾌락 때문에 목숨을 버려야 하다니!"

연락을 좋아하는 사람은 인생의 쾌락을 찾아 동분서주하며 사치와 과소비를 하다가 가난하게 됩니다. 분수에 넘치게 방탕하고 사치스런 생활을 하는 사람 또한 절대로 부자가 될 수 없습니다. 쾌락에 깊이 빠진 사람도 부유하게 될 수 없습니다. 부자가 되려면 많이 벌어들이는 것 이상으로 근검 절약하고 저축을 하여야 합니다. 사치와 쾌락을 좋아하는 사람은 결국 그 일로 인해 파멸의 길을 걷게될 뿐입니다. 그러므로 항상 자신의 삶을 반성하며 하나님의 말씀에서 떠나지 않는 그리스도인이 되어야할 것입니다.

당신은 분수에 넘친 방탕과 사치로 어려움을 당하고 있지는 않습니까?

> "지혜 있는 자의 집에는 귀한 보배와 기름이 있으나 미련한 자는 이것을 다 삼켜 버리느니라" 잠 21:20

8월 26일

선교사 윌리엄스는 자타가 공인하는 매우 지독한 구두쇠였습니다. 단벌신사의 남루한 차림새에다, 서양인이면서도 건강과 절약을 겸해 채식주의로 일관했고, 심지어 커피나 홍차에 넣는 설탕도 절약하기에 여념이 없었고, 편지나 인쇄물의 이면은 전부 원고용지로 사용했습니다. 이런 원고로 그는 〈교회사〉, 〈일본성공회사〉 등을 썼습니다.

그는 이렇게 절약하여서 화재를 당하여 낭패를 당한 사람을 구제하거나, 가난한 고학생의 학비를 보조해 주기도 했습니다. 특별히 헌금에 대한 열의는 대단했습니다. 도쿄 삼일대성당, 가우지마치세이아이 성당, 가네다 성당, 아사쿠사 성 요한 성당 등 수도 없는 성당을 건축했으며, 그밖에도 우다기노가와 학원, 츠기치 구육원, 오사카 박애사 등의 경비 대부분을 부담했습니다.

지혜로운 사람은 근검 절약하며 내일을 위해 저축을 합니다. 그러나 미련한 사람은 버는 대로 다 써 버립니다. 내일을 위해 예비하려는 마음이 없고, 마치 오늘 하루만 살 사람같이 있는 대로 낭비하며 삽니다. 그러므로 아무리 수입이 많아도 '밑 빠진 독에 물 붓기'로 남는 것이 없습니다.

하나님께서 주신 물질을 절약하여 지혜롭게 사용하는 것도 그리스도인의 한 본분인 것입니다.

당신은 물질의 청지기로서 그 사명을 잘 감당하고 있습니까?

> "입과 혀를 지키는 자는 그 영혼을 환난에서 보전하느니라"
> 잠 21:23

8월 27일

괴테의 집에는 언제나 정치가, 문학가, 군인, 실업가 등등 괴테의 문학을 사모하는 사람들이 모여서 담화를 나누곤 했습니다. 그런데 가끔 타인의 흉을 보거나 음담패설을 하는 사람들이 있었습니다. 그럴 때면 괴테는 눈을 날카롭게 반짝이면서 엄하게 다음과 같이 말했다고 합니다.

"여러분, 종이 부스러기나 음식 부스러기를 흘리는 것은 괜찮습니다. 그러나 남의 흉이나 음담패설을 흘리는 것만은 용서할 수 없습니다. 그런 더러운 말들은 모두 주워 가십시오. 그리고 다시는 그런 더러운 말을 저의 집에 가져오지 마십시오. 흉을 보는 것은 공기를 더럽히는 것입니다."

우리가 신앙 생활을 하면서 가장 범하기 쉬운 잘못이 '말실수'입니다. 말은 한마디만 잘못하면 사람들 사이에 오해를 가져오고, 이간하게 되고, 싸움을 일으키게 되고, 책임질 수 없는 큰 문제를 야기시킵니다. 말 한마디로 사람을 살리기도 하고 죽이기도 합니다. 이처럼 말은 능력이 있으므로 우리는 사소한 말이라도 신중하게 생각한 후에 해야 합니다. 따라서 말실수를 하지 않는 것이 온전케 하는 관문임을 명심하고 항상 말조심을 하여야 합니다.

당신은 이웃의 허물을 들추기보다는 칭찬하고 격려하는 입술을 가지고 있습니까?

> "어떤 자는 종일토록 탐하기만 하나 의인은 아끼지 아니하고 시제하느니라" 잠 21:26

8월 28일

학생, 수도자, 정치가를 태운 비행기가 갑자기 기관 고장을 일으켜 추락하는 돌발사태가 일어났습니다. 조종사는 승객이 있는 곳으로 와서 "불행하게도 우리에게는 낙하산이 세 개뿐입니다. 나는 이 사고를 보고해야겠기에 낙하산 배낭 하나를 가져야만 합니다"하고 뛰어내렸다. 그러자 정치가가 나서서 "나도 하나 가져가야 합니다. 왜냐하면 인류를 위하여 크게 공헌해야 하니까요"하며 배낭을 잡고 뛰어내렸습니다. 수도자는 학생을 향해 돌아섰습니다. "얘야, 나는 긴 생애를 살아왔다. 너의 생애는 앞날이 창창하게 남았다. 마지막 낙하산을 가져라. 행운을 빈다." 그러자 학생은 밝은 표정으로 말했습니다.

"걱정 마세요. 우리에게 낙하산이 두 개 있습니다. 두 번째 뛰어 내린 분은 제 짐 보따리를 가져갔습니다."

예수님을 믿어 새로운 피조물이 된 사람은 육체와 함께 그 정과 욕심을 십자가에 못박고(갈 5:24), 성령의 도우심을 받아 하나님의 뜻대로 삽니다. 더 이상 세상의 것에 욕심을 품고서 허덕이지 않고, 자기에게 있는 것을 남에게 나누어주고 구제하는 생활을 하게 됩니다. 이것은 의로운 행동이며 하나님께서 기뻐하시는 일입니다. 그러므로 다른 이에게 덕을 베푸는 사람에게는 하나님께서 반드시 좋은 것으로 갚아주실 것입니다.

 자신의 이익을 위해 구제를 소홀히하지는 않았습니까?

 **"악인의 제물은 본래 가증하거든 하물며 악한 뜻으로 드리는 것이랴"** 잠 21:27

8월 29일

몹쓸 병에 걸린 한 부자가 있었습니다. 용하다는 의원과 온갖 좋은 약을 다 써보았지만 차도가 없었습니다. 이에 마지막 방법으로 그는 하나님께 빌어보기로 결심했습니다. "하나님, 제 병을 낫게 해 주시면 양 일백 마리를 바치겠나이다." 하나님께서는 그의 기도를 들으시고 그를 병에서 낫게 하셨습니다. 그런데 병이 낫자 마음이 달라진 그는 이 궁리 저 궁리 끝에 밀가루로 양 백 마리를 빚어 제단에 바쳤습니다. 이에 몹시 화가 난 하나님은 그에게 벌을 내리기로 작정하셨습니다. 그리고는 어느 날 저녁 그의 꿈에 나타나 이렇게 지시하셨습니다. "일어나 해지는 서쪽 바다로 가거라. 그곳에 널 기다리는 일이 있으리라." 꿈에서 깨어난 부자는 부리나케 바닷가로 달려갔습니다. 그 때 마침 커다란 해적선이 입항하고 있었는데, 부자는 몸에 지닌 값진 물건들로 인해 그들에게 사로잡히고 말았습니다.

구약 시대에 하나님께 제사 드리는 것을 보면, 제물을 드리기에 앞서 먼저 속죄 의식을 행하였습니다. 즉, 하나님께서는 회개 없는 제물은 받지 않으신다는 것입니다. 회개 없는 악인의 제물을 받지 않으시는 하나님께서 악한 뜻으로 드리는 제물을 받지 않으시는 것은 두말할 나위 없습니다. 이처럼 망령된 일을 하는 악인은 하나님의 미움을 받아 결국 파멸하게 됩니다.

 당신은 신령과 진정으로 예배와 예물을 하나님께 드리고 있습니까?

> "악인은 그 얼굴을 굳게 하나 정직한 자는 그 행위를 삼가느니라"
> 잠 21:29

8월 30일

영국의 극작가 존 플레처는 다음과 같은 9개조의 좌우명을 만들어 이것을 거울삼아 스스로를 깊이 훈계했다고 합니다.

"첫째, 내 영혼의 눈이 깨어 있는가? 오늘 아침 눈을 뜬 이래 그 사상이 미혹에 빠지지 않도록 경계하고 있는가? 둘째, 나는 기도를 할 때마다 더 한층 하나님께 가까워졌는가? 셋째, 나의 신앙은 방심 때문에 약해졌는가? 분투에 의해서 강해졌는가? 넷째, 나는 일체의 불친절한 말과 사상을 이겨냈는가? 다른 사람이 나를 높일 때 기뻐하지는 않았는가? 다섯째, 나는 빛과 힘과 기회가 허락하는 한 귀한 시간을 가장 잘 사용했는가? 여섯째, 나는 하나님을 위해 절약해야 할 경우 절약했는가? 자신을 기쁘게 할 만한 무언가를 절약하지는 않았는가? 일곱째, 나는 말이 많으면 죄가 없을 수 없음을 기억하고 나의 혀를 잘 지배했는가? 여덟째, 나는 몇 번 나를 이겼는가? 아홉째, 나의 생활과 말은 복음이나 그리스도에게 영광을 돌리고 있는가?"

악인은 온갖 죄악을 행하고도 반성할 줄 모릅니다. 오히려 뻔뻔한 얼굴로 돌아다니면서 계속 죄악을 행합니다. 그러나 정직한 사람은 자신의 잘못을 깨달으면 즉시 반성하고 고칩니다. 또한 늘 조심하고 살펴서 신중하게 생각하고 말하며 행동하는 것입니다.

당신은 항상삶을 반성하고, 신중하게 행동하십니까?

> "지혜로도, 명철로도, 모략으로도 여호와를 당치 못하느니라"
> 잠 21:30

8월 31일

아주 어린 소년이 잠잘 시간이 되어 자기의 조그마한 침대 속으로 기어들어 갔습니다. 잠들기 전 소년은 아버지의 침대가 있는 쪽을 향하여 "아빠, 거기 계시지요?"하고 물었습니다. 그러면 언제나 그런 것처럼 "그래 아들아, 아빠 여기 있단다."하는 대답이 들려왔습니다. 그러면 그 소년은 아무런 두려움 없이 잠을 청했습니다. 이제 그 때의 그 소년은 칠십 노인이 되었습니다. 그러나 그는 늘 그래 왔던 것처럼 잠자리에 들기 전에 하늘에 계신 하나님 아버지를 향하여 "아버지, 거기 계시지요?"하고 묻곤 했습니다. 그러면 힘있고 분명하게 "그래 아들아, 내가 여기 있단다."라는 소리가 들려 왔습니다.

하나님은 지혜의 근원이시며, 전지 전능하신 분이시며, 모략의 신이십니다. 그러므로 사람이 아무리 지혜로워도 하나님보다 지혜로울 수 없고, 사람이 아무리 꾀가 많아도 하나님의 모략을 당할 수 없습니다. 성경은 "이 세상 지혜는 하나님께 미련한 것이니 기록된바 지혜 있는 자들로 하여금 자기 궤계에 빠지게 하시는 이라 하였고 또 주께서 지혜 있는 자들의 생각을 헛 것으로 아신다 하셨느니라"(고전 3:19, 20)고 증거합니다. 그러므로 이러한 하나님을 의지하고 하나님과 함께 하는 사람은 아무도 당해 내지 못하는 것입니다.

당신은 항상 하나님을 의지하고 있습니까?

잠언으로 여는 365일

9월

"겸손과 여호와를 경외함의 보응은
재물과 영광과 생명이니라"
(잠언 22:4)

> "싸울 날을 위하여 마병을 예비하거니와 이김은 여호와께 있느니라"
> 잠 21:31

9월 1일

미국의 초대 대통령 조지 워싱턴의 이야기입니다.

독립을 위해 전투 중이던 그가 병사들과 함께 포지 계곡을 지나는 어려운 상황 속에 있던 어느 날입니다. 그의 막사 가까이에 있던 한 농부가 매우 간절히 기도 드리는 소리를 들었습니다. 기도 소리에 이끌려 막사 가까이까지 갔을 때 그 농부는 무릎을 꿇고 눈물을 흘리며 간절히 기도하는 워싱턴의 모습을 볼 수 있었습니다. 이 광경을 보고 집으로 돌아온 농부는 아내에게 말하였습니다. "조지 워싱턴은 분명히 승리할 거야! 그리고 미국은 독립할 거야!" "당신은 어떻게 그런 확신을 할 수 있어요?"
"내가 오늘 나무를 하러 갔을 때 조지 워싱턴의 간절한 기도 소리를 들었소. 분명히 주님께서도 그의 기도를 들으실 것이라고 생각하오. 워싱턴은 승리할 것이오. 당신도 그가 승리하리라는 것을 반드시 믿게 될 것이오."

하나님은 전쟁의 승패는 물론 인간의 역사를 주관하시는 절대 주권자이십니다. 전쟁은 하나님께 있습니다. 아무리 최신식 무기로 무장하고 병력을 최대로 증강시켜도 전쟁에 이긴다는 보장은 없습니다. 전쟁의 승패는 하나님께 달려 있기 때문입니다. 이러한 하나님을 인정하고 믿고 의지하고 순종하며 나아갈 때, 만군의 하나님께서 싸워 주심으로 승리하게 되는 것입니다.

당신은 모든 일을 하나님께 맡기며, 승리를 구하고 있습니까?

> "빈부가 섞여 살거니와 무릇 그들을 지으신 이는 여호와시니라"
> 잠 22:2

9월 2일

한 젊은 여교사가 나바호의 인디언 보호구역 안에 있는 초등학교에 부임했습니다. 이 교사는 매일 학생 5명씩을 지명하여 산수 문제들을 풀게 했습니다. 그런데 언제나 아이들은 흑판 앞에 우두커니 선 채로 전혀 문제를 풀려 하지를 않았습니다. 그래서 교사는 왜 문제를 풀지 않느냐고 학생들에게 물어 보았습니다. 그런데 대답은 그녀를 놀라게 했습니다. 인디언 학생들은 어릴 때부터 서로의 개성이며 인격을 존중해야 한다고 어른들로부터 배워왔습니다. 그들은 자기네 반 안에는 산수 문제를 잘 풀지 못하는 아이도 있다는 것을 알고 있었습니다. 따라서 자칫하면 잘하는 아이에게는 우쭐함을, 못하는 아이에게는 열등감을 심어 놓을 수 있었던 것입니다. 그래서 그들은 어린 마음에도 교실 안에서 잘하는 아이, 못하는 아이를 가려낸다는 것이 얼마나 무의미한 경쟁이며 이로 인해 마음에 상처를 줄 것을 두려워했던 것입니다.

우리는 너무나도 당연하게 서로 경쟁하며, 인간을 차별하는 분위기 가운데에서 살고 있습니다. 그런데 본 절은 가난한 사람이나 부자나 똑같이 하나님께서 지으신 인격체임을 가르쳐 주고 있습니다. 만인은 하나님 앞에 평등합니다. 그러므로 우리는 모든 사람을 평등하게 대하되 하나님을 대접하듯이 대접하고, 모든 측면에서 인간 차별을 철폐하여야겠습니다.

 당신은 남을 나보다 낫게 여기며, 존중하는 삶을 살고 있습니까

"겸손과 여호와를 경외함의 보응은 재물과 영광과 생명이니라"
잠 22:4

9월 3일

어떤 사람이 성 아우구스티누스에게 "신앙생활에 있어서 첫째 되는 것은 무엇입니까?"라고 묻자 그는 "겸손이오."라고 대답했습니다.
"그럼, 둘째는요?"
"겸손이오."
"그러면 세 번째는 무엇입니까?"
그는 다시 "겸손이오."라고 대답했습니다.

겸손과 하나님 경외는 서로 맞물려 있습니다. 즉, 하나님 앞에 자신을 낮추는 겸손한 사람이 하나님을 경외하는 사람이며, 하나님을 경외하는 사람은 하나님 앞에 겸손할 수밖에 없습니다.
성경에는 겸손하고 하나님 경외하는 사람에게 하나님께서 주시는 여러가지 복과 은혜가 언급되어 있습니다. "너희 성도들아 여호와를 경외하라 저를 경외하는 자에게는 부족함이 없도다"(시 34:9).
이와같이 하나님께서는 겸손히 하나님을 경외하는 사람에게 '재물'과 '영광'과 '생명'으로 갚아 주시는 것입니다.

당신은 항상 겸손하기 위해 노력하십니까?

> "패역한 자의 길에는 가시와 올무가 있거니와 영혼을
> 지키는 자는 이를 멀리하느니라"   잠 22:5

9월 4일

미국이 필리핀을 식민지로 삼은 지 얼마 안되어 한 미군 장교가 마닐라 시에 파견되어 행정 일체를 관장하게 되었습니다. 그는 아울러 "깨끗하게 치리하라."는 명령을 받았습니다.

하루는 한 중국인이 찾아와 1만 달러를 건네 주었지만 그는 거절했습니다. 이 중국인은 그 다음날 2만5천 달러를 갖고 다시 찾아왔으나 그는 부하에게 내쫓으라고 명령하였습니다. 또 쫓겨난 중국인은 오기가 났는지 그 다음날에는 5만 달러나 들고 다시 찾아왔습니다. 그러자 이번에는 그 장교가 직접 나가 발로 걷어차서 쫓아냈습니다. 그런 연후에 상관에게 달려가서 사임하겠다고 하였습니다. "도대체 뭐가 문제란 말인가? 그 중국인이 자네를 너무 귀찮게 하기 때문인가?"

"그건 아닙니다. 하지만 그는 저의 마음을 살 수 있을 만큼의 돈을 가지고 왔습니다.

많은 유혹에서부터 자신의 양심과 영혼을 지키는 사람은 패역을 멀리합니다. 이러한 사람은 예수님을 믿고, 하나님을 경외하며, 영생을 원하기 때문에 죄를 짓지 않습니다. 그러므로 자기의 영혼을 지키고 경건하게 살며 하나님의 법도 지키고 하나님의 뜻에 순종하는 삶을 살다가 장차 천국에 들어가서 영생하게 되는 것입니다.

 당신은 자신의 영혼을 지키기 위해서 어떠한 노력을 하고 있습니까?

> "마땅히 행할 길을 아이에게 가르치라 그리하면 늙어도 그것을 떠나지 아니하리라"
> 잠 22:6

9월 5일

어느 날 증자의 아내가 시장에 따라오려는 아이에게 돌아오면 돼지고기를 구워주겠다며 달래어 겨우 집으로 돌려보냈습니다. 아내는 시장에서 물건을 다 사고 돌아와 보니 남편인 증자가 돼지우리에서 돼지를 꺼내 죽이려 하는 것이었습니다.

"아이의 간식으로 돼지를 죽이다니, 있을 수 없는 일이에요." 라고 말하는 아내에게 증자는 조용히 이야기했습니다.

"아이들에게 절대 농담을 하는 게 아니오. 아이들은 생각이 깊지 않으므로 부모의 행동과 말을 그대로 배우게 되오. 부모의 가르침으로 아이는 사람의 도리를 깨닫게 되는데 아이에게 거짓말을 하는 것은 아이에게 거짓말을 가르치는 것과 다름없소." 결국 증자는 아이에게 돼지를 잡아 고기를 구워 주었습니다.

교육학자들의 말에 의하면, 사람의 기초적인 인격이 완성되는 시기는 여섯 살 때라고 합니다. 그러므로 유년 시절에 부모로부터 가정 교육을 착실히 받는 것이 일생을 좌우한다고 해도 과언이 아닙니다. 이에 부모는 자녀가 어릴 때 말도 조심해서 좋은 말, 고운 말을 쓰고, 행동도 삼가서 모범적인 태도를 가르쳐야 합니다. 나아가서 부모가 믿음의 가정 분위기를 조성하고 말씀과 기도로 어린아이를 가르치며 양육하는 것은 그 아이의 영혼이 잘되게 해주는 최선의 길입니다.

당신은 자녀 교육을 위해서 스스로 얼마나 모범을 보이고 있습니까?

> "악을 뿌리는 자는 재앙을 거두리니 그 분노의 기세가 쇠하리라"
> 잠 22:8

9월 6일

미국의 험준한 산 속에서 금을 캐는 일을 생업으로 하는 사람이 있었습니다. 그는 홀로 산 속에 들어가서 몇 주일 동안 금을 캐는 일에 열중하던 중에 주위를 둘러보니 나무는 물론이고 꽃도 볼 수 없자 삭막함을 느꼈습니다. 그래서 그는 이따금씩 꽃씨를 사 주머니에 넣고는 산길을 오고 갈 때마다 길가 여기저기에 뿌렸습니다. 겨울이 되어 집으로 돌아와 쉬다가 이듬해 봄에 그 길을 지나다 보니 길 곳곳에 꽃들이 만개하여 별세계를 이루고 있었습니다.

"사람이 무엇으로 심든지 그대로 거두리라"(갈 6:7)는 말씀처럼 사람은 뿌린 대로 거두게 됩니다. 악의 씨를 뿌리면 재앙의 열매를 거두고 선의 씨를 뿌리면 복의 열매를 거두게 됩니다. 악을 뿌리는 사람은 잠시 번성하는 듯해도 그 악이 자라서 재앙의 열매를 맺으면 모든 기세는 쇠하여집니다. 우리가 하는 말 한마디, 행동 하나하나, 마음 씀씀이는 모두 하나님 나라에 심는 보이지 않는 씨입니다. 좋은 씨는 좋은 열매를 맺지만, 악한 씨는 악한 열매를 맺습니다. 그러므로 우리는 항상 좋은 말, 선한 행동, 착한 마음으로 심도록 노력해야 합니다.

 당신은 오늘 아름다운 열매를 맺는 씨앗을 뿌리셨습니까?

> "선한 눈을 가진 자는 복을 받으리니 이는 양식을 가난한 자에게 줌이니라" 잠 22:9

9월 7일

어느 날 임금님이 전국의 사대부들에게 잔치를 베풀며 양고기국을 한 그릇씩 나눠주는데 이천서라는 신하 차례에서 양고기국이 떨어지고 말았습니다. 이천서는 이것이 임금이 자기를 버리겠다는 표시라고 오해하여 그 길로 이웃나라로 망명하여 자기 나라를 침략하게 되었습니다.

양고기국을 얻어먹지 못한 분노가 온 나라를 쑥밭으로 만들어 버린 것이었습니다. 임금은 결국 도망하기에 이르렀고 모든 군사들은 뿔뿔이 흩어져 제 살 길 찾기에 바빴는데, 계속해서 뒤를 쫓아오는 두 명의 병사가 있었습니다. "그대들은 왜 도망가지 않는가? 나를 따르면 더 위험할텐데." 임금의 질문에 두 병사는, "저희 아버지께서 길에서 배고파 죽기 직전, 임금님께서 찬밥을 내려주시어 살려주신 적이 있습니다. 아버지가 임종하실 때 무슨 일이 있더라도 임금님을 지켜드리라고 당부하였습니다."

'선한 눈을 가진 자'는 마음이 착해서 가난하고 불쌍한 사람들에게 관심을 가지고 구제하며 도와주는 사람을 말합니다. 이런 사람은 콩 한 쪽도 나누어 먹기를 좋아하므로 그리 풍족하지 않아도 기꺼이 가난한 이웃과 양식을 나누어 먹습니다. 그러므로 후히 되어 누르고 흔들어 넘치도록 하여 갚아 주시는 하나님의 복을 받는 것입니다.

 당신은 이웃을 긍휼히 여기며 도움을 베풀고 있습니까?

> "마음의 정결을 사모하는 자의 입술에는 덕이 있으므로
> 임금이 그의 친구가 되느니라"   잠 22:11

9월 8일

영국 성공회의 베버리지 주교가 임종을 맞이했을 때 그의 기억력은 매우 감퇴되어 가장 가까운 친척들까지도 알아보지 못했습니다. 한 사제가 그에게 물었습니다. "저를 아시겠습니까?"

"당신이 누구요?"

또 그의 아내가 물었습니다. "저를 알아보시겠어요?"

"당신은 또 누구요."라고 대답할 뿐이었습니다.

그때 옆에 서 있던 사람이 물었습니다.

"예수 그리스도를 아십니까?"

"예수 그리스도라고요?"

마치 그 이름이 그에게 강심제 역할이라도 한 것처럼 기운을 회복하면서 이렇게 대답했습니다. "물론이지요. 나는 지난 40년간 그와 사귀어 왔답니다. 그분은 나의 유일한 희망이랍니다."

마음 속의 죄악을 모두 내어버리고 깨끗하고, 정직하고, 의롭고, 거룩하게 살려고 마음이 정결해지기를 간절히 사모하는 사람은 아주 덕성스러운 사람이 됩니다. 이러한 사람은 덕망 있는 말을 함으로 사람들의 존경을 받습니다.

그리고 무엇보다 의롭게 살고자 하는 사람에게는 만왕의 왕되신 예수님께서 친구가 되어 주시고, 함께 해주십니다.

 당신은 예수 그리스도와 동행하십니까?

> "게으른 자는 말하기를 사자가 밖에 있은 즉 내가 나가면 거리에서 찢기겠다 하느니라" 잠 22:13

9월 9일

영국에서 의사와 신학자가 대화를 하였습니다. 의사가 먼저 말하였습니다. "제 생각에는 인간의 불행 중에 최대 불행이며, 모든 질병 중에 가장 치명적인 질병인 이것은 수술로도 치료할 수 없으며 어떤 약으로도 치료할 수 없습니다."

그 말에 신학자가 고개를 갸우뚱거리며 물었습니다.

"그것은 암 같은 것입니까?"

의사가 힘없는 목소리로 대답했습니다.

"아닙니다. 아무도 이 작은 악마를 잡지 못했습니다. 이 작은 악마의 이름은 권태입니다. 이것은 인간을 비참하고 어리석게 만듭니다. 이것을 죄의 씨앗이라고도 말할 수 있습니다. 이 불치병을 고치는 사람은 세계의 모든 의사와 약사가 한 일보다 더 큰 일을 하는 것입니다."

'핑계 없는 무덤 없다.'는 말이 있는데, 본 절에 보면 게으른 사람이 둘러대는 핑계가 언급되어 있습니다. 게으른 사람, 일하기 싫어하는 사람은 자신의 게으름을 회개하고 고칠 생각은 하지 않고, 온갖 말 같지 않은 변명만 합니다. 하지만 그 변명이 올바로 받아들여지지 않을 것은 명약관화한 일입니다. 따라서 불치의 병과 같은 게으름을 이기는 것이 곧 성공하는 길임을 기억해야겠습니다.

당신은 게으름을 피우며 핑계를 대지는 않습니까?

> "이를 얻으려고 가난한 자를 학대하는 자와 부자에게
> 주는 자는 가난하여질 뿐이니라"   잠 22:16

9월 10일

 늑대 한 마리가 사냥개에게 쫓겨 동네로 들어오게 되었으나 숨을 곳이 없었습니다. 그러다 어느 집 담 위에 고양이가 앉아 있는 것을 보고 늑대는 구원을 청했습니다.
 "고양이야, 이 동네에서 제일 친절한 사람을 가르쳐 주렴. 난 지금 사냥개에게 쫓기고 있어."
 "그럼, 김 서방네 집으로 가세요, 늑대 아저씨."
 "그렇지만 나는 김 서방네 돼지를 죽인 일이 있는데……."
 "그래요? 그럼 이 서방네 집으로 가세요."
 "이 서방도 무서워. 난 그 집 염소를 훔친 일이 있으니까."
 그러자 고양이는 사나운 눈초리로 이렇게 말하였습니다.
 "그렇다면 아무도 당신을 도울 사람은 없어요. 손해를 입힌 당신을 구해 줄 바보는 이 동네에는 없으니까요."

 어려운 사람을 구제하는 것은 하나님의 뜻이며 명령입니다. 하나님은 그러한 사람에게는 범사와 하는 일마다 복을 주신다고 약속하셨습니다. 그러나 어려운 사람에게는 아무런 도움도 주지 않고 자신의 이익만을 추구하는 사람이 있는데 그러한 행적은 나중에 만천하에 알려지고, 그 행적으로 말미암아 발생한 문제로 인해 파멸당하고 뭇 사람의 손가락질을 받게 됩니다. 따라서 항상 어렵고 가난한 이웃을 배려하는 사람이 되어야겠습니다.

당신은 이이웃 위해 이웃을 어려움에 처하게 하지 않았습니까?

"노를 품는 자와 사귀지 말며 울분한 자와 동행하지 말지니 그 행위를 본받아서 네 영혼을 올무에 빠칠까 두려움이니라"
잠 22:24, 25

9월 11일

전 독일 대통령 힌덴부르크가 90평생을 사는 동안 그의 화난 얼굴을 본 사람이 없었다고 합니다. 오랫동안 그를 섬긴 비서관까지도 노기를 띤 그의 얼굴을 본 일이 없었습니다. 어떤 신문기자가 힌덴부르크 대통령을 방문하여 그 비결을 물어 보았더니 대통령은 이렇게 대답하였다고 합니다.

"나라고 어찌 화나는 일이 없겠는가? 그럴 때면 휘파람을 불어 분노를 날려 버리곤 한다네."

'노를 품는 자'는 성질이 과격한 사람입니다. 그리고 '울분한 자'는 쉽게 노여워하는 사람, 즉 툭하면 화를 내고 조금만 잘못해도 분통을 터뜨리는 사람입니다. 사람은 환경의 지배를 받습니다. 그 중에서도 특히 주위 사람들의 영향을 많이 받습니다. 좋은 친구를 사귀면 좋은 영향을 받아서 바른 길로 가게 되지만, 그렇지 못하면 잘못된 길로 빠지게 됩니다. 그러므로 우리는 아무하고나 시키지 말고 사람을 가려서 사귀어야 합니다. 악한 사람과 사귀면 우리의 영혼이 잘못되게 합니다.

따라서 우리는 항상 선하고 의로운 사람, 긍정적인 사람, 믿음의 사람, 지혜로운 사람과 교제하고 동행함으로써 우리의 영혼이 잘되고 우리의 인생길이 바른 길로만 이어지도록 하여야겠습니다.

혹시 당신은 분노를 쉽게 표출하지는 않습니까?

> "너는 사람으로 더불어 손을 잡지 말며 남의 빚에 보증이 되지 말라 만일 갚을 것이 없으면 네 누운 침상도 빼앗길 것이라 네가 어찌 그리하겠느냐" 잠 22:26,27

9월 12일

어떤 빚진 사람이 빚을 갚지 못하자 대신 빚보증 선 사람이 빚 독촉을 받게 되어 할 수 없이 유일한 재산인 암돼지를 팔려고 내 놓았습니다. 그러자 사려는 사람이 와서 새끼를 잘 낳을 수 있느냐고 물었습니다. 아무리 주인이라도 이것까지는 알 리 없었습니다. 그러나 팔기 위해선 어떻게 하든지 손님을 만족시켜야 했습니다. "그렇고 말고요 손님! 이놈은 동네 결혼식 때면 암놈만 낳고 이웃 환갑에는 수놈만 낳습죠."

"네?" 사려던 사람이 놀라 '설마 그럴 리가 있을라구'하는 표정을 지으니까 옆에 앉았던 빚 받으러 온 사람은 한술 더 떠서 말하였습니다.

"그뿐인 줄 아십니까? 이 돼지는 동네 제삿날이면 염소새끼까지도 낳는다니까요."

빚 보증을 서지 말라는 경고의 가르침입니다. 보증은 자기가 애초에 거절하지 못하고 보증을 섰기 때문에 어느 누구를 원망할 수도 없고, 책임을 덜어 달라고 부탁할 여지도 없이 그 책임을 고스란히 지게 되는 것입니다. 더욱이 그 일을 위해 원하지 않는 거짓말이나 행동을 할 수도 있는 것입니다. 그러므로 자기 자신은 물론, 이웃의 모든 사람들에게 '예, 아니오'를 분명히 하여 어려움을 당하지 않도록 해야 할 것입니다.

 당신은 거절하고, 승낙하는 방법을 지혜롭게 사용하고 있습니까?

"네 선조의 세운 옛 지계석을 옮기지 말지니라"
잠 22:28

9월 13일

사자와 다른 동물 몇이 한번은 숲에서 함께 살며, 모든 포획물을 동등하게 나누기로 합의하였습니다.

어느 날, 알맞게 살찐 사슴이 염소가 놓은 덫에 걸려서 염소는 즉시 나머지 동물들을 불러모았습니다.

사자가 사슴을 네 부분으로 나누었습니다. 가장 좋은 부분을 자기가 가지면서 사자는 말했습니다. "이것은 내 것이다. 물론, 나는 사자니까." 또 한 조각을 가지면서 그는 덧붙였습니다. "이것도 내 것이다. 당연히 너희가 알아야 한다면, 가장 강한 자의 권리로써." 세번째 조각을 떼어내면서 "이것은 가장 용감한 자의 것이다."하고 그는 말했습니다. 그리고 남은 부분에 대해서는, "감히 손대기만 해봐!"

'지계석'은 논밭이나 행정 구역, 또는 국경을 표시하기 위해 세우는 말뚝입니다. 즉, 지계석은 재산의 권리를 표시하는 것이라 할 수 있습니다. 따라서 지계석을 옮긴다는 것은 남의 재산을 침해하는 것을 의미합니다. 다시 말해, 다른 사람의 권리, 다른 나라의 권리를 존중해야 한다는 말입니다. 내 권리가 중요한 만큼 다른 사람의 권리도 중요합니다. 그러므로 우리는 자신의 권리를 내세우기에 앞서 다른 사람의 권리를 인정하고 존중해야 합니다. 그리할 때 나의 권리도 존중받게 되는 것입니다.

당신은 타인의 권리를 존중하기 않으면 욕심을 내일은 없습니까?

"네가 자기 사업에 근실한 사람을 보았느냐 이러한 사람은 왕 앞에 설 것이요 천한 자 앞에 서지 아니하리라"
잠 22:29

9월 14일

이탈리아의 지체 높은 공작이 어느 날 길을 걷다가 열심히 상자를 만들고 있는 노동자를 우연히 보게 되었습니다. 공작은 노동자에게 물었습니다. "당신이 만들고 있는 그 상자를 어디에다 쓸 생각입니까?"

"저는 여기에다 꽃씨를 뿌릴 생각입니다."

공작은 아주 재미있다는 듯이 계속해서 물었습니다.

"그렇다면 흙을 담아야 하겠군요. 기왕에 흙으로 채울 상자라면 무엇 때문에 그렇게 정성을 다해서 깎고 다듬는단 말이오? 쓸데없는 일에 애를 쓰고 있군요. 그렇게 훌륭하게 만든다고 해서 누가 알아준답니까?"

"그러나 저는 그렇게 생각하지 않습니다. 나사렛에서 목수일을 하신 예수님이었다면, 그분은 능히 하실 수 있는 일을 아무렇게나 하셨겠습니까?"

그 노동자의 이름은 미켈란젤로였습니다.

자기 사업에 근실한 사람은 사업을 번창시킵니다. 열심을 갖고 부지런하고 성실하게 일하므로 사업이 번창 일로를 달리게 되는 것입니다. 또한 최선을 다하며 나아감으로 중단 없는 발전을 이루고 마침내 큰 성공을 거두고 명예를 얻게 됩니다.

 당신은 작은 일에도 최선을 다하고 있습니까?

> "그 진찬을 탐하지 말라 그것은 간사하게 베푼 식물이니라"
> 잠 23:3

9월 15일

아시시의 프란체스코는 가난을 평생 같이 살 아내로 여기고 독신으로 세상을 살다 떠난 사람입니다. 그는 "가서 네 소유를 팔아 가난한 자들에게 베풀어라", "여행을 위하여 아무것도 가지지 말라", "아무든지 나를 따라오려거든 자기를 부인하고 자기 십자가를 지고 나를 좇을 것이니라"는 세 가지 성경 구절을 그대로 실행하려고 애쓴 사람이었습니다.

어느 날 그가 파티에 초대되었습니다. 그곳에는 산해진미가 차려져 있으나 그는 다른 곳에서 얻은 음식을 품안에서 꺼내어 그것을 먹었습니다. 그는 그 자리에서도 전부터의 검소한 생활 방식을 일관한 것입니다.

고위 관리에게 초대를 받았을 때에는 특별히 몸가짐을 잘하고 그의 의중을 잘 간파해야 합니다. 그런 음식은 나를 시험해 보고 관찰해 보기 위한 음식일 수도 있습니다. 그러한 것들은 우리를 후에 곤욕에 빠뜨릴 가능성이 있는 것입니다. 그러므로 아무리 진귀한 산해 진미, 내가 좋아하는 음식들을 대접받아도 그 음식을 먹는 일에 열중할 것이 아니라, 그 음식을 베푼 의도가 무엇인가를 파악하여 그 자리가 최선의 기회가 되도록 하여야겠습니다.

당신은 세상적인 간에 탐욕을 품고, 하나님께서 기뻐하시지 않는 행동을 하진 않았습니까?

> "네가 어찌 허무한 것에 주목하겠느냐 정녕히 재물은 날개를 내어 하늘에 나는 독수리처럼 날아가리라"
> 잠 23:5

9월 16일

영국의 정치가 말보로 공작은 말년에 몸이 몹시 쇠약해졌을 때에도 마차 삯 6펜스를 절약하기 위해 춥고 깜깜한 밤에 자기의 집무실에서 집까지 걸어가곤 했습니다. 그가 죽으면서 남긴 150만 파운드 이상의 재산은 그가 생전에 가장 싫어했던 원수 중의 한 사람이 상속을 받았습니다. 그는 누구를 위해서인지도 모르면서 금광을 캐야 하는 벌을 받은 사람이었던 것입니다.

잘살고 싶어하는 것은 사람들의 보편적인 소원입니다. 그런데 부자가 되겠다는 목표를 세우고 부자 되기를 애쓰다 보면 마음에 탐심이 생깁니다. 일단 마음속에 돈에 대한 욕심이 생기면 눈이 어두워집니다. 그러나 재물은 영구히 소유할 수 있는 것이 아닙니다. 계속 끌어 모은다고 해서 모아지는 것도 아닙니다. 그러므로 재물을 버는 것도 중요하지만, 재물을 잘 쓰는 것은 더 중요합니다. 선한 일에 재물을 사용하면 더욱 하나님께 복을 받게 됩니다. 그리고 이렇게 쓰이는 재물은 참으로 가치 있는 것이 됩니다.

욕심을 버리고 자족하며, 나아가서 순리를 따라 하나님의 영광을 위해 선한 일을 하는 데 힘써야겠습니다.

당신은 하나님의 청지기로서 재물을 잘 관리하며 사용하고 있습니까?

> "미련한 자의 귀에 말하지 말지니 이는 그가 네 지혜로운 말을 업신여길 것임이니라"   잠 23:9

9월 17일

링컨 대통령이 한 번은 어떤 정치인의 비위를 맞추기 위해 여러 연대(聯隊)를 이동시키라는 명령을 내렸습니다. 그러나 육군성 고위 당국자인 애드윈 스탠튼은 그 명령을 수행하지 않았으며, 오히려 잘못된 명령을 내린다고 링컨을 비난했습니다.

이러한 스탠튼의 반응에 링컨은 자신의 행동을 다시 한번 생각하게 되었고 자신의 명령이 얼마나 잘못된 명령이었는지 알게 되었습니다. 그리고는 그 명령을 철회했습니다.

미련한 사람의 가장 두드러진 특성은 다른 사람의 충고를 듣지 않는다는 것입니다. 자기의 생각과 말만 옳다고 생각합니다. 그러므로 지혜로운 말을 귓등으로 듣고 업신여깁니다.

그러나 자기 주관은 뚜렷하게 서 있으면서 다른 사람의 말을 듣고 참조할 줄 아는 사람은 지혜롭습니다. 우리가 예수 그리스도를 믿으면 지혜를 얻습니다. 그러므로 우리 그리스도인들은 지혜가 있는 사람들입니다. 그러나 때로는 지혜에서 떠나 미련한 옛사람의 모습으로 실족하는 경우가 있습니다. 그러므로 우리는 언제나 나의 상태가 지혜 편에 속해 있는지, 아니면 미련한 쪽으로 기울어져 있는지 점검해 보아야 합니다. 그리고 하나님 안에서 주관을 갖되 다른 사람의 충고에 자신을 정직하게 비추어 보고 더욱 지혜로워지는 사람이 되어야겠습니다.

당신의 신앙은 지혜의 말씀을 겸손히 따르는 신앙입니까?

> **"훈계에 착심하며 지식의 말씀에 귀를 기울이라"**
> 잠 23:12

9월 18일

미국의 미시간 주 잭슨에 있는 성 요셉 고아원에 타미와 지미 형제가 살고 있었습니다. 그러나 형 지미가 중학생 나이가 되자 양부모를 따라가느라고 둘은 헤어질 수밖에 없었습니다.

동생 타미 역시 양부모 밑에 들어가 중학생이 되었지만 문제아가 되어 결국 퇴학을 당하게 되었습니다. 그가 교문을 나서는데 불현듯 고아원에서 자기를 지도해 준 베라다 수녀의 말이 떠올랐습니다. "하나님은 너를 절대로 버리지 않으신다. 큰 별을 따도록 노력해라." 타미는 용기를 내어 피자가게에 취직했고, 열심히 배워 피자 한 개를 11초에 반죽하는 놀라운 솜씨를 발휘했습니다. 오늘날 미국에 있는 피자 체인점 중에서 두 번째로 큰 것이 '도미노 피자'인데 이 '도미노 피자'는 학교에서 퇴학당한 고아 타미, 즉 토마스 모나한이 창설한 것입니다.

'착심한다'는 말은 마음에 붙인다는 뜻입니다. 훈계를 듣는 것은 달갑고 기분 좋은 일이 아닙니다. 더구나 훈계에 착심한다는 것은 여간 힘들지 않습니다. 하지만 훈계와 교훈을 싫어하면 변화도 발전도 없습니다. 어리석음의 구덩이 속에서 계속 뒹구는 돼지와 같이 되고 맙니다. 따라서 우리는 듣는 귀로 훈계와 교훈을 받고 열린 마음속 깊이 간직하여 어리석음을 내어쫓고, 나날이 지식과 지혜를 더하며, 부단히 변화되고 성장해야겠습니다.

당신은 훈계를 즐거워하여 자신의 성장을 위해 노력하고 있습니까?

> "내 아들아 만일 네 마음이 지혜로우면 나 곧 내 마음이 즐겁겠고 만일 네 입술이 정직을 말하면 내 속이 유쾌하리라"
> 잠 23:15, 16

9월 19일

두 사람의 장사꾼이 있었는데 그들은 모조품을 진품이라고 속여 팔아 많은 이익을 남겼습니다. 그러나 사람들이 더이상 속지 않자 그들은 멋진 속임수를 생각해냈습니다. 그것은 한 10년 동안만 정직하게 장사하다가 모두 믿게 되면 그때 크게 한탕하자는 것이었습니다. 그날부터 두 사람은 정직한 장사꾼이 되었습니다. 세월이 흘러 10년이 되자 크게 한탕하기를 모의했습니다. "이제 우리는 마음만 먹으면 얼마든지 사람들을 속일 수 있다네." 그러나 그들은 서로 장사가 잘 된다는 이야기에 이르자 갑자기 입을 다물었습니다. "사실 우리는 10년 동안 정직한 체하며 신용을 쌓았다가 나중에 크게 한 번 사기를 치려고 했던 것 아냐? 그런데 정직하게 장사를 했더니 오히려 장사가 잘 되더라구. 그렇다면 우리 이대로 계속 밀고 나가는 것이 어때?" 이제 그들에게는 더 이상 남을 속일 이유가 없어졌습니다.

하나님을 기쁘시게 하는 삶은 하나님에 대한 믿음을 갖고 행하는 삶이요, 지혜로운 삶이요, 정직한 삶입니다. 하지만 이러한 삶을 살기란 인간적으로 생각할 때 너무나 어려운 일입니다. 따라서 우리는 하나님을 의지하지 않을 수 없는 것입니다. 그러므로 우리는 하나님의 도우심을 받아 하나님의 기쁨이 되는 자녀가 되어야겠습니다.

당신은 하나님이 기뻐하는 자녀입니까?

> "네 마음으로 죄인의 형통을 부러워하지 말고 항상 여호와를 경외하라 정녕히 네 장래가 있겠고 네 소망이 끊어지지 아니하리라" 잠 23:17, 18

9월 20일

마틴 루터 킹 박사가 가장 고통스러운 시절에 '내 마음이 어떻게 변했는가' 라는 제목으로 크리스챤 센추리 지에 기고한 글이 있습니다. "나는 지난 몇 년 동안에 편안한 날을 별로 갖지 못했습니다. 앨러배마 감옥에 다섯 번 투옥되었고 내 집이 두 번 폭파되었고 나와 나의 가족을 죽이겠다는 전화를 거의 매일 한 번씩 받았고 또한 칼에 찔려 죽을 고비도 넘겼습니다. 더 이상 이 무거운 짐을 지고 갈 수 있을지 정직하게 말해서 나 자신 의심스럽습니다. 정말 조용하고 쉽게 살고 싶은 유혹을 시간마다 받습니다. 그러나 나는 고통을 통하여 흑암이 얼마나 나에게 도움이 되는가를 배웠습니다. 주님을 믿을 때 고통은 오히려 창조적인 능력으로 변한다는 것을 여러 번 체험하였습니다. 나의 불행은 나 자신을 변화시키며 다른 사람들을 고쳐 줄 수 있는 기회인 것입니다. 바울이 자랑스럽게 '나는 내 몸에 예수 그리스도의 흔적을 지닌다' 고 말한 뜻을 실감있게 이해합니다."

하나님을 경외하는 의인은 적은 것을 소유해도 그 속에 정의가 있으므로 평안과 기쁨과 행복이 있습니다. 하나님께서는 당신을 경외하는 사람을 버리지 않으시고 지키시며 인도해 주십니다. 그러므로 하나님을 경외하는 사람은 밝은 장래, 영광의 소망을 바라보며 살아갈 수 있는 것입니다.

 당신은 어떤 상황 어떤때에도 변함이 없으신 하나님을 온전히 의지하십니까?

> "내 아들아 너는 듣고 지혜를 얻어 네 마음을 정도로
> 인도할지니라"   잠 23:19

9월 21일

스펄전(C. H. Spurgeon)은 모든 일에 믿음으로 주님을 꼭 이용하라고 하면서 다음과 같이 말했습니다.

"만일 당신이 어두운 형편에 이르게 되면 빛으로 인도하시는 주님을 태양으로 사용하라. 또한 당신의 인생항로의 갈 길을 잃어버리거든 주님을 인도자로 삼으라. 그는 당신을 인도해 주실 것이다. 주님은 당신이 구하는 바로 그것이요 장소는 모든 것이다. 모든 일이 하나님의 간섭 없이는 이루어지는 것이 없다."

하나님의 말씀은 진리이며, 또한 하나님의 지혜입니다. 진리 안에 진정한 인생의 바른 길이 있습니다. 그러므로 우리는 하나님의 말씀을 듣고 그 진리를 따라 우리의 마음을 바르게 하고, 지혜를 가지고 인생의 바른 길을 찾아가야 하겠습니다.

 당신은 지혜되시는 하나님을 항상 의지합니까?

> "술 취하고 탐식하는 자는 가난하여질 것이요 잠자기를
> 즐겨 하는 자는 헤어진 옷을 입을 것임이니라"
> 잠 23:21

9월 22일

12세기 이란에서 가장 막강한 힘을 가진 정치가 중 핫산 서버라는 사람이 있었습니다. 핫산에 대항한 적들은 예외 없이 모두 암살 당했습니다. 핫산은 마약의 일종인 하시시에 손을 대며 '독수리 요새'에서 청년들에게 암살훈련을 시켰습니다.

핫산은 허황된 꿈에 빠져 있는 폭력배들을 훈련소에 입소시켰습니다. 청년들은 매일 미녀와 산해진미를 대접받았습니다. 그들은 '쾌락의 늪'에서 허우적거렸고, 결국은 마약까지 복용하게 되었습니다. 핫산은 이 청년들을 일단 집으로 돌려보냅니다. 그러나 귀가한 청년들은 '쾌락의 그 날'을 그리워하며 현실에 적응하지 못했습니다. 그러면 핫산은 그 젊은이들을 다시 불러 특수훈련을 시킵니다. 그리고 청년들에게 암살지시를 내리면 목숨을 걸고 책임을 완수했습니다.

먹고 마시며 흥청망청 돈을 뿌리면서 일락을 추구하는 사람은 자기만 연락하는 것이 아니라 자기 주위 사람들까지 끌어들여서 함께 즐깁니다. 또한 쾌락을 즐기는 데 빠져서 일을 하지 않고 나태하며, 그저 온갖 별미를 찾아 탐식하고 술에 취해 있다가 쓰러져서 마냥 잠만 자는 생활을 합니다. 그러므로 이러한 사람은 가난해지고 궁핍하게 될 수밖에 없을 뿐만 아니라, 결국 파멸하게 될 뿐입니다.

당신은 유혹으로 인해 혹 쾌락에 빠져있지 않습니까?

"너 낳은 아비에게 청종하고 네 늙은 어미를 경히 여기지 말지니라"
잠 23:22

9월 23일

영국의 여류 문학가 매컬리는 어린이들에게 다음과 같은 충고를 했습니다.

"사랑하는 아이들아, 어머니의 인자한 눈, 부드러운 손, 친절한 음성이 존재하는 동안 이것들을 존귀하게 여겨라. 사랑하는 어머니는 하나님이 주신 최고의 선물이다. 그렇기 때문에 어머니를 특별히 소중하게 여겨야 한다. 일생 동안 아무리 많은 동무들에게 사랑을 얻는다고 해도 지금 어머니에게 받는 사랑만은 못할 것이다."

부모의 사랑은 자연적으로 마음에서 우러나는 사랑입니다. 그렇기 때문에 정신병자가 아닌 이상 부모로서 자기 자식을 사랑하지 않는 사람은 없습니다. 그러나 자식은 부모와 같은 사랑으로 자기 부모를 사랑하지 않습니다.

그런데 성경은 이러한 현세태를 향해 부모를 공경하라고 경고하여 가르칩니다. 나를 낳아 준 부모를 공경하고, 부모의 말씀을 듣고 순종하며, 부모를 존중하고 사랑하라고 가르칩니다.

부모가 평생을 하루같이 자식을 사랑하듯이, 자식도 늙으신 부모를 공경하여 매일 매일 '어버이 날'이 되도록 하여야 하는 것입니다.

 부모를 공경하라는 하나님의 말씀을 삶에서 실천하고 계십니까?

> "네 부모를 즐겁게 하며 너 낳은 어미를 기쁘게 하라"
> 잠 23:25

9월 24일

우리가 다른 사람에게 줄 수 있는 가장 좋은 선물은 무엇일까요?

영국의 정치가요 저술가였던 밸푸어(1848~1930)는 이렇게 말했습니다. "그대의 원수에게는 용서를, 그대의 적대자에게는 관용을, 그대의 친구에게는 자신의 마음을, 그대의 아들에게는 모범을, 그대의 아버지에게는 효도를, 그대의 어머니에게는 어머니가 그대를 자랑할 일을 행하라. 그대 자신에게는 존경을, 모든 사람에게는 인애를 주는 것이 가장 좋은 선물이다."

부모는 자식이 자기의 생명의 연장이라고 생각합니다. 그렇기 때문에 자식이 잘되는 것을 시기하지도, 질투하지도 않습니다. 오히려 자식이 잘되면 자신의 일보다 더욱 기뻐하고 자랑스러워하는 것이 부모의 마음입니다.

자식이 하나님을 잘 섬기고 의롭고 선한 행실로 사람들의 칭찬을 받으면, 그것이 아버지의 면류관이 됩니다. 또한 자식이 지혜로워서 모든 일을 잘 처리하면, 그 자식을 낳은 부모는 여간 자랑스럽고 기쁘지 않습니다. 실로 그 자식을 낳은 보람을 느끼고 참 기쁨이 생기는 것입니다.

그러므로 우리는 하나님과 육신의 부모에게 자랑이 되는 자녀가 되도록 노력해야합니다.

 당신은 오늘 하나님과 부모님에게 자랑스러운 자녀답게 생활하셨습니까?

"내 아들아 네 마음을 내게 주며 네 눈으로 내 길을 즐거워할지어다"
잠 23:26

9월 25일

네 살 된 어린아이가 주일학교에 갔다가 헌금으로 준 돈을 그냥 가지고 돌아왔습니다. 의아하게 생각한 어머니가 "헌금하지 않고 왜 가지고 왔니?"하고 묻자 아이는 심각한 표정으로 대답했습니다.

"선생님이 예수님을 사랑하면 예수님은 우리 마음속에 오셔서 산다고 가르쳐 주셨어요. 그런데 엄마는 돈을 예수님께 바치라고 했지 입으로 넣으라고는 말하지 않았잖아요. 그래서 어떻게 할지 몰라서 그냥 가지고 왔어요. 돈을 예수님께 드리려면 이것을 먹어야 할 텐데."

우리의 마음을 하나님께 드리지 않고 마음 문을 닫고 있다면, 우리는 하나님의 자녀라고 할 수 없습니다. 우리는 마음 문을 활짝 열어놓고 하나님과 교제하며 우리의 마음을 하나님께 드리고, 하나님께서 우리에게 주신 길을 기뻐해야 합니다. 하나님께서 주신 길은 예수 그리스도입니다. 그러므로 우리는 예수 그리스도를 믿고 그 말씀에 따라 살아야 하는 것입니다. 이처럼 우리가 하나님께 우리의 마음을 드리고 기쁜 마음으로 예수님을 따라갈 때, 하나님께서 영광을 받으십니다.

 어린아이와같은 마음으로 하나님의 뜻을 따르고 있습니까?

> "포도주는 붉고 잔에서 번쩍이며 순하게 내려가나니 너는 그것을 보지도 말지어다" 잠 23:31

9월 26일

알렉산더 대왕은 음주 대회를 열어 그 대회에서 제일 술을 많이 마신 사람에게 상을 주었습니다. 그러다 보니 대회에 참가한 사람들은 도에 지나치게 음주를 했고, 그 결과 30명이나 목숨을 잃었다 합니다.

알렉산더를 비롯한 당시의 국민들이 술을 얼마나 많이 마시고 흥청거리며 방탕했는가는 짐작하고도 남음이 있습니다.

허구한 날 술타령을 하며 술에 절어 사는 사람은 스스로 재앙을 초래하는 사람입니다. 술 취한 사람은 매사가 자기 마음대로 되지 않는다고 푸념합니다. 그리고 아무에게나 시비를 걸고 싸움을 하며, 그 결과로 남는 것은 원망밖에 없습니다. 이처럼 인생을 파멸시키고 해독을 주는 알코올 중독은 자기도 모르는 사이에 걸려드는 덫입니다. 이에 성경은 술 취하지 말라고 경고하는 것입니다.

따라서 우리 그리스도인들은 세상 술에 취하지 말고 성령의 술에 취해야 합니다. 성령 충만하여 말씀을 많이 읽고 기도를 많이 하면, 아무런 해독을 받지 않을 뿐 아니라 파탄에 이르지도 않습니다. 오히려 성령의 새 술에 취하면 참 평안과 기쁨이 넘치며, 권능을 얻어 모든 어려움을 극복하여 물리치고 능력 있게 인생을 헤쳐 나가게 되는 것입니다.

 당신은 유혹을 합리화하며 음주를 하지는 않습니까?

> "너는 악인의 형통을 부러워하지 말며 그와 함께 있기도 원하지 말지어다 그들의 마음은 강포를 품고 그 입술은 잔해를 말함이니라"
> 잠 24:1, 2

9월 27일

프랭크 브레이디의 저서인 "오나시스"에서 오나시스는 아들의 죽음으로 인해 신경장애로 고생하다가 2년 후 딸 크리스티나가 혼자 지켜보는 가운데 쓸쓸히 죽어갔습니다. 그에겐 부는 있었지만 사랑은 없었습니다. 이와는 정반대로 존 빅맨과 일레인 빅맨 부부는 25년이 넘는 세월을 멕시코 남부의 콜 인디안들을 위한 삶을 살았습니다. 외부 환경의 갖은 위험과 피로 속에서도 그들은 콜 족을 위해 자신들의 생명을 쏟아 부었습니다. 빅맨 부부는 그들의 동역자들과 함께 콜 언어로 신약을 번역했고, 교회 지도자 훈련학교도 세웠습니다.

콜 족의 교회는 마침내 성도가 13,000명 이상으로 늘어났고 완전한 자립교회가 되었습니다. 결국 존의 심장의 힘이 다하여 병원으로 실려갈 때, 존은 일레인에게 힘은 없지만 엷은 미소를 지으면서 이렇게 말했습니다. "여보, 우리들의 삶은 정말 아름다운 인생이었지? 하나님의 사랑의 통로가 되었으니까."

의인의 운명이 곡식과 같다면, 악인의 운명은 잡초와 같습니다. 악인은 순식간에 형통한 것 같아도, 천지의 주인이신 하나님께서 뽑아 내어 던져 버리심으로 일시에 멸망하게 됩니다. 그러나 의인은 하나님께서 돌보시고 보호하심으로 충실한 열매를 맺고 영원한 하늘 나라에 들어가게 되는 것입니다.

 당신은 악인의 형통을 부러워하며 헛된 미혹에 빠지지는 않았습니까?

> "집은 지혜로 말미암아 건축되고 명철로 말미암아 견고히 되며 또 방들은 지식으로 말미암아 각종 귀하고 아름다운 보배로 채우게 되느니라" 잠 24:3, 4

9월 28일

이슬람교를 믿던 터키 사람이 성경을 읽다가 예수를 영접하였습니다. 그런데 그만 교사에게 들켜서 심문을 당하게 되었습니다. 그는 심문하는 교사에게 이렇게 물었습니다.

"일전에 내가 어디를 가다 길을 잃었는데 옆을 보니 산 사람과 죽은 사람 두 명이 있었습니다. 내가 길을 물어 본다면 어떤 사람에게 물어 봐야 되겠습니까?"

"그야 물론 산 사람에게 물어야지."

"그런 줄 알면서 왜 당신은 죽은 사람에게 길을 물어 보라고 하십니까? 당신들이 믿으라고 하는 마호메트는 죽은 사람이요, 내가 믿으려고 애쓰는 예수는 산 예수입니다. 어찌 죽은 마호메트를 의지하겠습니까? 길 되신 예수를 따라야 할 것이 뻔한 노릇인데 인도자를 찾아가는 나를 왜 괴롭히십니까?"

그러자 교사는 그에게 신앙의 자유를 허락해 주었습니다.

여기서의 '집'은 가옥이 아니라 우리의 인생을 가리키는 말입니다. 인생의 집은 지혜로써 건축이 됩니다. 지혜로운 사람은 인생의 집을 잘 설계하고, 명철을 기초로 하여 지혜로 건축해서 견고하고 아름다운 인생의 집을 짓습니다. 이 지혜와 명철과 지식은 하나님으로부터 옵니다. 그러므로 우리는 하나님을 경외하고 하나님의 말씀 위에 우리 인생의 집을 세워야겠습니다.

당신은 장기요 진리요 생명이 되시는 예수님을 담대히 증거하며 인생을 설계하고 있습니까?

> "지혜 있는 자는 강하고 지식 있는 자는 힘을 더하나니 너는 모략으로 싸우라 승리는 모사가 많음에 있느니라"
>
> 잠 24:5, 6

9월 29일

삼국지 적벽대전의 백미는 제갈량이 하늘에 동남풍을 불어오기를 비는 장면입니다. 조조군을 불로 공격하기로 모든 전략, 전술을 세우고 준비를 끝냈으나 결정적으로 화공에 꼭 필요한 바람의 방향이 그 때까지 반대로 불고 있었습니다. 목욕재계하고 밤낮으로 기도 드린 지 사흘만에 거짓말 같이 바람의 방향이 바뀌니, 설마 하고 반신반의하던 사람들이 제갈량의 "초능력"에 얼마나 경악했을 것인지는 상상하기 어렵지 않습니다.

현대 과학적 의미에서 본다면 제갈량이 실제로 초능력을 가졌다기보다는 천문, 기상에 관한 해박한 지식과 지혜로 매년 그 때쯤 동남풍이 분다는 사실을 미리 알고 있었다는 해석이 합리적일 것입니다. 제갈량이 기상에 관한 지식이 있었기에 동남풍을 전제로 한 전략을 자신 있게 세울 수 있었고 결과적으로 전쟁을 승리로 이끌 수 있었던 것입니다.

지식은 자신감을 주며 맞부딪쳐 싸울 힘을 주는 것입니다. 그러므로 지혜로운 사람과 지식이 있는 사람이 모여서 힘을 합하여 전략을 세우면 이기지 못할 싸움이 없고, 이루지 못할 일이 없습니다. 지식을 활용하여 지혜롭게 전략을 짜고 그 작전대로 밀고 나아갈 때 승리를 거둘 수 있으며, 성공적으로 일을 수행할 수 있는 것입니다.

 당신은 하나님의 지혜와 지식을 사모하고 있습니까?

"악을 행하기를 꾀하는 자를 일컬어 사특한 자라 하느니라 미련한 자의 생각은 죄요 거만한 자는 사람의 미움을 받느니라" 잠 24:8, 9

9월 30일

영국 불신자 모임 회장인 프랜시스 뉴포트 경은 죽기 전에 침상에 둘러서 있는 불신자 모임의 사람들에게 이렇게 말하였습니다.

"여러분은 나에게 하나님이 없다고 말하지 마십시오. 나는 하나님께서 계시다는 것을 알고 있습니다. 나는 지금 하나님의 진노 앞에 있습니다. 여러분, 지옥이 없다고 말하지 마십시오. 왜냐하면 나는 벌써 나의 영혼이 지옥불에 떨어져 있는 것을 느끼고 있습니다. 가엾은 사람들, 지금 내가 바라는 것은 여러분들이 여러분들의 우상을 버리고 하나님을 믿는 것입니다. 그러나 나는 이미 늦었습니다. 나는 영원히 그 기회를 잃었습니다."

마음이 악해서 늘 악을 꾀하는 사람을 일컬어 사특한 자라고 합니다. 마음에 악이 있는 사람은 바닷물이 끓어서 거품을 내는 것처럼 마음이 끓어서 편치 않습니다. 그래서 자신도 고통을 받지만 주위 사람에게도 고통과 괴로움을 주는 것입니다. 이러한 악을 쫓아내는 유일한 길은 선하신 예수 그리스도 앞에 나아와 회개하고 예수님을 자신의 구주로 모셔들이고 그 발 아래 엎드리는 길밖에 없습니다.

당신은 악인의 사특한 피를 좇아 하나님의 율법을 등한히 하지는 않았습니까?

잠언으로 여는 365일

10월

"대저 의인은 일곱 번 넘어질지라도 다시 일어나려니와 악인은 재앙으로 인하여 엎드러지느니라"
(잠언 24:16)

"네가 만일 환난 날에 낙담하면 네 힘의 미약함을 보임이니라"
잠 24:10

10월 1일

1930년대 미국에 경제공황이 밀어닥쳐 은행, 공장, 심지어는 학교 등이 문을 닫고 경영주들이 자살하는 등 일대 소동이 벌어졌습니다.

그때 J. J. 라스코라고 하는 실업가는 증권에 투자했던 돈을 빼내 많은 실업자들을 동원하여 맨해튼에 거대한 빌딩 공사를 시작했습니다. 많은 사람들이 "라스코는 미쳤어. 저 사람은 망할 거야."라고 했지만 그는 끄떡도 하지 않았습니다. 1929년에 시작해 1931년에 완공한 그 건물이 바로 아직까지도 유명한 '엠파이어 스테이트 빌딩'입니다.

엠파이어 스테이트 빌딩은 한창 미국이 경제공황의 소용돌이에 휩싸여 있을 때에 지어진 건물입니다.

사람은 사는 데 어려움 없고 모든 일이 잘되고 있을 때에는 하나님께 감사할 수 있습니다. 그러나 사람이 살아가는 데에는 꼭 환난이 있습니다. 그런데 이런 환난 가운데서 나 홀로 던져진 채로 쓰러져 몸부림치고 허우적대지만 그 어디에도 해결의 실마리가 보이지 않고 절망의 짙은 안개에 휩싸일 때가 있습니다. 그러나 그리스도인의 진가는 환난 날에 나타납니다. 이럴 때에도 변함 없이 하나님을 의지하고 하나님께 감사한다면 하나님께서는 크고 강한 권능의 손으로 보호해 주시고 영광을 받으십니다.

당신은 환난 날에도 하나님을 의지하며 감사하고 있습니까?

> "너는 사망으로 끌려가는 자를 건져 주며 살육을 당하게 된 자를 구원하지 아니치 말라" 잠 24:11

10월 2일

선교사가 이제 막 예수를 믿기 시작한 인도 사람에게 예수를 어떻게 생각하느냐고 물었습니다. 그러자 그는 아주 이상한 방법으로 자기 생각을 표현했습니다. 그는 허리를 구부리고 땅에 앉더니 마른 나뭇잎을 모아 동그라미를 만들어 놓고 그 가운데 벌레를 한 마리 놓은 다음 나뭇잎에 불을 붙이는 것이었습니다. 불은 삽시간에 빙 돌아 붙었습니다. 그러자 벌레는 겁에 질려 밖으로 기어 나오려고 꿈틀거렸습니다. 그러나 결국 힘에 부쳤는지 꼼짝도 못하고 자신을 구해 내려는 노력은 헛수고가 되고 말았습니다. 그러자 그 인도 사람은 손을 내밀어 그 불쌍한 처지에 있는 벌레를 죽음에서 건져내었습니다. 그리고 땅에 내려놓으며 말했습니다. "예수님은 나를 위하여 바로 이렇게 하셨소."

우리 주변에는 도와달라고 절규하는 이웃들이 참으로 많습니다. 우리가 '선한 사마리아인의 비유'를 성경에 기록된 재미있는 이야기가 아니라 하나님께서 지금 내게 일깨워 행케 하시는 생명의 말씀으로 받아들인다면 우리는 먼저 우리의 이기심을 버리고 예수님께서 우리에게 하셨던 것처럼 이웃에게 관심을 가져야 합니다. 그리고 그들의 소리에 귀를 기울이고, 손을 펼쳐 그들을 도와주어야 합니다. 그리할 때 우리의 마음 중심을 감찰하시는 하나님께서도 우리가 행한 대로 갚아 주시는 것입니다.

당신은 절대절명의 위기에서 우리를 구원해주신 하나님께 항상 감사하고 있습니까?

> "지혜가 네 영혼에게 이와 같은 줄을 알라 이것을 얻으면 정녕히 네 장래가 있겠고 네 소망이 끊어지지 아니하리라"
> 잠 24:14

10월 3일

지혜로운 벌은 농약과 화학비료를 뿌린 밭의 꽃에는 잘 안가고 유기질 비료로 자란 밭의 꽃이나 농약이 뿌려지지 않은 꽃만을 찾아다니며 꿀을 모은다고 합니다.

꿀 1Kg을 만들기 위해서는 국화처럼 커다란 꽃에서부터 어느 담벼락 아래 이름 없는 손톱 만한 잡초의 꽃에 이르기까지 수십만 송이의 꽃을 찾아 날아다녀야 합니다. 그래서 꿀 1kg을 먹는 것은 수십만 개의 엄청난 양의 꽃의 영양분을 골고루 먹는 것과 같은 것입니다. 꿀은 기억력을 좋게 하고, 식욕을 왕성하게 하고, 눈을 밝게 하고 피부에 젊음을 가져다주며, 피로를 풀어주며, 위장병에도 아주 좋습니다.

그래서 그런지 맛있는 음식은 '꿀맛 같다' 하고 영어로 사랑하는 아내를 부를 때 '하니' 라 합니다.

이와같이 하나님의 지혜는 우리의 영혼을 소성케 하고, 우리의 삶을 감미롭게 만들어 줍니다. 하나님의 지혜는 성경 말씀에 담겨 있습니다. 성경 말씀은 하나님의 율법과 계명과 규례와 교훈과 증거와 하나님을 경외하는 도를 가르쳐 주는 하나님의 지혜의 말씀입니다. 그리고 그 말씀이 육신이 되어 오셨는데, 그분이 바로 예수님이십니다. 예수님 안에는 생명이 있습니다. 그러므로 참 지혜이신 예수님을 통해 생명 길을 가는 것입니다.

당신은 우리 영혼의 영양분인 말씀을 사모하고 있습니까?

> "대저 의인은 일곱 번 넘어질지라도 다시 일어나려니와
> 악인은 재앙으로 인하여 엎드러지느니라" 잠 24:16

10월 4일

어떤 사람이 목사를 찾아와서 엄청난 재난에 부딪쳤을 때 그것을 극복하는 비결을 이야기해 달라고 요청했습니다. 그러자 목사는 다음의 말로 대답을 대신했습니다.

"저는 방이 어두울 때 비를 가지고 어둠을 쓸어 내려고 하지 않아요. 대신에 촛불을 밝히지요."

예수님을 믿음으로 말미암아 의로워진 사람은 비록 질그릇처럼 연약하고 보잘것없는 존재일지라도 하나님께서 함께 하시며 능력의 오른팔로 붙들어 주시기 때문에, 일곱 번 넘어져도 여덟 번 일어나는 칠전 팔기의 인생을 삽니다. 악인은 한 번 파멸의 구덩이에 넘어지면 회생이 불가능하지만, 의인은 하나님께서 지켜 주시므로 완전한 파멸을 당하지 않고 다시 회복되는 것입니다. 그러므로 의인은 죽는 자 같으므로 살고 징계를 받는 자 같으나 죽임을 당하지 않고 근심하는 자 같으나 항상 기뻐하고 가난한 자 같으나 부요하고 아무것도 없는 자 같으나 모든 것을 가진 진정한 승리자가 되는 것입니다(고후 6:9, 10).

 당신은 매일 하나님께서 허락하신 회복을 경험하고 있습니까?

> "네 원수가 넘어질 때에 즐거워하지 말며 그가 엎드러질 때에 마음에 기뻐하지 말라" 잠 24:17

10월 5일

스펄전(C. H. Spurgeon)이 젊었을 때 순교자 스데반에 대해서 설교하는데 비신자의 질문으로 인하여 설교가 갑자기 중단되었습니다.

"스데반이 돌에 맞아 죽게 되었을 때 하나님은 도대체 무얼 하셨습니까?" 그것은 매우 당혹스런 질문이었습니다. 하나님은 무엇을 하셨나? 그는 돌을 옆으로 치우지도 않으셨고 스데반을 안전한 곳으로 피신시키지도 않으셨습니다. 그러나 스펄전은 이미 예정된 정답 그 자체로 대답했습니다.

"하나님은 스데반으로 하여금 기도할 수 있도록 해주셨습니다. '주여, 이 죄를 저들에게 돌리지 마시옵소서.' 라고 말입니다."

원수가 잘못되는 것은 물론 좋은 일입니다. 그러나 다른 사람이 잘못되는 것을 보고 기뻐하는 것은 옛사람의 죄악된 습성입니다. 하나님께서는 오직 공의로 선악간을 판단하시고 그에 따라 갚아 주시기 때문에 내 원수가 잘못되었을 때 우리는 오히려 하나님 앞에 자신을 점검하고 근신하여야 합니다. 내게는 그와 같이 징계를 받을 만한 요소가 전혀 없는지 살펴야 합니다.

당신은 원수를 위해 기도하고 있습니까?

> "대저 행악자는 장래가 없겠고 악인의 형통을 부러워하지 말라 대저 행악자는 장래가 없겠고 악인의 등불은 꺼지리라"
> 잠 24:20

10월 6일

전 보르도 지역 경찰 책임자인 모리스 파퐁(87세)은 반인류적 범죄로 징역 20년을 구형 받았습니다.

파퐁은 나치의 프랑스 지배가 끝난 뒤에도 샤를 드골 대통령의 밑에서 파리 경찰국장을 지냈으며 지스카르 데스탱 대통령 시절에는 예산장관을 역임하는 등 탄탄대로를 달려왔습니다.

그가 정의의 심판을 받게 된 계기는 81년 한 신문에 의해 유대인들을 대거 아우슈비츠 수용소 등에 보내는 데 주도적인 역할을 한 사실을 입증하는 서류들이 공개되면서 부터입니다.

모든 공직을 사퇴하고 조용히 살기를 원했던 그이지만 유태인 희생자 가족과 단체들의 고발에 따라 지난 83년 정식으로 기소되었습니다. 2차 세계대전 중의 반인류 범죄로 프랑스 전직관리가 법정에 선 것은 파퐁이 처음입니다.

악인 중에는 당대에 재앙을 받아 죄 값을 치르는 사람도 있지만, 죽을 때까지 형통하고 잘사는 사람도 있습니다. 그러나 이 세상에서의 삶이 끝나는 날 그가 평생 누렸던 것들은 더 이상 아무런 도움이 되지 못하고, 그는 빈손으로 죽음을 맞게 됩니다. 그리고 그 죽음 후에는 하나님의 심판이 기다리고 있습니다. 반드시 악의 실체는 드러납니다. 그러므로 역사 속에서 우리의 삶을 주관하시는 공의로우신 하나님을 두려워하여야 할 것입니다.

혹시 당신은 악인의 형통함을 보고 공의의 하나님을 원망하지는 않았습니까?

"내 아들아 여호와와 왕을 경외하고 반역자로 더불어 사귀지 말라 대저 그들의 재앙은 속히 임하리라 이 두 자의 멸망을 누가 알랴"   잠 24:21, 22

10월 7일

등소평의 생애에서 가장 피맺힌 한이 있다면 그것은 문화혁명 동안 모택동으로부터 거듭 숙청된 일일 것입니다. 문화혁명 전 중국 공산당 총서기였던 등소평은 주자파로 몰려 시골로 쫓겨가 노동자로 호구했으며, 그의 장남은 문화혁명 동안에 받은 박해로 평생 휠체어 신세를 져야 하는 척추 장애인이 되었습니다.

그러나 등소평은 권력에 복귀한 뒤에 모택동에게 복수하지 않았습니다. 뿐만 아니라 그의 권위를 인정하고 그것을 자신의 권력유지에 이용했습니다. 등소평의 중국은 건국 이념을 살려나가고 인민의 단결을 도모하기 위해 개인적인 보복 감정을 우선시키지 않았습니다.

하나님께서는 절대 주권으로 사람을 택하여 세우시고 권세를 주십니다. 선한 통치자도, 악한 통치자도 모두 하나님께서 세우시고 통치권을 주신 것입니다. 그러므로 통치자를 거역하고 반역하는 것은 곧 하나님을 거역하고 반역하는 죄가 됩니다. 그리고 통치자를 경외하고 그에게 복종하는 것은 곧 하나님을 경외하고 하나님께 복종하는 것이 됩니다. 그러므로 우리는 사울에 대한 다윗의 모습에서 교훈을 얻고 지도자를 위해서 기도해야 할 것입니다.

 당신은 지도자, 나라와 민족을 위해서 기도하고 있습니까?

"은에서 찌끼를 제하라 그리하면 장색의 쓸 만한 그릇이 나올 것이요 왕 앞에서 악한 자를 제하라 그리하면 그 위가 의로 말미암아 견고히 서리라" 잠 25:4, 5

10월 8일

에미 카미켈의 저서 중에 의미 깊은 예화를 이야기한 것이 있습니다. 그가 한번은 인도의 대장장이에게 "당신이 금을 연단 할 때, 이것이 순금이 되었다는 것을 어떻게 아십니까?"라고 물었습니다.

지혜로운 그 대장장이는 대답하기를 "예, 금속에서 내 얼굴을 볼 수 있을 때까지 연단 합니다. 불순물이 섞여 있는지 알아보기 위한 방법은 그 속에 비치는 내 얼굴이 얼마나 정확하게 잘 보이느냐를 가지고 결정합니다."라고 했습니다.

은에서 찌끼를 제하여야 비로소 쓸 만한 가치가 있는 것과 마찬가지로, 왕도 자신의 주위에서 불순물과 같은 간신들을 제하여야 왕위가 견고해집니다. 권력의 주위에는 언제나 간신배들이 모여듭니다. 권력의 그늘에서 사리 사욕을 채우기 위해 온갖 아첨을 하는 간신들을 그냥 두면, 세력을 휘둘러서 백성들을 착취하고 부정 부패를 행합니다. 그러므로 민심이 흉흉해지고 사회가 혼탁해집니다. 그리고 이러한 사회 분위기 속에서는 힘있는 자들이 약자들을 짓밟고 재산을 갈취하며, 사회의 질서도 무너지고, 정의도 사라지고 맙니다. 따라서 진심으로 백성을 사랑하고 나라에 충성하는 충신들과 더불어 국사를 의논하며 통치하는 왕은 왕위가 견고합니다.

 당신은 갑인이성에 미혹되어 지원을 외면하고 있지는 않습니까?

> "너는 급거히 나가서 다투지 말라 마침내 네가 이웃에게 욕을 보게 될 때에 네가 어찌 할 줄을 알지 못할까 두려워라"
> 잠 25:8

10월 9일

어떤 수도사에게 여인이 찾아와 "남편과의 다툼 때문에 살수가 없다"고 하소연했습니다.

수도사는 물이 담긴 병을 하나 주면서 "남편과 다투기 직전 이물 한 모금을 입안에 물고 삼키지 말라"고 말했습니다. 여인은 남편이 시비를 걸 때마다 그렇게 했습니다.

그러자 가정이 조용해지고 부부가 화목하게 됐습니다.

후에 여인이 수도사를 찾아 '신기한 물'이라고 감탄하자 수도사가 말했습니다.

"그 물은 평범한 물입니다. 다만 침묵이 신비로울 뿐입니다."

자기의 감정에 따라 경솔히 싸움을 하면 십중팔구 실수하게 됩니다. 나중에 오해했던 것이 드러나고 경솔한 행동에 대해 망신을 당하게 됩니다. 또한 아무리 감정이 격하게 흥분되어 싸우더라도 상대방의 비밀이나 인격을 다치게 하는 말은 절대로 하지 말아야 합니다. 상대방의 어두운 과거, 아픈 상처, 감추고 싶은 비밀을 누설하는 사람은 비열한 사람이며, 상종하지 말아야 할 사람입니다. 이런 사람은 그러한 비열한 말이 상대방을 단번에 제압할 수 있는 무기라도 되는 양 휘둘려서 상대방에게 씻을 수 없는 상처를 입힙니다. 그러나 결국 그 무기가 나에게 돌아와 상처를 입힐 것이라는 것을 기억해야 합니다.

당신은 분노가 일때 잠시 침묵하며 기도하십니까?

> "충성된 사자는 그를 보낸 이에게 마치 추수하는 날에 얼음 냉수 같아서 능히 그 주인의 마음을 시원케 하느니라"
> 잠 25:13

10월 10일

워터루 전쟁 때 영국군에서 적의 토치카에 접근하여 폭탄을 던질 두 용사가 선발되었습니다. 두 용사가 큰일을 완수하고 돌아와 상을 타기 위해 웰링턴 장군 앞에 서게 되었습니다. 그중 한 병사는 태연자약하게 늠름한 얼굴로 있었는데, 다른 병사는 얼굴이 파랗게 질려서 말도 제대로 못하고 있었습니다. 그때 웰링턴 장군은 떨고 있는 병사를 가리키며 이렇게 말했습니다.

"저 사나이는 무서움을 알고도 나아갈 수 있는 병사다. 저 병사는 평소에는 겁쟁이나 자기에게 부여된 사명을 수행하기 위해서는 누구보다 먼저 대담한 행동을 취할 수 있는 사나이다. 나는 저처럼 명령에 충실한 사나이가 있는 것을 보고 최후 승리는 영국이 할 것이라고 확신한다."

사자의 임무는 자기를 보낸 주인의 뜻을 제대로 전하는 것입니다. 사자는 자기의 생각이나 말을 전하지 않고, 오직 주인의 뜻과 말을 전해야만 하는 것입니다. 충성된 사자는 주인의 뜻이 무엇인가를 바로 이해하고, 주인이 전하라고 지시한 말을 충실하게 전합니다. 우리 그리스도인들은 모두 하나님의 사자입니다. 그러므로 하나님의 뜻을 찾아 성실하고 충성스럽게 수행하여야겠습니다. 그리하여 참으로 하나님의 마음을 시원하게 하고 기쁨을 드려야겠습니다.

 당신은 하나님의 명령에 충성된 사자입니까?

"선물한다고 거짓 자랑하는 자는 비 없는 구름과 바람 같으니라"
잠 25:14

10월 11일

어느 날 신문에 '개구리 3천 마리 구함' 이라는 광고가 실렸습니다. 자기 농장에 물레방아용 연못을 가지고 있는 농부가 이 광고를 보고 개구리를 사기 원하는 상인에게 회신을 보냈습니다.

"트럭을 한 대 가져오십시오. 아마 그게 필요할 겁니다. 우리 연못에는 개구리가 엄청나게 많습니다."

그러나 한참 동안 헤집고 찾아보았지만 그들은 겨우 세 마리밖에 잡을 수 없어 크게 실망하고 말았습니다.

농부가 잡아 놓은 개구리를 쳐다보면서 힘없이 말을 꺼냈습니다. "당신도 이 놈들이 우는 소리를 들어보셨지만 분명히 수천 마리는 된다고 생각하시지 않았나요?"

교만하고 자기 주제를 모르는 사람들은 항상 허풍을 떨고 모든 일을 지나치게 과장하는 버릇이 있습니다. 또한 사람들 중에는 지키지도 않을 약속을 하면서 허튼 소리로 속이는 사람들이 있습니다. 대수롭지 않은 일을 하고 나서 마치 대단한 일이라도 한 것처럼 침소 봉대하여 떠벌리며 자랑하는 사람들도 있습니다. 이러한 사람들의 말을 액면 그대로 믿었다가는 실망할 일밖에 없습니다.

말로 그럴듯한 약속을 하고 환심을 산 다음에 지키지 않는 사람은 비 없는 구름과 바람 같습니다.

 당신은 그럴듯한 말에 미혹되어 낭패를 당한 일은 없습니까?

> "오래 참으면 관원이 그 말을 용납하나니 부드러운 혀는 뼈를 꺾느니라" 잠 25:15

10월 12일

한 나그네가 길을 가고 있었습니다. 그런데 태양과 바람이 내기를 했습니다. 즉 누가 먼저 나그네의 옷을 벗기느냐는 것이었습니다. 바람은 센 입김을 불어 거센 바람을 일으켰습니다. 그러나 나그네는 오히려 바람에 옷이 벗겨지지 않도록 옷깃을 꼭 부여잡았습니다. 이번에는 태양의 차례였습니다. 태양은 열기를 나그네에게 보냈습니다. 땀이 나고 열기가 계속되자 나그네는 더위를 식히기 위해 옷을 벗었습니다. 결국 이 내기에서는 부드럽고 따뜻한 열기를 낸 태양이 승리를 거둔 것입니다.

이와 같이 우리는 무슨 일을 하든지 인내하면서 설득하는 것이 필요합니다. 누구를 움직여서 일을 성취하려면 인내와 온유가 필요한 것입니다. 진정으로 강한 것은 부드러움입니다. 이 부드러움이야말로 그 위력을 강하게 나타냅니다. 강한 것은 일시적으로 효과를 낼지는 모르지만 나중에는 부러지고 깨어집니다. 그러나 부드러운 것은 부러지지 않고 흔들릴뿐 이겨내는 것입니다. 그러므로 우리는 부드러운 것이야말로 참으로 강한 것이라는 사실을 알고 항상 온유하고 겸손하고 부드러운 말과 행실로써 거센 세상에 승리하여야겠습니다.

 당신은 일을 추진함에 있어서 항상 온유함을 지키고 있습니까?

> "너는 꿀을 만나거든 족하리만큼 먹으라 과식하므로 토할까 두려우니라"
> 잠 25:16

10월 13일

한 부자가 인생이라는 해변에 서 있었습니다.

건너편은 천국이었습니다. 그 때 천사가 나타나 그 바다를 건너 천국에 무사히 당도하려면 건너편까지 허름한 뗏목을 저어 가야 한다고 말했습니다. 천사가 부자가 쓸 뗏목을 보여 주자, 그는 자기 재산을 그 뗏목에 싣기 시작했습니다.

이 광경을 본 천사가 주의를 주었습니다. "이 뗏목은 몹시 낡았소. 짐을 너무 많이 실으면 가라앉고 말지요. 그러면 건너편에 못 건너가오." 하지만 그 부자는 그 말을 귀담아 듣지 않았습니다. 그는 계속해서 뗏목에 짐을 실었습니다. 금궤, 돈 자루, 보석 자루, 골동품, 미술품, 옷과 맛있는 음식 꾸러미들. 짐을 모두 실은 부자는 뗏목을 타고 바다를 가로지르기 시작했습니다. 그러나 얼마 가지 않아서 큰 파도가 뗏목을 덮쳐 뗏목은 가라앉고 부자는 익사하고 말았습니다.

탐욕은 영혼에 너무 무거운 짐을 지웁니다.

꿀은 맛있고 몸에도 좋습니다. 그런데 입에 달고 좋다고 해서 지나치게 먹으면 오히려 해가 됩니다. 이와 마찬가지로, 아무리 좋은 것이라도 과도하면 해로워집니다. 무엇이든지 절도가 있고 적당하게 해야지, 좋은 것이라 해서 욕심을 내고 과하게 하면 해롭게 되고 마는 것입니다.

 당신은 하나님의 도우심으로 양속에 고개를 드는 탐심을 이기고 있습니까?

> "환난날에 진실치 못한 자를 의뢰하는 의뢰는 부러진 이와 위골된 발 같으니라" 잠 25:19

10월 14일

유태인 출신의 뛰어난 작가인 하인리히 하이네는 그의 조상의 종교를 버리고 자기 멋대로 살았습니다. 그는 말년에 척수마비로 고통 당하였으며, 한쪽 눈은 시력을 잃는데다 다른 한쪽 눈은 눈꺼풀이 마비되어 무엇인가 보려고 할 때마다 그것을 잡고 있어야 했습니다. 그의 침체된 영혼은 밀러의 〈비너스〉 작품을 마지막으로 보기를 열망했습니다. 하이네는 이렇게 말했습니다. "나는 발을 질질 끌며 루브르 박물관까지 갔다. 나는 그녀의 발 아래에 오랫동안 누워 있었다. 그리고 심지어 돌들까지도 나를 동정할 정도로 비통하게 울었다. 여신이 나를 자비롭게 내려다보았다. 그러나 별로 평안을 못 느꼈고, 그 여신은 마치 '나는 팔이 없어서 당신을 도울 수 없다는 걸 모르세요?' 라고 말하는 듯했다."

내 형편이 좋을 때에는 문턱이 닳도록 찾아오며 친하게 지내다가 내가 환난을 당하여 위기에 처하니까 도망가는 사람이라면 진실한 친구가 아닙니다. 그러나 참으로 진실한 친구는 환난날에 같이해 줍니다. 그런데 우리에게는 이러한 친구가 있습니다. 바로 우리 주 예수 그리스도이십니다. 온 세상이 나를 버리고 떠나도 예수님께서는 나와 함께 하시며 나를 품어 주시고, 위로해 주시고, 나의 짐을 짊어져 주시는 것입니다.

 당신은 환난날에 피할 반석이 되시는 하나님을 의지하고 있습니까?

"네 원수가 배고파하거든 식물을 먹이고 목말라하거든 물을 마시우라 그리하는 것은 핀 숯으로 그의 머리에 놓는 것과 일반이요 여호와께서는 네게 상을 주시리라" 잠 25:21,22

10월 15일

미우라 아야코의 소설 〈빙점〉은 젊은 의사의 가정에서 일어난 일입니다. 어느 날 그 의사가 부인과 어린 딸을 데리고 극장에 가서 전쟁영화를 보게 되었습니다. 그 때 어린 딸이 아버지에게 물었습니다. "왜 저렇게 싸우고 죽이나요?"

"그것은 적이기 때문에 싸우고 죽인단다."

그러자 어린 딸은 적이 무엇인지 다시 물었습니다. 그 때 아버지는 과거 의대생 시절의 교수님 말씀을 떠올리며 이렇게 대답합니다. "적이란 가장 사이좋게 지내지 않으면 안 될 상대를 보고하는 말이란다."

그런데 불행하게도 그 의사의 딸이 악한에게 살해되었고, 그 악한은 잡혀서 유치장에서 자살했습니다. 그러나 그 의사는 악한의 딸을 고아원에서 데려다가 자기 집에서 길렀습니다. 곧 원수를 사랑하라는 말을 실천하는 생활을 하게 된 것입니다.

우리는 원수를 원수로 갚지 말고 사랑으로 갚아야 합니다. 원수가 배고파할 때 먹여 주고, 원수가 목말라할 때 마실 것을 주고, 원수가 추위에 떨 때 입혀 주어야 합니다. 이렇게 진심으로 선을 베풀면 하나님께서 판단하시고 행한 대로 갚아 주십니다. 또한 넘치도록 복을 부어 주시는 것입니다.

당신에게는 용서하고 사랑해야할 원수가 있습니까?

> "먼 땅에서 오는 좋은 기별은 목마른 사람에게 냉수 같으니라"
> 잠 25:25

10월 16일

19세기 최고의 시인으로 불리는 롱펠로우는 매우 불행한 인생을 살았습니다. 첫번째 아내는 평생동안 병을 앓다가 숨졌습니다. 두 번째 아내는 집에 화재가 발생해 화상으로 목숨을 잃었습니다. 그러나 두 여인을 잃고도 롱펠로우의 왕성한 창작욕은 식을 줄을 몰랐습니다. 임종을 앞둔 롱펠로우에게 한 기자가 물었다. "선생님은 험한 인생고개를 수없이 넘으면서도 어떻게 그런 아름다운 시를 남길 수 있었습니까?" 롱펠로우는 정원의 사과나무를 가리키며 대답했습니다. "저 사과나무가 바로 내 인생의 스승이었습니다. 저 나무에는 해마다 새로운 가지가 생겨납니다. 그곳에서 꽃이 피고 단맛이 나는 열매가 열리지요. 나는 내 자신을 항상 새로운 가지라고 생각했습니다."

영혼은 육체가 물이 없으면 살 수 없듯이 희망이 없으면 살아갈 수 없는 존재입니다. 그런데 오늘날 절망 가운데 있는 세상 사람들에게 좋은 소식이 있습니다. 그것은 바로 예수 그리스도의 구원의 소식입니다. 이 세상에서 저주와 절망과 죽음의 포로가 된 사람들의 영혼을 절대 절망의 구렁에서 끌어내어 절대 희망의 초원으로 이끌어 주기 위해 하나님께서 구원의 소식을 보내 주셨습니다. 이러므로 우리는 먼저 이 소망을 얻은 자로서, 세상 사람들에게 소망 찬 복음의 생수를 전해 주어야 합니다.

 당신은 영혼의 기갈 중에 있는 사람들에게 복음을 전하고 있습니까?

> "의인이 악인 앞에 굴복하는 것은 우물의 흐리어짐과
> 샘의 더러워짐 같으니라" 잠 25:26

10월 17일

제2차 세계대전 중 일본은 천황을 중심으로 미신적 광기에 사로잡혀 있었습니다. 그 때는 지위 고하를 막론하고 신사참배를 하도록 강요받던 시대였습니다. 그러니 기독교인들은 더욱 곤란해졌습니다. 오사카 근처의 조그만 도시에 있던 교회도 물론 신사에 참배하라는 압력이 가해졌습니다. 이 때문에 그 교회 교인들 중에는 남 보는 데서는 하는 수 없이 절하는 척하는 사람들이 많았습니다. 다만 시즈코(靜子) 아주머니 한 분만 끝까지 신사참배를 거부했습니다. 그는 참으로 조용하고 침착한 아주머니였습니다. 평소에 조용하다가도 때가 되었을 때 의연하게 양심을 굽히지 않았던 것입니다.

의가 서면 죄가 설 땅을 잃습니다. 우리는 죄인이었지만, 예수 그리스도를 믿음으로 말미암아 구원받고 의인이 되었습니다. 그러므로 우리는 우리의 의되신 예수님을 본받아 정의를 실천하며 살아야 합니다.

예수 그리스도를 머리로 하는 의의 공동체에서 한 지체가 연약해지면 공동체 전체가 그 고통을 분담하게 됩니다. 마찬가지로, 의인 한 사람이 악인 앞에 굴복하면 공동체 전체가 흔들립니다.

그러므로 우리는 세상이 불의하다고 탓하지 말고, 우리 스스로가 항상 정의롭기 위해서 기도하여야 하는 것입니다.

 당신은 하나님의 자녀로서 의를 지키기 위해 노력했습니까?

> "꿀을 많이 먹는 것이 좋지 못하고 자기의 영예를 구하는 것이 헛되니라"
> 잠 25:27

10월 18일

미국의 유명한 방송인인 에디 칸토는 성공을 위해 정신없이 질주하는 전형적인 미국인이었습니다. 그는 앞뒤를 가리지 않고 숨가쁘게 달려가는 인생을 살았습니다. 그런데 어머니가 보낸 짧막한 한 줄의 편지에 큰 충격을 받았습니다. 그리고 그후에 인생관이 바뀌어 훨씬 풍요로운 삶을 살게 됐습니다. 어머니의 편지는 이렇습니다.

"내 아들 에디야, 너무 빨리 달리지 말아라.(Do not go fast) 그렇게 하면 주변의 좋은 경치를 하나도 못보고 그냥 지나친단다."

에디 칸토는 어머니의 편지를 받고 자신의 수첩에 네 가지 질문을 적어 넣고 한평생 이 질문을 스스로에게 던지면서 살았습니다. (1) 내가 하는 일이 과연 가치 있는 일인가? (2) 누구를 위해 일하고 있는가? (3) 인생의 참다운 보물을 추구하고 있는가? (4) 이웃에게 어떤 공헌을 할 것인가?

영예를 얻기 위해서 노력하는 수고는 영예를 가져다 주는 것이 아니라 헛될 뿐입니다. 진정한 영예는 사람들로부터 얻는 것이 아니며 하나님께서 주시는 것이며, 하나님의 뜻대로 살아갈 때 자연스럽게 따라오는 것입니다. 그러므로 우리는 오직 하나님의 뜻에 순종하여야겠습니다. 그리할 때 하나님께서 우리를 인정하시고, 칭찬하시고, 영화롭게 해주시는 것입니다.

 당신은 눈에 보이는 영예를 좇느라 하나님의 뜻을 저버리지는 않았습니까?

> "자기의 마음을 제어하지 아니하는 자는 성읍이 무너지고 성벽이 없는 것 같으니라"   잠 25:28

10월 19일

루터는 위텐벨그 성에 유배되어 있는 동안 라틴어 성경을 독일어로 번역하는 대업을 완성했습니다. 그가 성경을 번역하던 방의 벽과 기둥에는 지금까지 잉크자국이 남아 있다고 합니다.

그것은 이 괴로운 유배생활 중 차라리 법왕에게 타협해서 좋은 자리를 얻고 편안하게 살까 하는 유혹이 마음속에 여러 번 생겼기 때문입니다. 그리고 그 때마다 루터는 "사탄아 물러가라!" 하고 외치며 잉크병을 벽이나 기둥에 던졌습니다.

루터가 사탄에게 '노오!' 하는 순간은 하나님께 '예'하는 순간이었습니다. 이 성에 유배되어 있을 때 그는 〈내 주는 강한 성이요〉하는 찬송을 작사 작곡하였습니다. 이 찬송의 내용은 사탄에게 'No' 하고 하나님께 'Yes' 하는 그의 신앙고백입니다.

우리가 마음을 지키지 못하면 생명을 약탈당하고 멸망받게 됩니다. 이러므로 성경은 "자기의 마음을 다스리는 자는 성을 빼앗는 자보다 나으리라"(잠 16:32)고 말씀합니다.

우리가 마음을 지키려면 말씀과 성령으로 무장하여야 합니다. 그러므로 우리는 언제나 하나님 중심으로 서서 말씀과 성령으로 충만함을 받고 마음을 지켜서 세상이 마음속에 들어오지 못하도록 하여야겠습니다. 그리고 하나님께서 내 마음을 주장하시도록 하여야겠습니다.

당신의 마음은 사단의 공격으로부터 안전합니까?

> "미련한 자에게는 영예가 적당하지 아니하니 마치 여름에 눈 오는 것과 추수 때에 비 오는 것 같으니라"
>
> 잠 26:1

10월 20일

'남북전쟁' 때의 일입니다. 앨라배마 21연대에 속한 한 남군 병사가 처음 개발된 방탄복을 입고 까불거리며 적군 앞에 섰습니다. 그때 어디선가 총알이 날아왔고 그는 그 자리에서 쓰러져 죽고 말았습니다. 적군의 총구는 방탄복을 입은 가슴을 겨냥한 것이 아니라 머리를 겨냥했던 것입니다. 한쪽만 가리고 전체가 안전하다고 믿었던 병사는 안타깝게도 자신의 어리석음 때문에 목숨을 잃고 말았습니다.

오곡 백과가 한창 자라고 있는데 갑자기 한파가 밀려와서 한여름에 기온이 뚝 떨어지고 눈이 내린다면 그 해 농사는 완전히 망쳐 버립니다. 그런데 본문에서는 미련한 자가 영예를 얻는 것이 이와 같다고 말씀하고 있습니다.

미련한 사람에게 중요한 직책을 주면 제대로 직무를 수행하지도 못하면서 자신의 직위를 남용하여 사리 사욕을 채우고, 함부로 권력을 휘둘러서 사회적 물의를 일으키고 심지어는 나라까지 망칩니다. 그러므로 미련한 사람을 지도자로 세우면 안 됩니다. 항상 지도자는 하나님의 뜻대로 나라를 다스릴 지혜로운 사람이 되어야 합니다. 그러면 그 국민은 태평 성대를 구가하며 성공의 길을 질주하게 되는 것입니다.

 당신은 각계각소에 필요한 인물이 되기 위해 자신을 다듬고 있습니까?

"까닭 없는 저주는 참새의 떠도는 것과 제비의 날아가는 것같이 이르지 아니하느니라" 잠 26:2

10월 21일

이란의 회교 지도자 호메이니는 전 세계 회교신도들을 향하여 오늘부터 원수인 레이건 대통령이 죽도록 저주의 기도를 하라고 명령한 적이 있습니다.

조선왕조 말기의 명성황후(1851-1895)는 자기의 시아버지요 한심하고 볼품 없는 자기를, 일국의 국모로 삼아준 대원군을 빨리 죽도록 무당을 시켜서 집요하게 저주를 했습니다. 그 결과 어떻게 되었을까요? 명성황후는 대원군이 78세로 천명을 다하고 세상을 떠나기 무려 3년 전에, 그야말로 필설로 다 표현할 수 없는 처참한 죽음을 당했습니다.

호메이니의 경우도 매한가지입니다. 그는 레이건과 달리 이미 한 줌 흙이 되어버렸습니다.

저주는 하나님을 떠나거나 율법을 어기는 사람이 받는 것입니다. 그런데 이러한 저주 외에 사람들이 자기의 감정에 따라 저주하는 경우가 있습니다. 하지만 우리는 까닭 없이 저주하는 사람들을 두려워할 필요가 없으며, 그들의 저주를 겁낼 이유도 없습니다. 예수님께서 우리를 위해 저주를 받으심으로써 우리를 율법의 저주에서 속량하셨기 때문에, 우리는 저주 아래 있는 것이 아니라 아브라함의 복을 받았습니다(갈 3:13). 그러므로 우리는 믿음으로 외치며 나아갈 수 있는 것입니다.

 당신은 사람들의 저주에서 보호해주시는 하나님을 온전히 의지하십니까?

> "말에게는 채찍이요 나귀에게는 자갈이요 미련한 자의 등에는 막대기니라"
> 잠 26:3

10월 22일

황희 정승에게는 방탕한 생활을 일삼는 아들이 하나 있었습니다. 그는 아들에게 여러 차례 조용한 목소리로 훈계를 했었습니다. 그런데도 아들은 주색에 빠져 학문을 소홀히 했습니다. 이에 어느 날 밤 황희는 아들이 술에 취하여 집에 돌아오는 것을 보고 친히 문밖으로 나가 아들에게 공손히 인사를 하고 맞아들였습니다. 그러자 아들이 매우 놀라면서 이렇게 말했습니다.

"아버님, 어이된 일이옵니까? 의관 속대를 하시고 저를 맞아 주시다니요?" 이 때 황희가 정중히 대답했습니다.

"네가 아비 말을 듣지 않으니 어찌 내 집 사람일 수 있겠느냐? 한집 사람이 아닌 나그네가 집을 찾으매 이를 맞는 주인이 인사를 정중히 차리지 않으면 어찌 예의라 이르겠느냐?"

이후 황희 정승의 아들은 크게 뉘우치고 행실을 고쳐 학문에 정진했음은 물론입니다.

미련한 사람은 아무리 좋은 말로 타이르고 또 타일러도 도무지 듣지 않습니다. 그러나 가슴 깊이 박힐 정도로 한 번 호되게 훈계를 들으면 정신을 차리고 말을 듣습니다. 미련한 사람은 남의 말을 듣지 않고 고집을 부리며 제멋대로 어리석은 짓만 하지만, 사랑으로 온전히 훈계를 한다면 변화될 수 있는 것입니다. 때로 사랑의 매도 필요한 것입니다.

 당신은 이웃을 사랑으로 훈계하고 있습니까?

"미련한 자 편에 기별하는 것은 자기의 발을 베어 버림이라 해를 받느니라" 잠 26:6

10월 23일

부산의 어느 부잣집에 영리한 개 한 마리 있었습니다. 그 개는 주인 아주머니가 바구니에다 고기 한 근 값을 넣어 주면 정육점에 가서 고기를 사오곤 했습니다. 그런데 이 집이 서울로 이사를 왔습니다. 영리하고 훈련이 잘된 개인지라 새로 이사온 곳에서도 주인 아주머니는 고기 한 근을 사 오도록 심부름을 시켰습니다. 그러나 30분이 지나고 한 시간이 지나도 돌아오지를 않았습니다. 서울에는 개 도둑이 많다고 들어서 누가 잡아 가지고 간 것으로 생각했습니다. 3일이 지난 후 저녁 주인 아주머니가 시장을 보러 나가는데 멀리서 자기 개가 광주리를 입에 문 채로 힘없이 오고 있는 것을 보았습니다. 그리고 그 개는 주인을 본 후 그 자리에 쓰러져 죽고 말았습니다.

이 개는 부산에까지 가서 고기 한 근을 사서 서울로 온 것입니다.

충성을 다하는 것과 미련한 것은 큰 차이점이 있습니다. 세상에서 하나님의 명령을 수행하는 우리에게 예수님께서는 '뱀처럼 지혜로우라'고 하셨습니다. 그리스도인은 하나님께 충성을 해야 합니다. 그러나 미련해서는 안될 것입니다. 하나님의 지혜를 받아 하나님과 사람에게 인정받는 사람이 되어야 하겠습니다.

당신은 하나님께 지혜를 구하여 자신의 일에 최선을 다하고 있습니까?

> "저는 자의 다리는 힘없이 달렸나니 미련한 자의 입의
> 잠언도 그러하니라" 잠 26:7

10월 24일

  비행기를 타고 최초로 하늘을 날았던 라이트는 어떤 만찬에 초청 받아 갔다가 친구로부터 핀잔을 들었습니다. 그 만찬에서 처음으로 비행한 사람은 라이트 형제가 아니라 랭글리 교수였다고 주장하는 사람들이 있었는데, 라이트가 이에 대해 아무런 말도 하지 않자 비난했습니다.
  "자네는 입이 너무 무거워 말이 없는 것이 탈이야. 자네는 자신의 권리를 충분히 주장하지 않고 있어. 자네 자신을 더 많이 선전해야 할걸세. 이 사람아, 어서 말을 해봐!"
  라이트는 친구의 독촉에 못 이겨 조용하게 한마디했습니다.
  "여보게, 새들 가운데서 가장 말은 잘하지만 제일 날지 못하는 것은 앵무새라네."

  절름발이의 다리는 힘이 없으므로 무용지물입니다. 이처럼 미련한 사람의 잠언, 즉 교훈도 무용지물입니다. 아무 지혜가 없는 미련한 사람의 입에서 지혜로운 말이 나올 수 없습니다. 자신은 지혜로운 말로 가르친다고 생각하지만, 그 입에서 나오는 말 한마디 한마디는 어리석은 말이요, 세상적인 말뿐입니다. 그러므로 미련한 사람의 교훈을 들으면 아무 도움도 되지 않고 시간만 낭비하게 되는 것입니다.

 당신은 헛된말을 하지는 않습니까

> "미련한 자의 입의 잠언은 술 취한 자의 손에 든 가시나무 같으니라"
> 잠 26:9

10월 25일

우리가 구사하는 언어에는 상대방의 마음을 열게 만드는 개방적 언어가 있고 반대로 사람의 마음을 닫게 만드는 폐쇄적 언어가 있습니다. 폐쇄적 언어, 즉 일방적 지시, 명령적, 위협적, 단정적 언어 속에서 성장한 사람은 반항적, 부정적, 비판적, 공격적, 우발적인 사람이 되기 쉽습니다.

반면에 개방적인 언어, 즉 권면하고 설명하고 동의를 구하고 부탁하는 언어는 사람의 마음을 열리게 만들어, 최선을 다해 일하려고 마음먹게 만들고, 적극적인 사람, 너그러운 사람을 만듭니다.

언어에는 힘이 있습니다. 우리는 말로써 다른 사람을 위로해 줄 수도 있고, 책망할 수도 있으며, 용기를 줄 수도 있고, 실망을 줄 수도 있습니다. 그런데, 마치 술 취한 사람의 손에 들린 가시나무가 타인에게 상처를 입히듯, 미련한 사람은 때와 장소를 가리지 않고 뭇사람에게 말로써 상처를 입히고 고통을 줍니다. 따라서 사람들에게 문제를 해결해 주고 도움을 주는 유익한 교훈도 미련한 사람의 입에서 나올 때에는 오히려 악용될 수 있습니다. 그러므로 그리스도인들은 사람들에게 위로와 용기를 주는 사람이 되어야 할 것입니다.

당신은 말로써 다른 사람에게 용기와 희망을 주고 있습니까?

> "장인이 온갖 것을 만들지라도 미련한 자를 고용하는
> 것은 지나가는 자를 고용함과 같으니라"   잠 26:10

10월 26일

로크맨이라는 한 노예가 있었습니다.

그는 대단히 현명하였고, 또 열심히 일을 하여 주인에게 신임을 받고 있었습니다. 그런 로크맨을 다른 종들은 시기하여 주인에게 모함을 일삼았습니다.

"로크맨이 주인님 앞에서는 충성을 다하면서 뒤에서는 주인님을 욕하고 있습니다."

주인은 정말 그런가 하여 그를 시험해보기로 하였습니다.

그를 불러 아주 쓴 참외를 한 개 주었는데 로크맨은 태연하게 그 참외를 받아 쩝쩝거리며 맛있게 먹어버리는 것이었습니다.

"아니, 어떻게 그 쓰고 구역질나는 참외를 그리 맛있게 먹느냐?" "주인님께서 제게 좋은 것들을 많이 주셨으니 주인님께서 주시는 쓴 것도 달게 받아야 마땅하지 않겠습니까?" 그 말에 감격한 주인은 그를 '자유'의 몸으로 풀어주었습니다

'장인'은 기술자입니다. 장인은 숙련된 기술을 가지고 온갖 것을 다 만듭니다. 그런데 미련한 사람, 불성실한 사람을 기술자로 고용하면 물건을 생산해 내는 데에 차질이 생기고, 따라서 손해를 보게 됩니다. 미련한 사람은 기술을 가르쳐 일을 시키려 해도 도무지 지혜가 없어서 기술은 습득하지 못하고 일만 망치는 것입니다.

당신은 하나님 앞에서 참되고 성실한 일꾼입니까?

"개가 그 토한 것을 도로 먹는 것같이 미련한 자는 그 미련한 것을 거듭 행하느니라" 잠 26:11

10월 27일

성인 바실리우스가 하루는 영안이 열려 기이한 광경을 보게 되었습니다. 한 사람이 깨진 항아리에 물을 쏟아 붓고 있었습니다. 계속해서 물을 부었으나 밑으로 다 새나가 항아리에 반도 차지 않았습니다. 그때 천사가 나타나 설명해 주었습니다.

"이 사람은 가장 미련한 자라. 마음에 굳은 결심이 없어서 한 가지 착한 일을 하고는 이어서 한 가지 악한 일을 하니 먼저번의 선한 일은 없어지고 종내 무용한 일이 계속되는 것이다."

또 한 사람을 보니 그는 산 위에서 나무를 베고 있었는데 이미 자기 힘으로는 질 수 없을 만큼 무거운 짐을 만들어 놓았습니다. 천사는 또 설명해 주었습니다. "현재 자기가 가지고 있는 많은 악을 그대로 두고 다만 후일 회개하고 고치겠다고 하는 가장 미련한 사람이다."

지혜로운 사람은 잘못을 저지르면 곧 회개하고 돌이켜서 같은 잘못을 되풀이하지 않습니다. 그러나 미련한 사람은 잘못을 회개하다가 않고 계속 반복하여 저지릅니다. 개가 잘못 먹은 것을 토했다가 나중에 다시 그것을 먹듯이 미련한 사람은 잘못을 저질러 고통을 겪어도 그 고통이 지난 다음에는 다시 똑같은 잘못을 저지르는 것입니다. 그로 인해 파멸을 당할 때까지 계속 미련한 짓을 되풀이하다가 미련한 사람은 결국 죄 가운데서 파멸하고 맙니다.

당신은 항상 잘못을 회개하고 돌이키는 삶을 살고 있습니까?

> "네가 스스로 지혜롭게 여기는 자를 보느냐 그보다 미련한 자에게 오히려 바랄 것이 있느니라" 잠 26:12

10월 28일

어느 소대가 사격장에서 사격 훈련을 받고 있었는데 한 사병이 총을 두 발이나 쏘고서도 목표물을 맞히지 못했습니다. 울화통이 터진 상사가 사병의 손에서 소총을 빼앗으면서 고래고래 소리를 질렀습니다.

상사는 "이런 멍텅구리 같으니라고. 너는 눈도 없냐? 잘 봐."라고 말하면서 총을 겨냥하고 쏘았지만 목표물에서 멀리 떨어진 곳에 맞았습니다. 그러자 상사는 그대로 교만하게 사병을 돌아보면서 이렇게 소리쳤습니다. "봤지? 이 바보야. 그게 바로 네가 쏜 방식이야."

스스로 지혜롭게 여기는 사람은 남의 말을 무시하고 자기의 말만 들으라고 소리를 높이고 사람은 남에게서 배울 것이 없다 하고 남을 가르치려고만 듭니다. 그러므로 더 이상 발전할 가능성도, 변화될 가능성도 없는 '구제불능'이 되고 맙니다. 요즘은 특히 그리스도인들 중에서 자기만 지혜롭고 경건하다고 착각하는 사람들이 많이 있는데 이들은 터무니 없는 착각에 도취되어 무례히 행하고 교회공동체에 해를 끼칩니다. 그러므로 우리는 항상 하나님 앞에 자신을 낮추고 겸손히 이웃을 섬김으로 하나님께서 주시는 지혜와 능력으로 우리의 인격을 성숙시켜야겠습니다.

 당신은 혹시 고만함으로 타인의 충고를 무시하지 않습니까?

> "게으른 자는 길에 사자가 있다 거리에 사자가 있다 하느니라"
> 잠 26:13

10월 29일

영국의 목사이며, 문학자인 킹즐리(Kingsley, Charles)는, 아침마다 일어나면 일 할 수 있고, 그리하여 미덕 얻을 수 있음을 감사하라고 다음과 같이 말했습니다.

"그대는 매일 싫든 좋든 해야 할 일거리를 가지는 것에 아침에 일어나서 항상 하나님께 감사하라. 어쩔 수 없어 일을 하거나, 어쩔 수 없이 그대의 최선을 다해야 할지라도 그대 속에서는 절제와 극기, 근면과 의지력, 유쾌와 만족, 그리고 게으름뱅이가 알지 못하는 백 가지의 미덕을 얻으리라"라고.

게으른 사람은 자기가 게을러서 일하지 않으면서도 말도 되지 않는 핑계를 댑니다. 그리고 일은 하지 않으면서도 잔소리와 간섭을 제일 많이 합니다. 또한 지혜롭고 분별력 있는 사람들의 지혜를 하찮게 여기며 자신이 게으르고 일하기 싫어한다는 사실은 절대로 인정하지 않고 온갖 이유를 다 대어 일을 기피하는 것입니다. 그러나 이러한 사람에게 기다리고 있는 것은 결국 무의미하게 시간을 보낸 후 남는 후회와 가난일 뿐입니다.

실로 일할 수 있다는 것 이상 좋은 것은 없는 것입니다.

당신은 자신의 일을 사랑하며, 그 일에 열정을 갖고 있습니까?

> "게으른 자는 선히 대답하는 사람 일곱보다 자기를 지혜롭게 여기느니라"
> 잠 26:16

10월 30일

어느 수도원에 유명한 수도사가 살고 있었는데 그는 경건한 삶을 살기로 유명했습니다. 그 수도원에서 멀지 않은 곳에 가난한 과부가 살고 있었습니다. 그녀는 일자리를 구하지 못했습니다. 결국 그녀는 도둑질을 하게 되었습니다. 이 사실을 알게 된 수도사는 과부를 불러 호되게 꾸중했습니다. 과부는 수도사의 꾸중에 눈물을 흘리며 회개했습니다. 그러나 집으로 돌아온 과부는 시간이 흐르자 먹고살기 위해 또 다시 죄를 짓고 말았습니다. 수도사는 다시 과부를 불러 질책했습니다.

그 날 밤 하나님은 두 사람의 영혼을 거두어 가셨습니다. 그런데 수도자는 지옥으로, 과부는 천당으로 보내졌습니다. 수도사가 이 일에 대해 강력히 항의하자 천사는 이렇게 대답했습니다. "당신은 당신의 명예를 위해 살았고, 자만심과 교만에 가득 차 이웃에게 사랑을 베풀기는커녕 아픈 상처만 주었습니다. 그래서 지옥으로 보내진 것입니다."

그리스도인들 중에 이웃을 사랑하는데 게으른 사람들이 있습니다. 이런 사람들은 말로써 사람을 죽이기도 하고, 살리기도 합니다. 그리고 오히려 사랑하는데 게으른 사람들은 자신들이 부지런하다고 생각합니다. 그러나 언젠가 그 결과는 밝히 드러날 것입니다.

 당신은 하나님의 명령을 실천하는데 게으름을 피우고 있지는 않습니까?

> "길로 지나다가 자기에게 상관없는 다툼을 간섭하는 자는 개 귀를 잡는 자와 같으니라"   잠 26:17

10월 31일

어느 날 아들의 방을 무심코 들여다보던 어머니가 깜짝 놀랐습니다. 이유는 저질스런 그림들과 사진들이 벽면을 채우고 있었기 때문이었습니다. 그러나 어머니는 아들을 불러 호통을 치거나 그림들의 출처를 묻지 않았습니다. 그 대신 다음날 벽 한복판에 독일이 낳은 유명한 화가 호프만의 '빌라도 궁전의 그리스도'라는 성화를 조용히 걸어두었습니다. 하룻밤이 지난 후 어머니는 아들 방으로 올라가 방문을 열어보았습니다. 그리고 거기서 놀라운 광경을 보게 되었습니다. 빽빽하게 걸려있던 저질스런 그림들은 어디론가 사라져버리고 오직 호프만의 성화만이 벽 한복판에 걸려 있었던 것입니다.

때로 우리는 지혜롭게 극복하고 바꿀 수 있는 일들을 다툼으로 끝내는 경우가 많습니다.

본문의 '개'는 집에서 길들인 개가 아니라, 길들이지 않은 야생의 들개를 말합니다. 가만히 있는 사나운 개에게 다가가서 공연히 귀를 잡아당기면 개에게 물리기 마련입니다.

이와 같이 지혜를 발휘해서 화해와 화목으로 바꿀 수 있는 일들을 미련하게 행동함으로 그르치는 경우가 많이 있습니다. 따라서 우리는 항상 하나님의 지혜를 간구하는 그리스도인이 되어야겠습니다.

 당신은 세상을 화평케하는 사람입니까?

잠언으로 여는 365일

11월

"기름과 향이 사람의 마음을 즐겁게 하나니 친구의 충성된 권고가 이와 같이 아름다우니라"
(잠언 27:9)

> "횃불을 던지며 살을 쏘아서 사람을 죽이는 미친 사람이 있나니 자기 이웃을 속이고 말하기를 내가 희롱하였노라 하는 자도 그러하니라" 잠 26:18, 19

11월 1일

미국의 영어교사 전국협의회(National Council of Teachers of English)는 재미있는 행사를 해마다 갖는데, "겹말상"(Double-speak Award)이 그것입니다. 겹말은 말의 기교를 통해 연막을 펴는 일종의 인텔리 거짓말이라고 할 수 있습니다.

금년도 겹말상 수상언어들은 다음과 같습니다.

미국무성이 만든 말로 "살인"을 "생명의 독단적 박탈"(Arbitrary deprivation of life), 또한 미국방성이 만든 세 개의 낱말로서, "평화"를 "영속적 예비 적대행위"(Permanant pre-hostility), 핵전쟁에서의 "민간인 희생"을 "부수적 손상"(Collateral damage), "전투"를 "난폭한 행진"(Violence Processing)으로 표현하였습니다.

아무 원한도 없이 불특정 다수에게 해를 끼치고 인명을 살상하는 사람은 정신병자입니다. 그런데 고의로 남을 속이거나 의도적으로 거짓말을 해서 남에게 피해를 주는 사람도 마찬가지입니다. 비록 악의 없이 장난삼아 했더라도 그것이 남에게 치명적인 피해를 줄 수 있고 또 상처와 고통을 줄 수 있으므로 우리는 농담 한마디도 조심스럽게 해야 하며, 장난도 삼가야 하는 것입니다.

당신은 하나님의 성전으로서 거룩하게 자신을 지키고 있습니까?

> "남의 말하기를 좋아하는 자의 말은 별식과 같아서 뱃속 깊은 데로 내려가느니라" 잠 26:22

11월 2일

어떤 부인이 신부에게 찾아와 자기가 남들의 소문을 내고 다녔다고 고백했습니다. 그러자 신부는 참회에 대한 표시로, 시장에 가서 털을 뽑지 않은 닭 한 마리를 산 뒤 오는 길에 닭털을 하나 하나 뽑아 버리라고 했습니다. 참회치고는 아주 이상한 행위라고 생각했지만 부인은 그대로 했습니다.

그녀가 돌아오자 일단 신부는 그녀의 순종을 칭찬해 주었습니다. 그리고 나서 말했습니다. "이제 당신의 참회의 마지막 작업을 일러주겠소. 돌아가서 그 깃털을 주워 모으시오."

그러자 부인은 놀라며, 불가능하다고 말했습니다.

"예, 바로 그렇습니다. 당신이 이웃을 험담한 말들은 결코 다시 주워 담을 수 없답니다. 그것은 사람들의 입에서 입으로 너무 빨리 전해져 버리기에 당신이 주워 담으려 해도 따라잡을 수가 없답니다. 그러니 앞으로는 당신이 하는 모든 말을 조심하십시오."

다른 사람에 관한 이야기는 아주 맛있는 별식과 같아서, 한번 화제에 오르면 너나없이 귀를 기울이고 한마디씩 거듭니다. 온갖 뜬소문을 말하면서 재미있어 합니다. 그러나 대개 이러한 대화의 내용은 화제의 대상에게 고통을 주며, 말하는 사람과 듣는 사람에게 정신 건강을 해치는 독소가 됩니다. 그러므로 우리는 남의 말하기를 좋아해서는 안 되는 것입니다.

 당신은 이웃의 험담을 하는 잘못을 범하지는 않았습니까?

"온유한 입술에 악한 마음은 낮은 은을 입힌 토기니라"
잠 26:23

11월 3일

연설 원고 작가인 페기 누난은 그녀의 저서 '인생과 자유와 행복의 추구'에서 외모는 거짓일 수 있다고 기록했습니다. "사람들의 외모는 결코 그들의 참모습을 나타내지 않는다."고 말했습니다.

그녀는 한 파렴치한 사업가의 예를 들면서 만일 우리가 있는 그대로의 그의 모습을 볼 수만 있다면 "그는 비수를 입에 물고 만찬회에 앉아 있을 것이 틀림없습니다."라고 설명했습니다. 그의 모든 외모는 훌륭한 시민이었으나 사실은 철두철미한 위선자였던 것입니다.

'낮은 은'은 은광석을 제련하여 순은을 추출하고 남은 찌꺼기입니다. 토기에 낮은 은을 입히면 마치 좋은 은그릇인 것처럼 보입니다. 그렇기 때문에 어리석은 사람은 비싼 값을 치르고 속아서 사기도 합니다. 그런데 속으로 악한 마음을 품었으면서도 겉으로는 안 그런 척하고 부드럽게 말하는 사람이 바로 이와 같습니다. 이러한 사람은 '양의 탈을 쓴 늑대'와 같아서 그럴듯한 외양으로 사람들을 속였다가 나중에 본색을 드러내는 것입니다. 따라서 사람은 겉모습만 보고 판단해서는 안 됩니다. 첫인상만 가지고 결정해서도 안 됩니다. 사람은 오랫동안 교제도 해보고 일도 함께 해보고 겪어 보아야 알 수 있는 것입니다.

당신은 항상 자신과 이웃, 무엇보다 하나님 앞에서 진실한 사람입니까?

> "궤휼로 그 감정을 감출지라도 그 악이 회중 앞에 드러나리라"
> 잠 26:26

11월 4일

스펄전 목사는 위선적 신앙을 빗대어 '비 없는 구름과 같고 물이라고는 한 방울도 없이 바짝 말라버린 개울과도 같다'고 말했습니다.

그리고, '그것은 마치 연극 배우가 왕의 복장으로 분장하여 무대 위를 늠름히 거닐다가 연극이 끝난 후에는 평복으로 갈아입고 가난한 자신의 삶으로 돌아가 부끄러움을 느끼는 것과 같은 것'이라고 비유하여 설교하였습니다.

위선자란 남에게 보이기 위해 선을 행하는 사람입니다. 말과 행동이 일치하지 않을 뿐더러 명예를 사랑하고 사람들에게 존경받기를 좋아합니다. 그리고 외양은 마치 미려한 양장본으로 되어 있으나 내용은 형편없는 책들처럼, 내적인 면을 소홀히 하고 외적인 면에 더욱 관심을 쏟는 사람입니다. 이러한 사람은 듣기 좋은 말로 상대방을 속여서 안심시켜 놓은 다음, 기회를 엿보아 보복합니다.

그러나 이들의 사악한 감정과 위선은 결국 드러나고 맙니다. 이들은 완벽하게 감정을 감추고 아무도 모르게 보복했다고 자축하더라도, 그 악의 썩은 냄새는 결코 감추어지지 못하고 만인 앞에 드러나고 마는 것입니다.

당신의 내면은 어떤 모습을 하고 있습니까? 혹, 위선의 모습은 아닙니까?

"함정을 파는 자는 그것에 빠질 것이요 돌을 굴리는 자는 도리어 그것에 치이리라" 잠 26:27

11월 5일

나무꾼들이 산 속으로 들어가 한 짐씩 나무를 해서 지게에 지고 돌아오는 길에 함정에 빠진 사람들을 발견했습니다. 자세히 보니 한 사람만 살았고 나머지는 다 죽은 것 같았습니다.

착한 나무꾼이 동료들에게 "보고만 있지 말고 구하자."고 했으나 동료들은 "우리도 힘들고 바쁜데…"하며 현장에서 떠났습니다. 착한 나무꾼은 목숨을 걸고 살아있는 한 사람을 구했는데 알고 보니 그 나라의 왕자였습니다. 왕자가 신하들과 사냥을 나왔다가 함정에 빠졌던 것입니다.

왕이 이 '착한 나무꾼'에게 '큰 상'을 내릴 때 동료들은 또 보고만 있어야 했습니다.

남을 빠뜨리려는 함정을 파 놓으면 그 함정에 자기가 빠지고 남을 죽이려고 돌을 굴리면 그 돌에 자기가 치어서 죽게 됩니다. 남에게 해를 끼치면 자기가 그 해를 받고, 남에게 좋은 일을 하면 자기에게 좋은 일이 생기는 것입니다. 이것이 바로 하늘 나라의 법칙입니다. 사람들이 보기에는 악인이 벌받지 않고 의인이 복 받지 않으며 그저 세상이 두루뭉실하게 지나가는 것 같아도, 공의로우신 하나님께서는 반드시 심은 대로 거두게 해 주시는 것입니다.

당신은 선을 베풀며 좋은 것으로 심고있습니까?

> "거짓말하는 자는 자기의 해한 자를 미워하고 아첨하는 입은 패망을 일으키느니라"   잠 26:28

11월 6일

아첨을 잘하는 한 사제가 콘스탄티누스 황제에게 이렇게 말했습니다.

"황제의 덕은 이 세상에서는 세상 제국을 다스리기에 합당하고, 저 세상에서는 하나님의 아들과 함께 다스리기에 합당합니다."

이 말을 듣자 황제는 이렇게 외쳤습니다.

"저리 가라. 보기도 싫다. 더 이상 그런 부당한 말을 하지 말라. 오히려 나의 전능하신 하나님께 나로 하여금 이생과 내생에서 그의 종이 되기에 합당한 자로 간주될 수 있게 해 달라고 간절히 기도해 다오."

거짓말쟁이는 마음에도 없는 아부의 말, 달콤한 말로 사람을 속입니다. 그리고 일단 속아넘어간 사람에게는 미안해 하기는커녕 오히려 미워하고 중상 모략을 합니다. 이러므로 거짓말쟁이의 아첨에 넘어가는 것은 결국 패망케 되는 첩경입니다. 아첨하는 말, 진실치 못한 말은 패망케 하는 독소가 있어서 그 말을 받아들이면 신세를 망치게 됩니다. 그러므로 우리는 아첨하는 거짓말쟁이들을 멀리하고 정직하게 사는 것이 곧 생명의 길임을 알아 정직하고 진실한 사람이 되어야겠습니다.

 당신은 혹시 감언이설에 유혹되고 있지않습니까?

"너는 내일 일을 자랑하지 말라 하루 동안에 무슨 일이 날는지 네가 알 수 없음이니라" 잠 27:1

11월 7일

태종이 어느 날 우연히 두 아전들이 서로 하늘과 사람의 이치를 논하고 있는 것을 보았습니다. 갑이 말하였습니다.

"부귀와 영달은 모두 임금에게서 나온다."

이에 을은, "아니 그렇지 않다. 한 계급이 오르거나 한 벼슬을 하게 되는 것은 모두 하늘이 정하는 것이다. 비록 임금이라도 그것은 어쩔 수 없다."하여, 서로 자기 주장을 굽히지 않았습니다.

태종이 그 말을 엿듣고 나서 종이 쪽지에, "지금 이 쪽지를 가지고 가는 아전에게 한 직급을 올려 주기 바라오."라고 써서, 갑을 시켜 세종에게 보냈습니다. 그런데 갑은 그 쪽지를 받고 나오다가 갑자기 복통이 나서 그 쪽지를 을에게 대신 부탁하였습니다. 다음날 인사 발령 내용을 보니 을은 직급이 올랐으나 갑은 그대로였습니다. 태종이 이상히 여겨 그 까닭을 알아보았습니다. 그리고 그 사실을 알고 난 태종은 경탄해 마지않았습니다.

사람의 운명은 전능하신 하나님의 손에 있습니다. 사람이 아무리 치밀하게 계획을 세워 놓아도 그 계획을 성사시키시는 분은 하나님이십니다. 따라서 우리는 새롭게 맞이하는 하루와 그 매일의 삶을 하나님께 내어 맡기고 살아야 합니다. 우리가 존재하는 목적이 하나님의 영광을 위한 것이기 때문에 우리는 이러한 마음으로 살아가야만 하는 것입니다.

 당신은 모든 일을 주관하시는 하나님을 온전히 의지하십니까?

> "타인으로 너를 칭찬하게 하고 네 입으로는 말며 외인으로 너를 칭찬하게 하고 네 입술로는 말지니라"
>
> 잠 27:2

11월 8일

독일의 정치가 비스마르크가 아들에게 다음과 같은 편지를 보냈습니다. "내가 오늘 한 일에 대하여 내일 다른 사람들의 여론을 들어보면 태반이 잘못되었다. 그러니 남의 칭찬을 받는다고 하여 기뻐하지 말고 남의 비난을 받았다고 하여 실망하지도 말아라. 본디 인간은 이러나저러나 간에 잘할 수 없게 되어 있다.

또 후세에 이름을 남기겠다는 사람도 있으나 지극히 어리석은 생각이다. 지금 나와 함께 있는 사람들도 내 마음을 알아주기 어려운데 어찌 백 년이나 천 년 후의 사람들이 내 마음을 알아줄 것인가. 그러므로, 너는 다만 하나님만이 네 마음을 알아줄 것이라고 믿고 너무 세상의 칭찬에 관심을 두지 말아라. 오직 하나님으로부터만 칭찬 받도록 힘써라."

우리의 칭찬은 사람에게 있지 않고 하나님에게 있습니다. 하나님께서 해주시는 칭찬이야말로 진정한 칭찬이며, 최상의 칭찬입니다. 그러므로 우리는 자기를 자랑하고 스스로를 칭찬하는 교만을 버리고, 하나님의 뜻을 바로 받들고 예수님의 십자가만을 자랑하여야겠습니다. 그리하여 언젠가 주님 앞에 서는 날, "잘하였도다, 착하고 충성된 종아."라고 칭찬 받게 되기를 주님의 이름으로 축원합니다.

 당신은 혹시 사람의 칭찬을 듣기위해 헛된 노력을 기울이지는 않습니까?

"면책은 숨은 사랑보다 나으니라 친구의 통책은 충성에서 말미암은 것이나 원수의 자주 입맞춤은 거짓에서 난 것이니라"
잠 27:5, 6

11월 9일

'지음(知音)'이라는 고사성어를 유래시킨 백아와 종자기는 백아가 산에 오르는 생각을 하며 거문고를 연주하면 그 연주를 들은 종자기 역시 산을 오르는 느낌이 들 정도로 마음이 잘 통했다고 합니다. 이처럼 마음과 마음이 통하는 소중한 관계가 이루어지는 좋은 친구를 사귀려면 어떻게 해야 할까요?

먼저 선입견을 버려야 합니다. 둘째, 자신을 솔직히 드러내야 합니다. 셋째, 작은 시간을 투자해야 합니다. 그리고 때론 충고도 할 줄 알아야 합니다. 사이가 나빠질 것을 염려해 눈에 보이는 친구의 단점을 억지로 눈감아 주고 입에 발린 칭찬만 하는 것은 오히려 친구나 자신의 인격 성장에 도움이 못 됩니다.

끝으로, 관용의 마음을 갖도록 합니다. 이럴 땐 이럴 수도, 저럴 땐 저럴 수도 있다는 관용의 마음이 필요합니다.

책망은 하는 사람이나 듣는 사람이나 똑같이 괴롭고 힘든 일입니다. 그러나 친구의 잘못을 보면서도 그것을 지적하여 바로잡아 주지 않고 잠잠히 입다물고 있는 것은 진정한 친구로서의 행동이 아닙니다. 이러한 침묵은 친구를 잘못된 길로 가도록 방관하는 것입니다. 친구가 잘못된 길로 갈 때, 대면하여 통렬히 책망하는 것이야말로 진정으로 사랑하는 마음, 충성에서 우러나오는 참 우정의 표시입니다.

당신은 친구의 잘못에 대해 기인을 해주고 있습니까?

> "배부른 자는 꿀이라도 싫어하고 주린 자에게는 쓴 것이라도 다니라"
> 잠 27:7

11월 10일

시드니 올림픽 여자 다이빙에서 우승한 미국의 로라 윌킨슨이 오른쪽 다리 골절상을 당한 것은 올림픽 개최 불과 몇 개월 전이었습니다. 코치는 윌킨슨을 향해 '올림픽 출전불가'를 선언했습니다. 그러나 그녀는 하루에 수십 번씩 한 성경구절을 묵상하며 힘과 용기를 얻었습니다. 그리고 마침내 올림픽에서 아무도 예상 못한 금메달을 획득했습니다.

윌킨슨에게 꿈과 희망을 주었던 성구는 빌립보서 4장 13절이었습니다. "내게 능력주시는 자 안에서 내가 모든 것을 할 수 있느니라". 희망적인 성구 하나가 절망의 나락으로 추락하기 직전의 운동선수를 '최고의 자리'에 올려놓았습니다.

배부른 사람에게는 산해 진미가 소용없지만, 배고픈 사람에게는 먹을 수 있는 것이라면 무엇이고 감사의 조건이 되며 아무리 쓴 것이라도 달게 먹습니다. 이와 같이, 세상 쾌락에 배부른 사람은 영의 양식인 복음을 받아들이지 않지만, 심령이 가난한 사람은 복음을 달게 받아들여 하나님의 복을 받는 것입니다.

이 세상에서 외롭고 고독한 사람은 복음을 기쁘고 감사하게 받아들입니다. 그러므로 우리는 복음을 전하되, 특히 가난하고 병들고 어려움 당하고 소외당한 사람들을 찾아가서 그들의 가난한 심령에 하나님의 복된 소식을 전해 주어야 합니다.

 당신은 영육이 모두 가난한 사람들에게 생명의 양식을 전하고 있습니까?

> "본향을 떠나 유리하는 사람은 보금자리를 떠나 떠도는 새와 같으니라"
> 잠 27:8

11월 11일

위대한 성직자 로버트 레이니가 사람들로부터 혹독한 비판과 심한 오해를 받아 어려움을 당하고 있을 때의 일입니다.

한 친구가 그를 찾아와서 말했습니다.

"자네가 이런 상황을 어떻게 견뎌 내는지 나는 도저히 이해할 수 없네."

"아, 그건 자네도 잘 알다시피 난 집에 돌아오기만 하면 편안해지거든."

'본향'은 자기가 사는 집, 즉 가정을 말합니다. 가정을 떠나 이리저리 떠돌아다니는 사람은 보금자리를 떠나 떠도는 새와 같습니다. 이 세상에서 새에게 가장 중요한 곳, 생활의 근거지는 보금자리입니다. 보금자리가 없는 새는 눈비가 내려도 피할 곳이 없고 평안히 쉴 곳이 없습니다. 그런데 가정을 떠나서 방황하는 사람도 이와 같습니다. 가정을 떠나 유리하는 사람은 참 행복도, 평안도, 안식도 없는 것입니다.

그런데 하나님께서 우리에게 주신 삶의 보금자리는 가정입니다. 그러므로 우리는 가정을 중시하고 지키며, 가정을 중심으로 우리의 인생을 영위하여야겠습니다.

당신은 하나님께서 이뤄주신 가정을 아름답게 가꾸고 있습니까?

> "기름과 향이 사람의 마음을 즐겁게 하나니 친구의 충성된 권고가 이와 같이 아름다우니라" 잠 27:9

11월 12일

 스탬보른 교회의 청년인 로드즈는 지나친 흡연과 음주 행위로 많은 교인들을 괴롭혔습니다. 스펄전의 할아버지는 이를 몹시 염려하셨습니다. 그런데 어린 스펄전은 할아버지에게 "염려 마세요. 제가 그 술꾼을 죽여버리겠습니다."라고 말했습니다. 할아버지는 철없는 소리로만 접어두고 말았습니다.
 그런데 며칠 후 그 청년이 할아버지를 찾아왔습니다. "목사님, 그간 염려를 끼쳐 드려 죄송합니다. 며칠 전 제가 술집에 있었는데 목사님의 어린 손자가 들어와서 대뜸 하는 말이 '나라면 목사님을 근심케 하지는 않겠습니다. 내가 오히려 당신 때문에 부끄럽습니다'라고 하지 않겠습니까? 처음에는 화가 났지만 곰곰이 생각해보니 어린것의 말이 옳은 말이었습니다. 저는 조용한 곳을 찾아가서 주님 앞에 무릎을 꿇고 용서를 빌었습니다. 오늘은 목사님께 용서를 빌려고 왔습니다."

 이 세상에 진정한 친구는 많지 않습니다. 허심 탄회하게 속을 툭 터놓고 지내는 친구를 가진 사람은 참으로 행복한 사람입니다. 그런 친구가 때로 듣기 싫은 책망을 하고 권고를 해도 그것이 조금도 서운하지 않고 고맙게 생각됩니다. 참 친구는 충정으로 권고를 해주기 때문입니다. 그리고 친구의 권고를 기쁘게 받아들임으로써 우리의 인생은 바르고, 아름답게 변화되는 것입니다.

 당신은 친구를 위해 기도하고 있습니까?

> "네 친구와 네 아비의 친구를 버리지 말며 네 환난 날에 형제의 집에 들어가지 말지어다 가까운 이웃이 먼 형제보다 나으니라"   잠 27:10

11월 13일

중종 때 학자 김정국은 '천금으로 밭을 사고, 만금으로 이웃을 산다'는 시를 남겼습니다. 그리고 그가 지은 향약문에 보면 이웃은 사촌이 아니라 삼촌반이란 말을 하고 있습니다. 이웃에 초상 같은 애사가 나면 그 이웃들은 심상이라 하여 일정 기간 동안 상주와 똑같은 근신을 했습니다.

이웃 간의 담장에 암키와와 수키와로 구멍을 뚫어 놓게 마련인데 이를 '비린 구멍'이라고 불렀습니다. 일상적으로 먹는 음식이 아닌 별식을 만들었을 때 그 것을 주고받기 위한 구멍인 것입니다. 쇠고기나 돼지고기를 비롯, 멸치까지를 포함한 각종 어육 음식을 별식으로 쳤고 어육류를 비린 음식이라 했기에 비린 구멍이란 이름이 생겼을 것입니다. 따뜻하고 진한 정이 오갔던 정신적 구멍이 아닐 수 없습니다.

'이웃사촌'이라는 말이 있습니다. 가까이에 살면서 늘 만나는 이웃이 멀리 떨어져 살면서 뜸하게 만나는 사촌보다 훨씬 더 다정하고 낫다는 말입니다. 환난을 당했을 때 친구와 이웃은 누구보다도 나의 사정을 잘 알고 물심 양면으로 도와주며 힘과 용기를 주어 환난을 이겨내게 해줍니다. 그러므로 인생을 살아가면서 친구 관계, 이웃 관계를 돈독히 하는 것은 굉장히 중요하고 또 반드시 필요한 것입니다.

 당신은 이웃을 사랑하라는 예수님의 말씀을 삶에서 실천하고 있습니까?

> "내 아들아 지혜를 얻고 내 마음을 기쁘게 하라 그리하면 나를 비방하는 자에게 내가 대답할 수 있겠노라"
> 잠 27:11

11월 14일

우리가 다른 사람에게 줄 수 있는 가장 좋은 선물은 무엇일까요.

영국의 정치가요 저술가였던 밸푸어(1848~1930)는 이렇게 말했습니다.

"그대의 원수에게는 용서를, 그대의 적대자에게는 관용을, 그대의 친구에게는 자신의 마음을, 그대의 아들에게는 모범을, 그대의 아버지에게는 효도를, 그대의 어머니에게는 어머니가 그대를 자랑할 일을 행하라. 그대 자신에게는 존경을, 모든 사람에게는 인애를 주는 것이 가장 좋은 선물이다."

자식 잘되는 것은 부모의 큰 행복입니다. 부모가 일자 무식이고 별 능력이 없더라도 자식이 지혜롭고 총명하면 부모의 체면이 섭니다. 지혜로운 자식은 부모의 영광이요, 기쁨과 즐거움이 됩니다. 또한 지혜로운 자식은 부모를 사람들의 비난으로부터 지켜 주는 울타리가 됩니다. 지혜로운 자식을 부모에게는 아무도 함부로 대하거나 무시하지 못합니다. 그러므로 우리는 우리의 부모에게 지혜로운 자식이 되고, 또한 우리의 자녀가 지혜로워지도록 기도하며 말씀으로 양육하여야겠습니다.

 당신은 자랑스러운 하나님의자녀가 되기 위해 노력하고 있습니까?

"이른 아침에 큰소리로 그 이웃을 축복하면 도리어 저주같이 여기게 되리라" 잠 27:14

11월 15일

샴, 즉 옛 태국의 왕들은 자신의 왕국에 있는 어떤 사람을 파멸시키고자 할 때 흰 코끼리를 그 집에 보냈습니다. 전통적으로 태국에서는 흰 코끼리를 '신성한 동물'로 여겨 극진히 대접하였습니다.

더욱이 왕에게서 흰 코끼리를 받은 사람은 '국왕의 선물'이기 때문에 코끼리에 대한 모든 것, 즉 먹을 것, 목욕시킬 것, 치장할 것, 잠재울 것 등에 대해 세심한 주의를 기울이고 돌봐야 했습니다.

따라서 왕에게서 미움을 받아 흰 코끼리를 받은 사람은 평생 흰 코끼리에 매여 입히고, 먹이고, 잠재우고, 돌봐야 하기 때문에 전 재산을 날리고 끝내 파멸하고 맙니다. 흰 코끼리는 경배의 대상이자 파멸을 초래하는 공포의 대상인 것입니다

아무리 듣기 좋은 칭찬도 지나치게 들으면 불쾌하게 여겨질 수 있습니다. 칭찬의 말, 축복의 말은 듣는 사람의 마음을 기쁘게 해줍니다. 그러나 시도 때도 없이 계속해서 같은 칭찬이나 축복을 해준다면 오히려 기분을 상하게 합니다. 칭찬과 축복은 좋은 것이고 자주 사용해야 할 것이지만, 적절하게 사용할 때 그 효과가 있지 그렇지 않으면 오히려 저주같이 들리는 것입니다.

때로 지나친 칭찬이나 축복으로 주위 사람들을 불쾌하게 하지는 않았는지 생각해봅시다.

> "철이 철을 날카롭게 하는 것같이 사람이 그 친구의 얼굴을 빛나게 하느니라" 잠 27:17

11월 16일

영국 캠임브리지 대학의 교수이자 종교개혁자였던 찰스 킹슬리는 보기 드물게 아름다운 생애를 보낸 사람이었습니다. 어떤 사람이 그에게 그 비결을 묻자 그는 다음과 같이 대답했습니다. "제게는 한 친구가 있기 때문입니다."

그가 말한 한 사람의 친구란 예수 그리스도를 가리키는 것입니다. 그리스도는 귀한 친구이며, 자애심이 깊은 친구이며, 또한 이해심이 많은 친구입니다.

무딘 철연장도 불에 달구어 쇠망치로 두드려 날카롭게 만들면 아주 예리한 연장이 됩니다. 무디고 녹슨 철을 벼리면 날카롭고 빛나는 철이 됩니다. 이처럼 우리의 인격도 친구와의 교제를 통해 향상되고 빛나게 됩니다. 지혜로운 친구와 교제하면 더욱 지혜로워지고, 악한 친구와 어울리면 악해집니다. 또한 하나님을 섬기는 친구와 교제하면 더욱 하나님을 잘 섬기게 되는 것입니다. 그러므로 우리는 믿음의 친구, 지혜로운 친구, 선하고 의로운 친구 등과 교제함으로 믿음과 지혜를 더하고, 선하고 의롭고 진실하고 정직한 사람이 되어야겠습니다.

당신은 예수님을 진정한 친구로 삼고 닮아가고자 노력하고 있습니까?

> "물이 비취이면 얼굴이 서로 같은 것같이 사람의 마음도 서로 비취느니라"
>
> 잠 27:19

11월 17일

옛날 중국 어느 지방에 지주 계급에 속한 한 사람이 있었습니다. 그는 구두쇠로 불렸는데, 타인의 어려움에는 전혀 관심이 없었습니다. 그러던 어느 날, 한 선비가 이 구두쇠의 버릇을 고치고자 찾아왔습니다. 선비는 구두쇠가 거울을 보고 희희낙락하는 광경을 보고 다가가 자기도 거울을 한번 보게 해 달라고 부탁하고는 기회를 틈타 거울 뒤의 수은박을 벗겨냈습니다. 상대방의 얼굴이 비취는 거울을 받아든 부자에게 선비는 때를 놓치지 않고 그에게 타이르듯 말했습니다. "주인장! 이미 그 거울 속에 당신의 그림자가 없는 것은 당연하오. 이제 당신은 그 거울 속에서 당신 얼굴이 아닌 남의 얼굴을 보았기 때문이오. 이제 당신은 다른 사람으로부터 당신의 참모습을 보여 주시오. 당신이 가진 모든 것으로 이웃에게 동정을 베푸는 일만이 그 거울 속의 당신을 다시 대하는 유일한 길이 될 것이오."

물을 들여다보면 자신의 얼굴이 그대로 비치는 것을 볼 수 있습니다. 물이 우리의 얼굴을 거울처럼 비추듯이, 사람의 마음은 서로 비춥니다. 내가 상대방을 미움으로 대하면 상대방도 나를 미움으로 대할 것이며, 이웃을 사랑하면 이웃도 나를 사랑할 것입니다. 그러므로 나의 마음을 알려면, 나와 가장 친한 친구의 마음을 관찰해 보면 됩니다. 그 마음이 곧 나의 마음인 것입니다.

당신은 항상 사랑으로 가족, 이웃과 친구를 대하고 있습니까?

> "음부와 유명은 만족함이 없고 사람의 눈도 만족함이 없느니라"
> 잠 27:20

11월 18일

어떤 가족이 여행 도중에 한 마을에 들렀습니다. 지나가다 보니 어떤 집 문 앞 난간에 중년의 남자가 편안하게 앉아 쉬고 있었습니다. 그것을 본 아버지가 한숨을 쉬며 말했습니다.
"아, 나도 저렇게 문 밖에 가만히 앉아 있을 수 있다면 얼마나 좋을까?"
이 말을 듣고 있던 아들이 대뜸 물었습니다.
"아버지, 난간에 기대 놓은 목발을 보셨어요?"

'음부'와 '유명'은 둘 다 죽음을 의미하는 말입니다. 아담과 하와 이래 수많은 사람이 죽었습니다. 그럼에도 불구하고 음부는 계속 입을 벌리고 만족함이 없이 받아들이고 있습니다. 이와 마찬가지로 사람의 눈도 만족할 줄 모릅니다. 여기서 '눈'은 '욕심'을 의미합니다. '견물 생심'이라는 말과 같이, 눈은 보아서 다함이 없습니다. 즉 욕심을 채우면 채울수록 더 크게 생기나 욕심을 채우려고 애쓰며 평생을 욕심에 쫓겨 살다가 죽게 됩니다.
그러므로 사람이 참으로 행복하게 사는 것은 자기의 분수대로 만족할 때 가능합니다. 자신의 분수에 맞추어 자족하며 감사하는 생활을 하는 사람이야말로 참으로 행복한 사람인 것입니다.

당신은 하나님께서 주신 환경에 감사하고 있습니까?

> "도가니로 은을, 풀무로 금을, 칭찬으로 사람을 시련하느니라"
> 잠 27:21

11월 19일

링컨은 남북전쟁을 승리로 이끈 직후 다음과 같이 말했습니다. "우리는 지금까지 우리를 지켜 주신 은혜로운 손길에 대해 완전히 잊어버리고 있었습니다. 아직까지 성공의 감격에 도취한 나머지 너무도 자신만만해져서 우리를 구속하시고 생명을 보존하시는 은총을 깨닫지 못했고, 몹시 교만에 빠져 창조주이신 하나님께 기도하는 일을 잊었습니다."

도가니에 은을 넣어서 끓이면 불순물이 제거되고 순수한 은이 나옵니다. 또한 풀무불에 금을 넣어서 제련하면 찌꺼기가 분리되어 순도 높은 금을 얻을 수 있습니다. 도가니와 풀무가 은과 금을 제련하듯이, 칭찬은 사람을 시험하여 평가하는 데 쓰이는 시금석입니다. 칭찬은 받을 때 보이는 반응에 우리의 인격과 마음 자세가 여실히 드러납니다. 하나님께서는 교만한 사람을 낮추시고, 겸손한 사람을 높이시기 때문에 우리는 칭찬을 받을 때가 가장 위험한 때라는 것을 알고, 항상 겸손히 낮추져야 합니다. 사람들로부터 칭찬을 받을 때 모두 하나님께 돌리고, 다만 겸허한 마음으로 하나님께 감사드리며 엎드려 있어야 합니다. 그리할 때 그 칭찬은 우리에게도 값지게 되고, 하나님께도 영광이 되는 것입니다.

당신은 하나님께 칭찬 받기 위해 노력하고 있습니까?

> "대저 재물은 영영히 있지 못하나니 면류관이 어찌 대대에 있으랴"
> 잠 27:24

11월 20일

마틴 루터는 이렇게 말했습니다.
"나는 내 수중에 많은 것들을 소유했었으나 지금은 다 잃어버렸다. 그러나 내가 하나님의 수중에 맡긴 것은 여전히 내 소유로 남아 있다."

어떤 영국 신사는 죽음을 눈앞에 두고 이렇게 탄식하였습니다.
"내가 써 버린 것은 무엇이고 내가 소유했던 것은 무엇인가? 내가 남에게 무엇을 베풀었고 또 무엇을 받았던가!"

부지런히 일하지 않고 게으름을 피우며 재물을 탕진하는 사람에게는 재물이 붙어 있을 수가 없습니다. 그리하여 가난과 궁핍을 면치 못하게 됩니다. 그러나 부지런하고 성실하게 생업에 힘쓰는 사람은 생활이 안정되고 재물도 모으게 됩니다.

사람들에게 진정으로 필요한 것 중의 하나가 바로 땀 흘려 일하는 것입니다. 근로의 소중함을 알고, 성실하고 정직하고 충성스럽게 일하고, 그 땀의 대가를 받고 사는 것이 진정으로 건강한 삶이요, 풍요로운 삶입니다.

당신은 노동의 소중함을 알고, 삶에서 실천하고 있습니까?

"악인은 쫓아오는 자가 없어도 도망하나 의인은 사자같이 담대하니라"
잠 28:1

11월 21일

어느 날 장군이 이발소에 들어와 이발을 하려고 하면서 하는 말이 "누구든지 내 머리를 깎다가, 혹은 면도할 때에 상처를 내는 자는 사형에 처한다."고 하였습니다. 그래서 누구든지 그 장군의 머리를 깎기를 싫어했습니다. 그러나 청년 이발사는 "제가 장군님의 머리를 깎아드리겠습니다."하고 상처 없이 잘 깎아 주었습니다. 그 장군은 기특하여 "너는 상처를 낼 까 두렵지 않았느냐?"고 물었습니다. 그러자 청년은 천연덕스럽게 대답하였습니다.
"두렵지 않았습니다. 만약에 장군님의 얼굴에 상처를 입히게 되면 제가 먼저 장군님을 이 면도칼로 찔러서 죽이려고 했습니다."

악인은 흉악한 언사를 쓰며 사람들을 두렵게 만들지만, 실제로는 무척 허약합니다. 악인은 하나님과 사람과 법 앞에 떳떳하지 못하고, 쫓아오는 사람이 없어도 늘 마음이 쫓기며 공포에 떱니다. 그러나 우리 그리스도인들은 하나님께서 아버지가 되시고, 보호자가 되시므로 두려워할 것이 없습니다. 그리스도인은 만군의 하나님을 의지하고 강하고 담대하게 나아가는 인생의 승리자입니다.

당신은 하나님께 불의에 맞설 수 있는 담대함을 구하고 있습니까?

> "가난한 자를 학대하는 가난한 자는 곡식을 남기지 아니하는 폭우 같으니라" 잠 28:3

11월 22일

베를린 뒷거리 한 모퉁이에서 거지 소녀가 바이올린을 켜고 있었습니다. 그러나 소녀의 앞에는 골목의 꼬마들만 몇 명 모여서 구경할 뿐 아무도 거들떠보는 사람이 없었습니다. 소녀는 기운이 빠져 힘없이 팔을 내려뜨렸습니다.

그때 어떤 젊은 신사가 소녀에게 다가가더니 바이올린을 받아들고는 익숙한 솜씨로 연주하기 시작했습니다. 아름답고 황홀한 멜로디에 지나가던 사람들이 걸음을 멈추고 모여들기 시작했습니다. 이윽고 연주가 끝나자 구름처럼 몰려든 사람들은 아낌없는 갈채를 보내며 돈을 던졌습니다. 젊은 신사는 사람들에게 조용한 미소로 답례하고 돈과 바이올린을 소녀에게 건네 주고 아무 말 없이 그 자리를 떠났습니다. 이 젊은 신사는 다름 아닌 세계적인 물리학자 아인슈타인 박사였습니다.

우리가 잘 사용하는 말 중에 '동병 상련' 이라는 말이 있습니다. 이 말은 어려운 처지에 있는 사람끼리 동정하고 돕는다는 뜻입니다. 이러한 말들처럼, 우리가 생각하기에는 가난한 사람이 가난한 사람을 잘 돌보아 줄 것 같습니다. 그러나 실제로는 그 반대인 경우가 많이 있습니다. 어떤 경우 가난한 사람을 세워 다스리게 하면, 오히려 무자비하게 학대하고 착취합니다. 그러므로 항상 사람은 과거를 기억하는 겸손이 필요합니다.

 당신은 혹시 이웃을 정죄하지 않습니까? 당신도 전에는 죄인이었습니다.

"율법을 버린 자는 악인을 칭찬하나 율법을 지키는 자는 악인을 대적하느니라" 잠 28:4

11월 23일

로마에서 기독교를 최초로 승인한 콘스탄틴 황제가 죽고 난 후, 쥬리안(Julianus)이 로마 황제의 자리에 올랐습니다. 쥬리안 황제는 원래 기독교 신자였으나, 황제가 된 후, 권력과 영화를 누리자 예수님을 배반하였습니다. 때문에 교회 역사는 그를 '배신자 쥬리안' 이라고 부릅니다.

쥬리안 황제 재임 시 로마와 파사국 사이에 전쟁이 발발하였습니다. 파사국으로 진격해 가던 도중, 쥬리안 황제가 길에서 믿음이 독실한 한 군인을 비웃었습니다. 그러나 얼마 후, 쥬리안 황제는 전장에 나가 싸우다가 예상치 못한 심한 부상을 당해 비참하게 죽게 되었습니다. 죽음을 앞둔 황제는 자신이 얼마나 어리석었는지를 생각했습니다.

"오, 갈릴리 사람이여! 당신이 결국은 승리했습니다."

그는 자신의 배신을 통회하며 죽어갔습니다.

하나님을 거부하고 고의로 율법을 저버린 사람은 악인입니다. 악인은 악인끼리 모여 악을 도모하며, 서로의 악행을 격려하고 칭찬합니다. 그러나 하나님을 경외하고 율법을 지키는 의인은 악을 미워합니다. 의인은 절대로 악인과 타협하지 않으며, 나아가 악인을 대적합니다.

혹, 삶 가운데에서 하나님의 뜻을 따르기 보다 세상을 따를 때는 없읍니까?

"악인은 공의를 깨닫지 못하나 여호와를 찾는 자는 모든 것을 깨닫느니라"
잠 28:5

11월 24일

옛날 제나라 때 일입니다. 대낮에 어떤 사람이 금은방에 들어와서 금을 훔쳐 달아나다가 즉각 포졸에게 잡혔습니다. 포졸은 그를 끌고 가며 말했습니다. "사람들이 그렇게 많이 보고 있는데 금을 훔쳐 가는 못난 놈이 어디 있느냐?"

그가 대답하기를 "금을 훔칠 때는 사람은 눈에 보이지 않았습니다." 욕심에 눈이 어두워 다른 것은 눈에 보이지 않는 것입니다.

악인은 하나님을 경외하지 않으므로 지혜가 없으며, 자기의 욕심을 따라 온갖 불의를 행합니다. 이러한 악인은 양심마저 버려서 무엇이 의이고 무엇이 불의인지 모르고, 선악도 분별하지 못하며, 탐욕을 채우고 남을 괴롭히기에 급급합니다. 그러나 하나님을 경외하고 찾고 구하는 사람은 지혜와 총명을 얻습니다. 그러므로 분별력을 가지고 선하고 의롭게 살아가기를 힘쓰는 것입니다.

당신은 의의 길을 가기 위한 분별력을 갖고 있습니까?

"성실히 행하는 가난한 자는 사곡히 행하는 부자보다 나으니라"
잠 28:6

11월 25일

영국의 대부호이자 건축가인 토머스 해밀턴 가(家)에는 선조로부터 대대로 내려오는 불가사의한 보물이 있었습니다. 사람들은 그것이 자유자재로 황금이 생기게 하는 '마술의 돌'이라고 했습니다. 그러나 그 마술의 돌은 주인 외에는 아무도 절대로 볼 수가 없어서 그 정체를 아는 이가 없었습니다. 한번은 영국 왕 제임스 6세가 해밀턴의 집을 방문한 적이 있었습니다. 왕은 해밀턴에게 오래 전부터 궁금하게 여기던 그 보물을 보여 달라고 간청했습니다. 조금 후에 해밀턴은 작은 상자를 가지고 왔습니다. 왕은 호기심에 가득 찬 얼굴로 상자의 뚜껑을 열었습니다. 그런데 상자 안에는 마술의 돌이 아닌 두 구절의 글이 적혀 있는 종이가 들어 있었는데 그 내용은 다음과 같았습니다. "내일이 있다고 생각지 말아라. 타인의 힘을 의지하지 말아라."

'사곡히 행하는 부자'란, 겉으로는 정직하게 재물을 모으는 것 같지만 마음속으로는 세상 재물을 사랑하여 부당하고 불의하게 치부하는 사람을 가리키는 말입니다. 이처럼 겉 다르고 속 다른 이중적인 부자는 차라리 가난하면서 성실한 사람보다 못합니다. 성실히 행하는 가난한 사람은 물질을 많이 봉헌하지 못해도 정성을 드려 하나님을 섬깁니다. 하나님께서는 우리의 재물을 보시는 것이 아니라 우리의 마음 중심을 보십니다.

당신은 맡은 일에 성실과 최선을 다하고 있습니까?

> "중한 변리로 자기 재산을 많아지게 하는 것은 가난한 사람 불쌍히 여기는 자를 위하여 그 재산을 저축하는 것이니라"
> 잠 28:8

11월 26일

웨슬리는 적은 수입을 가지고 당시의 어떤 사람보다도 많은 금액을 구제사업에 기부하였습니다. 그는 1년에 300파운드를 벌 때 280파운드를 가지고 생활하고 나머지 20파운드는 사회기관에 기부하였습니다. 다음해에 600파운드를 받게 되자 그는 변함없이 280파운드를 생활비로 쓰고 나머지 320파운드는 구제사업을 위해 기부했습니다.

또 그 다음해에 가서 900파운드를 받게 되었을 때 여전히 그의 생활비는 280파운드였고, 나머지 620파운드는 기부하였습니다. 구제사업을 시작한 넷째 해에 그는 1,200파운드 수입 중 280파운드를 생활비로 제한 나머지 금액 920파운드를 기부하였습니다. 이 같은 비율로 그는 일생을 다하도록 구제하는 일에 힘을 다했습니다.

'중한 변리'란 고리 대금을 말합니다. 하나님께서는 이 부분에 대해서 엄히 정해 놓으셨습니다(신 23:19, 20). 그러므로 정상적인 법정 이자를 받는 것은 괜찮지만, 고금리를 받는 행위는 율법을 어기는 것입니다. 이에 하나님께서 그 재산을 빼앗아 구제하는 사람에게 주십니다. 그러므로 중한 변리로 재산을 불리면 금방 재산이 늘어나는 것 같아도 결국 가난한 사람들을 구제하는 일에 쓰이게 되는 것입니다.

당신은 하루에 한 번 착한일을 하기 위해 노력하고 있습니까?

> "사람이 귀를 돌이키고 율법을 듣지 아니하면 그의 기도도 가증하니라"   잠 28:9

11월 27일

빅토리아 여왕은 신앙심이 깊고 선정을 베푼 여왕인데 어느 날 한 과부의 집을 찾아 이렇게 물었습니다. "일찍이 아주머니를 찾아 온 손님 가운데 가장 고귀한 손님이 누구입니까?" 그 말에 대한 답변이 여왕이라는 것을 기대한 것이 아니라, 이 아주머니가 생애의 최고의 손님은 우리 주님이라고 고백을 하면 자기도 그렇다고 하면서 주님께 영광을 돌리려는 그런 기대 때문에 물었는데, 그 아주머니는 "두말 할 것도 없이 여왕님께서 내 생애 최고의 손님입니다."라고 했습니다. 여왕이 실망하여 "예수님이 아주머니를 찾아 주신 것이 아닐까요?"라고 물었더니, 대답이 "예수님은 손님이 아닙니다. 내 주인입니다. 처음부터 계신 분입니다. 나는 그 분을 위해 존재합니다."라고 했습니다.

'귀를 돌이킨다'는 것은 하나님을 거역하고 고의로 하나님의 말씀 듣기를 회피하는 것을 말합니다. 귀를 막고서 하나님의 말씀을 듣지 않고 자기 마음대로 악을 행하고 살면서 자기가 아쉽고 다급하고 필요할 때에는 "주여, 도와주소서."하고 기도하는 사람의 기도는 응답 받지 못합니다.

하나님께서는 이러한 사람을 가증히 여기시고, 그가 하나님의 말씀에 귀를 막았듯이 하나님께서도 그의 기도를 듣지 않으시는 것입니다.

당신은 하나님의 말씀에 순종하는 삶을 살고 있습니까?

"정직한 자를 악한 길로 유인하는 자는 스스로 자기 함정에 빠져도 성실한 자는 복을 얻느니라"

잠 28:10

11월 28일

미국의 불루문 치즈회사의 창립자 휘트니는 농부의 아들로 자랐으나 회사 사장이 되는 것이 꿈이었습니다. 그는 처음 식료품 연쇄점의 점원으로 취직하였습니다. 그는 모든 일에 성실히 하였습니다.

소매부에서 일하던 그는 거기서만 일하는 것이 아니라 점심시간에는 도매부의 일도 자진해서 도와주었습니다. 그리고 이 일에 대하여는 보수를 요구하지 않았습니다.

이것이 담당 부장의 인정을 받게 되어 부장은 더 좋은 자리가 났을 때 휘트니를 끌어 앉혔습니다. 휘트니는 그 후 점원에서 외판원으로, 부장으로, 그리고 마침내 회사를 창설하여 사장이 되었습니다.

정직하고 성실한 의인은 결코 멸망하지 않습니다. 정직하고 성실한 의인은 하나님의 말씀을 듣고 지키며 꾸준히 올바른 삶을 살려고 노력합니다. 그러므로 악인의 유혹을 받을 때 그 유혹에 넘어가지 않으며, 그 유혹을 물리치기까지 더욱 하나님을 굳세게 잡고 의지하여 큰 능력을 받고 신앙이 성숙됩니다. 이와 같이 정직하고 성실한 의인은 전화위복의 인생, 모든 것이 합력하여 선을 이루는 삶을 사는 것입니다.

당신은 자신의 일에 성실합니까

"부자는 자기를 지혜롭게 여겨도 명철한 가난한 자는 그를 살펴 아느니라" 잠 28:11

11월 29일

어떤 대사업가가 자식이 없어서 양자를 맞으려고 했는데 가까운 친구가 훌륭한 양자감이라고 한 청년을 소개했습니다. 그 사업가는 우선 청년을 사원으로 채용하고 얼마 동안 관찰을 하기로 했습니다. 하루는 청년을 불러 1만 달러를 내놓으면서 "이걸 자네 마음대로 쓰게"라고 했습니다. 청년은 어떨떨했지만 사업가가 자신을 테스트하는 것이라고 생각한 청년은 그 돈을 한푼도 쓰지 않았습니다. 1년 뒤 사업가는 불쑥 청년에게 물었습니다. "그때 자네에게 준 돈을 어떻게 썼나?" 청년이 돈을 다시 가지고 오면서 자신 있게 한 푼도 쓰지 않았다고 했습니다. 그러자 사업가는 그 청년을 양자로 맞을 것을 포기하며 소개한 친구에게 말했습니다. "돈은 쓰기 위한 것이 아닌가? 사업상 친구를 사귀기 위해서 교제비로 써도 좋을 것이고, 어떤 투자를 해서 사업 공부도 할 수 있었을 텐데 돈을 손에 쥐고도 가만히 있는 그런 사람에게 나의 큰 사업을 맡길 수 없네."

절대로 돈이 사람을 지혜롭게 만들지 못합니다. 돈으로 지혜를 살 수도 없습니다. 또한 반드시 지혜가 있어야 부자가 되는 것도 아닙니다. 그러므로 우리는 각자 하나님으로부터 받은 달란트와 은사를 귀히 여기고, 그것으로써 하나님을 영화롭게 하는 삶을 살아야겠습니다.

당신은 자신의 달란트를 잘 활용하고 있습니까?

> "자기의 죄를 숨기는 자는 형통치 못하나 죄를 자복하고 버리는 자는 불쌍히 여김을 받으리라" 잠 28:13

11월 30일

일본에 다카바다라는 유명한 학자가 있었습니다. 그는 기독교에 들어와서 진실한 신앙생활을 하였습니다. 그러다가 우연히 마르크스의 〈자본론〉을 읽고 신앙을 버렸습니다. 그런 중에 그는 결핵에 걸려 끝내 회복하지 못했습니다. 죽을 때가 가까워 오자 그는 성경과 찬송을 찾아서 큰 소리로 찬송을 부르고 눈물을 흘리며 성경을 읽기 시작했습니다. 세상 떠날 시간이 임박해 그의 얼굴은 눈에 띄게 환해졌습니다. 옆에 있던 친구가 물었습니다. "자네는 어디로 가는가?"

"나는 하나님께로 가네. 모든 과거의 불신앙을 청산하고 하나님께 부끄러움 없이 간다네."

이렇게 말하고는 고요히 세상을 떠났습니다.

하나님 앞에 죄를 감추거나 변명하지 않고 고백하고 회개하면 하나님께 용서받고 불쌍히 여김을 받습니다. 그러나 자기의 죄를 인정하지 않고 온갖 변명을 하며 타당화시키는 사람은 버림을 받습니다. 회개하지 않으면 하나님께 버림 받지만, 회개하면 죄 사함의 은혜를 받습니다. 그러므로 우리는 살아가면서 짓는 크고 작은 죄와 허물을 감추지 말고, 타당화시키지 말고, 자복하고 회개해야 합니다. 그리고 성령의 도우심을 받아 그 죄를 버리고 새로워져야 합니다.

 당신은 매일 새 사람으로 변화되는 삶을 살고 있습니까?

잠언으로 여는 365일

12월

"고운 것도 거짓되고 아름다운 것도 헛되나 오직 여호와를 경외하는 여자는 칭찬을 받을 것이라"
(잠언 31:30)

 **"항상 경외하는 자는 복되거니와 마음을 강퍅하게 하는 자는 재앙에 빠지리라"** 잠 28:14

12월 1일

어느 날 런던의 한 클럽에서 문학인들이 만나 역사에 빛나는 사람들에 관해 이야기를 나누게 되었습니다.

그들 중 하나가 "만일 밀턴이 지금 이 방안으로 들어온다면 어떻게 하시겠습니까?"하자 "그가 살아있는 동안 제대로 인정받지 못한 것을 생각해서라도 열렬하게 환영해 주고 싶은데"라고 대답들을 했습니다. "셰익스피어가 온다면요?"라는 물음에는 "그에게 모두 일어나 영광의 관이라도 씌워주고 싶다"라고 했습니다. 그러자 이번에는 이렇게 물었습니다. "그러면 예수 그리스도가 걸어 들어오신다면 어떻게들 하시겠습니까?" 모두들 골똘히 생각하고 있을 때 한 사람이 이렇게 말했습니다. "우리 모두가 그 발 앞에 엎드려 얼굴을 땅에 대고 경배드려야 할 것입니다."

'항상 경외하는 자'는 언제나 마음속에 하나님을 경외하고, 무엇을 하든지 하나님을 생각하고, 하나님께 거슬리거나 섭섭하게 하거나 노하게 할까 하여 두려워하는 사람입니다. 이러한 사람은 늘 하나님의 뜻대로 살려고 애쓰며 죄악을 멀리함으로 복을 받습니다. 그러나 강퍅한 사람은 언제나 마음이 완악해서 하나님 앞에 순종하지 않고, 자기 마음대로 행하며, 고집을 피우고, 회개할 줄 모릅니다. 그러므로 이러한 사람은 자신의 그 강퍅한 마음으로 인해 재앙에 빠지게 되는 것입니다.

 당신은 예수 간 하나님을 경외하고 있습니까? 혹 마음을 강퍅하게 하지는 않았습니까?

> "무지한 치리자는 포학을 크게 행하거니와 탐욕을 미워하는 자는 장수하리라"   잠 28:16

12월 2일

알렉산더 왕이 이끄는 군대가 페르시아와 싸우기 위해 전진하고 있었을 때의 일입니다.

군인들은 패전을 결심이라도 한 듯 힘없이 행군을 하고 있었습니다. 그때 알렉산더 왕은 그 이유를 재빠르게 알아차렸습니다. 군인들은 여러 전투에서 얻은 노획물들을 몸에 잔뜩 지니고 있었던 것입니다. 이에 군인들의 행군을 잠깐 멈추게 한 알렉산더는 노획물들을 모두 모아 불태울 것을 명령했습니다. 이 명령에 군인들은 심한 불평을 늘어놓았지만, 결국 그렇게 함으로써 페르시아와의 전투에서 승리할 수 있었습니다.

어리석은 통치자는 탐심이 가득하여 욕심을 채우기 위해 권력을 유용하며, 선정을 베풀지 못하고 폭력으로 일을 처리합니다. 그러므로 민심을 잃고, 항상 암살과 반역의 두려움을 떨치지 못하며, 권좌에서 물러난 후에도 악명을 남기게 됩니다. 그러나 탐욕을 갖지 않고 청렴하게 살며 사심없이 백성을 다스리는 통치자는 하나님께서 지켜주시고 백성들이 따르므로 장구히 통치하게 되는 것입니다.

당신은 솔선수범하는 리더입니까?

"사람의 낯을 보아주는 것이 좋지 못하고 한 조각 떡을
인하여 범법하는 것도 그러하니라"   잠 28:21

12월 3일

송나라 때 어느 재상의 이야기입니다. 한 사람이 보석을 들고 재상을 찾아갔습니다. 어렵게 구한 값비싼 보석을 뇌물로 바치려는 것이었습니다. "이 보석은 쉽게 구할 수 없는 희귀한 보석입니다. 재상님께 드리려고 가져왔으니 받아주십시오."

그러자 재상은 대답했습니다. "나에게도 그에 못지 않은 보석이 있습니다. 이런 값비싼 보석을 보고도 탐낼 줄 모르는 내 마음입니다. 만약 내가 그대의 보석을 받게 되면 그대도 값비싼 보석을 잃게 되고, 나도 내 마음의 보석을 잃게 되니, 어서 도로 가져가십시오. 나는 내가 가진 보석으로도 충분합니다." 라고 말하며 보석을 가지고 온 사람을 돌려보냈다고 합니다.

'사람의 낯을 보아주는 것'은 차별 대우하는 것을 말합니다. 혈연, 지연, 학연 등의 관계를 통해 연줄을 댄 사람이라 해서 보아주는 것은 하나님께서 좋아하시지 않습니다. '한 조각 떡을 인하여 범법하는 것'도 이와 한가지입니다. '한 조각 떡'은 적은 뇌물을 가리킵니다. 뇌물을 받고 눈감아 주는 것 역시 하나님께서 좋아하시지 않는 범법 행위인 것입니다. 이러므로 재판을 하거나 어떤 일을 결정하고 처리하는 데 있어서 우리는 반드시 공평하고 의롭고 정직하며 적법하게 하여야 하는 것입니다.

당신은 악한 유혹으로부터 당신의 마음을 잘 지키고 있습니까?

> "사람을 경책하는 자는 혀로 아첨하는 자보다 나중에
> 더욱 사랑을 받느니라" 잠 28:23

12월 4일

중국 초나라에 장왕(莊王)이라는 임금이 있었습니다. 장왕은 많은 횡포를 자행하여 어떤 신하도 감히 직언을 하지 못했습니다. 이런 장왕에게는 부왕 때부터 모시던 오자라는 충신이 있었습니다. 그가 임금께 충고하기를 "왕은 어릴 때 매우 영특하여 모든 백성이 환영하였는데, 왕위에 오르신 후엔 이처럼 횡포가 심하시어 옳은 말로 간하는 사람들까지 참하시니 나라가 위태롭습니다. 돌이키시기를 바랍니다."라고 간하였습니다.

이때 장왕은 "어찌하여 자기가 죽을 줄도 모르고 간하느냐? 어리석은 자로다."라고 비웃었습니다. 그러자 오자는 "왕이야말로 어리석은 왕입니다. 후세에 역사를 기록하여 남기는 이들이 왕의 어리석음을 기록할 것입니다."라고 하였습니다. 이때 장왕은 오자의 충언을 듣고 크게 깨달아 좋은 왕이 되었습니다.

잘못을 지적하고 꾸짖어 주어서 이익이 될 것은 하나도 없습니다. 그럼에도 불구하고 경책하는 것은 사랑과 충정으로 해주는 것입니다. 그러므로 정말로 훌륭하고 큰 사람은 책망을 받을 때에 겸손하게 받아들이고 회개하며 감사해 합니다. 그리고 자신을 책망해 준 사람을 은인으로 여기고 더욱 존경합니다.

이에 우리는 잘못을 지적받을 때 기꺼이 받아들이고, 꾸짖어 준 사람에게 감사해야겠습니다.

 당신은 지우의 충고를 즐겁게 받고 있습니까?

> "가난한 자를 구제하는 자는 궁핍하지 아니하려니와 못 본체 하는 자에게는 저주가 많으리라"   잠 28:27

12월 5일

미국 캔자스 주의 작은 마을에 채프먼 부부가 살고 있었습니다. 한번은 그의 아들 윌버가 자신에게 용돈을 준 탄넬 씨에게 다음과 같은 편지를 써보냈습니다.

"저희 마을에는 한센병 환자들이 많아요. 저는 아저씨가 준 3달러로 새끼돼지를 사서 키우려고 합니다. 이 돼지를 팔아 한센병 환자 가족들을 도우려고 합니다."

소년은 열심히 돼지를 키웠습니다. 마을의 꼬마들도 관심을 갖고 함께 돼지를 키웠습니다. 소년은 이듬해 돼지를 팔아 한센병 환자 가족을 도왔습니다. 그런데 이 사실이 한 신문에 소개되면서 많은 사람들이 돼지저금통을 만들어 이웃을 돕기 시작했습니다. 이것이 최초의 돼지저금통입니다. 그 때부터 소년들은 군것질할 것을 아껴 저금통에 넣었습니다. 그리고 이 돈을 한센병 환자의 구제에 사용했습니다.

가난한 사람을 도와주는 것은 하나님께 꾸어 주는 것입니다.
물론 모든 구제에 하나님께서 갚아 주시는 것은 아닙니다. 정치적인 목적으로, 자신의 우월성을 나타내기 위해서, 체면 때문에 구제하는 것은 효과가 없습니다. 오직 주님의 영광을 위해서 예수님의 이름과 사랑으로 도와주는 것만이 하나님 보시기에 의미 있고 갚아 줄 만한 구제인 것입니다.

혹시 자신의 이익을 위해서 구제를 베풀지는 않았습니까?

> "자주 책망을 받으면서도 목이 곧은 사람은 갑자기 패망을 당하고 피하지 못하리라" 잠 29:1

12월 6일

몇 년 전, 어떤 여자가 죽을 병에 걸린 적이 있었습니다. 그때 그 여자는 이웃에 사는 기독교인에게 이런 맹세를 했습니다.

"만일 하나님께서 내게 새로운 생명을 허락하신다면 앞으로는 전혀 딴 사람이 되겠습니다. 애들을 교회에 데려가고 또 하나님께서 원하시는 방식대로 자라도록 하겠습니다."

그 후 그녀는 완전히 회복되었으며 몇 개월 동안은 맹세를 잘 지켜 나갔습니다. 그러나 점차 시간이 흐르면서 다시 옛날의 생활방식으로 돌아가기 시작하였습니다. 그러던 어느 날, 옛 친구와 어울려 차를 몰고 가면서 술을 조금씩 마신 것이 원인이 되어 커다란 교통사고를 내고야 말았습니다.

부모가 자식을 기를 때, 자식이 한 번 잘못했다고 해서 회초리를 들지는 않습니다. 여러 번 책망을 하고 난 다음에도 자식이 그 책망을 무시하고 여전히 자행 자지하면, 그때는 회초리를 들고 종아리를 때리는 것입니다. 이처럼 하나님께서도 오래 참으십니다. 하지만 일단 깨닫게 하시고자 때리시면 감당할 수 없습니다. 하나님께서는 때리시기 전에 회개의 기회를 주십니다. 그것이 하나님의 자비입니다. 그러나 회개하지 않고 완고하면 파멸의 날이 다가오는 것입니다. 반면 마음이 깨어지고 회개하는 사람은 주님께서 용서하시고 회복시켜 주십니다.

 당신은 하나님의 뜻을 알기 위해 항상 노력하고 있습니까?

> "이웃에게 아첨하는 것은 그의 발 앞에 그물을 치는 것이니라"
> 잠 29:5

12월 7일

어느 날 까마귀가 치즈 한 조각을 훔쳐서 그것을 조용히 먹으려고 숲 속으로 날아갔는데, 마침 여우가 지나가다가 나무 위를 쳐다보았습니다. '그 치즈, 냄새도 좋다. 저것을 꼭 빼앗아야지.' 여우는 나무 가까이 와서 까마귀에게 말을 건넸습니다.

"마나님, 당신은 참으로 아름다운 짐승이올시다. 나는 당신이 이렇게 아름다움을 소유하고 있다는 것을 몰랐습니다. 그런데 참, 마나님의 음성도 아름답겠지요? 만일 그러시다면 마나님은 조류의 여왕으로 불림이 당연합니다. 어려우시지만 노래 한 곡조 불러 주시렵니까?" 까마귀는 자기의 노래를 여우에게 들려주기 위하여 입을 열었습니다. 순간 치즈 조각이 땅에 떨어지고 말았습니다. 여우는 그 치즈를 한입에 삼켜 버리고 유유히 사라졌습니다.

칭찬과 아첨은 틀립니다. 칭찬은 정당하게 잘 하는 것에 대해서 인정해 주는 것입니다. 이에 비해 아첨은 상대방에게 잘 보이기 위해서 마음에 들 만한 말로 꾸며서 말하는 것입니다. 칭찬은 사기를 북돋우어 주고 힘과 용기를 주므로 많이 해주는 것이 좋습니다. 그러나 아첨은 그 사람의 발 앞에 그물을 치는 것과 같습니다. 아첨하는 말을 듣다 보면 판단력이 흐려지며, 결국 그물에 걸려 망하게 되는 것입니다.

 세상 사람이 아닌 오직 주나님께만 칭찬을 받기 위해 노력하십니까?

> "의인은 가난한 자의 사정을 알아주나 악인은 알아줄 지식이 없느니라" 잠 29:7

12월 8일

유명한 프랑스 외과의사가 추기경의 수술을 하도록 부름을 받았습니다. 추기경은 의사가 들어오자 말했습니다.

"당신은 병원에서 불쌍하고 가엾은 사람들을 다루는 것처럼 나를 다루려고 해서는 안된다는 것을 아셔야 합니다."

그러자 의사는 진지한 표정을 하며 이렇게 대답했습니다.

"추기경님께서 즐겨 지칭하는 그 '불쌍하고 가엾은 사람들' 한 사람 한 사람이 모두 제가 보기에는 추기경입니다."

예수님을 믿고 하나님을 사랑하는 의인은 모든 사람을 하나님께서 지으셨다는 것을 알기 때문에 다른 사람의 인권을 존중하고, 다른 사람의 사정을 알아줍니다. 가난하고 헐벗고 굶주린 사람들의 사정을 이해하고 힘닿는 대로 도와줍니다. 그러나 자기만 알고 자기의 욕심만 챙기는 악인은 다른 사람의 사정을 알아주기는커녕 오히려 그들을 이용하고 짓밟고 학대합니다. 옆에서 사람이 고통받고 죽어 가는데도 전혀 돌아보지 않고 무관심합니다. 그렇기 때문에 이 세상은 악인이 없어지고 의인이 많아질수록 공평하고 살기 좋은 세상이 되는 것입니다.

 당신이 만나는 사람들을 그리스도의 사랑을 대하고 있습니까?

> "모만한 자는 성읍을 요란케 하여도 슬기로운 자는 노를 그치게 하느니라"
> 잠 29:8

12월 9일

국경을 접한 상태에서 계속 평화를 유지하고 있는 두 나라가 있습니다. 남미의 아르헨티나와 칠레가 바로 그 경우입니다. 두 나라는 1899년 국경분쟁으로 일촉즉발의 위기를 맞은 적이 있었습니다.

그때 양국의 종교 지도자들이 국민들에게 호소했습니다.

"사랑만이 양국의 평화를 유지하는 길이다. 전쟁과 증오는 후손들에게도 피와 살상을 유산으로 물려줄 뿐이다." 국민들은 양국 지도자들의 호소에 귀를 기울였습니다.

그리고 대포를 녹여 양국의 국경인 안데스산맥에 그리스도의 동상을 세워 다음과 같은 글을 새겨 놓았습니다. "그는 우리의 화평이신지라 둘을 하나로 만드시느니라."

두 나라는 100년이 지난 지금도 평화를 유지하고 있습니다.

'모만한 자'는 만족스럽지 않다고 원망하고 불평하며, 남을 조소하고 모욕하는 사람을 가리킵니다. 이러한 사람은 어느 곳에 가든지 사람들을 동요시키고 파당을 만들어서 분열과 다툼을 조장합니다.

그러나 슬기로운 사람은 노를 그치게 하고 분쟁을 그치게 합니다. 슬기로운 사람은 노를 잠잠케 하고 조용히 문제를 처리함으로 다툼이 그치고 평화가 임하게 되는 것입니다.

당신은 어떤 곳에서든 화평케 하는 자가 되고 있습니까?

> "어리석은 자는 그 노를 다 드러내어도 지혜로운 자는
> 그 노를 억제하느니라"   잠 29:11

12월 10일

어느 날 한 목사님이 분노에 대해서 설교를 했습니다.

예배가 끝나자 한 부인이 목사님께 다가갔습니다. 그 부인은 자기가 성질이 너무 급해서 고민이라며 목사님에게 자기 문제를 고백했습니다. "목사님, 저는 작은 일에 가끔 폭발을 하지만, 그리고 나서는 뒤가 없습니다. 금방 풀어버립니다. 마음에 두고 꽁하고 있지는 않지요. 일분도 안 걸려 그 사람하고 그 자리에서 다 툭툭 털어버리고 끝납니다."

그러자 목사님께서 그 부인의 눈을 들여다보면서 정중히 말했습니다. "엽총도 그렇습니다. 한 방이면 끝나지요. 그러나 한 방만 쏘아도 그 결과는 엄청납니다. 다 박살나지요."

사람은 모두 희노애락의 감정을 가지고 있습니다. 그런데 감정을 느끼는 정도와 표현하는 여부는 사람마다 차이가 있습니다. 어떤 사람은 감정을 즉시 표현하는가 하면, 또 어떤 사람은 감정을 잘 드러내지 않습니다. 희노애락의 감정 중에 기쁨과 즐거움은 표현을 하는지 아니하든지 문제가 되지 않습니다. 그러나 분노는 다툼을 야기하고 평화를 깨뜨립니다. 물론 분노가 일어나지 않을 수는 없으나 분노가 치민다 해서 그대로 표현했다가는 후회할 일만 생깁니다. 그러므로 노를 잘 다스려서 억제하는 사람이 지혜로운 것입니다.

당신은 감정을 표현하기 전에 한번쯤 깊이 생각해 보십니까?

"가난한 자와 포학한 자가 섞여 살거니와 여호와께서는
그들의 눈에 빛을 주시느니라" 잠 29:13

12월 11일

체구도 볼품 없고 지적 능력도 그리 뛰어나지 못한 로마인들이 어떻게 세계를 정복할 수 있었을까. 최근 한국을 찾았던 일본작가 시오노 나나미(鹽野七生)는 이 수수께끼를 풀기 위해 로마인 이야기 집필을 시작했습니다.

수만 장의 원고를 써 내려가면서 그가 찾은 해답은 군사력도 법률도 아니었습니다. '팍스 로마나'의 키워드는 타민족에 대한 관용과 포용정책이었습니다. 다른 민족의 종교와 문화를 존중하면서 나아가 자기들 것으로 흡수하는 흡인력. 이것이 로마의 번영을 불러왔다는 결론입니다.

'눈에 빛을 준다'는 것은 생명을 준다는 말입니다. 이 세상에는 가난한 사람도 있고 가난한 사람을 괴롭히는 포학한 사람도 있습니다. 포학한 사람이 보기에 가난한 사람은 가치가 없는 존재인 것 같고, 가난한 사람이 보기에 포학한 사람은 빨리 죽어서 없어져야 할 존재인 것 같아도, 이들은 모두 하나님께서 생명을 주신 귀한 인격체입니다. 따라서 남녀 노유, 빈부 귀천, 의인과 악인 구별 없이 모든 사람은 똑같이 하나님께 지음 받고 은혜를 받는 평등한 존재인 것이기에 그리스도의 사랑으로 포용해야 할 것입니다.

당신은 당신과 다르다는 이유로 타인을 배척하지는 않았습니까?

> **"악인이 많아지면 죄도 많아지나니 의인은 그들의 망함을 보리라"**
> 잠 29:16

12월 12일

신약성경에 죄를 표현하는 용어 다섯 가지가 있습니다.

첫째, '오페일레마'(opheilema)는 '빚진다'는 뜻입니다. 둘째, '하마르티아'(hamartia)는 '과녁을 맞추지 못했다'라는 의미이며, 셋째, '파랍토마'(paraptoma)는 '미끄러진다'는 뜻이고, 넷째, '파라바시스'(parabasis)는 '선을 넘어간다. 탈선'이라는 뜻입니다. 끝으로 '아노미아'(anomia)는 '불법'이라는 뜻입니다.

결국 죄란 하나님과 우리 사이의 올바른 관계를 맺지 못하게 되는 것을 뜻합니다.

악인은 하나님이 없다고 하는 자입니다. 그러므로 악인은 죄를 많이 짓습니다. 죄의 열매는 죽음입니다. 죄를 많이 지으면 나중에는 죄가 그 사람을 죽여 버리는 것입니다. 따라서 악인의 득세는 영원할 것 같아도 잠시일 뿐이고, 심판의 날에 악인들은 죽음과 멸망을 당하고 맙니다. 그러나 그 날, 의인은 하나님의 구원을 받고 악인들의 최후를 보게 되는 것입니다.

당신은 혹시 악인의 형통함을 부러워한 일은 없습니까?

"네 자식을 징계하라 그리하면 그가 너를 평안하게 하겠고 또 네 마음에 기쁨을 주리라" 잠 29:17

12월 13일

어느 날 유명한 부흥사인 무디에게 어떤 여자 교인 한 사람이 찾아와서 이렇게 말했습니다.

"제가 아무리 범죄해도 하나님은 저를 그대로 놔두시데요. 그러므로 하나님은 계시지 않는 분이신 것이 분명해요."

이 이야기를 듣고 있던 무디는 그 여인을 지그시 바라보면서 이렇게 이야기했습니다.

"부인! 부인은 지금 부인이 스스로 그리스도인이 아니라는 사실을 증명하고 있습니다."

"왜요? 제가 교회를 얼마나 오래 출석했는데요."

무디는 다시 이렇게 말했습니다.

"당신이 그리스도인이라면 하나님은 당신을 그대로 놔두지 않았을 것이오."

옛말에 '엄하게 키운 자식이 훗날에 효도한다.' 는 말이 있습니다. 자식을 키울 때, 잘한 것은 칭찬해 주고 잘못한 것은 징계하며, 말로 꾸짖어서는 안되면 채찍으로 때려서라도 바른 길로 가도록 교육시켜야 합니다. 이렇게 잘 교육시켜 놓으면, 훗날 자식이 장성한 후에 부모에게 감사하게 생각합니다. 그리고 올바른 인생 길을 가며 부모에게 효도하여 부모를 편안하고 기쁘게 해 주는 것입니다.

당신은 하나님과 부모님께 영광을 돌리는 그리스도인입니까?

> "묵시가 없으면 백성이 방자히 행하거니와 율법을 지키는 자는 복이 있느니라" 잠 29:18

12월 14일

어떤 목사님이 어느 큰 병원의 책임자인 의사에게 순종의 의미를 다음과 같이 설명했습니다. "여러 환자들 중에 어떤 환자는 그를 위한 특별 처방이나 지시에 순종하여 열심히 따르고자 하는 데 비하여, 어떤 환자는 '당신이 내린 처방 중에 어떤 것은 따르겠지만 그렇지 않은 것들은 내 자신의 생각에 따라 행동하겠소' 라고 한다면 이런 경우를 어떻게 다루어 나가겠소?" 하고 물었습니다. "환자가 의사가 내린 처방들을 성실하게 따르지 않는데 내가 그를 위하여 무슨 일을 할 수 있겠습니까?" 목사님은 그의 대답을 듣고 조용히 말을 이었습니다. "헌신도 이와 마찬가지입니다. 어떤 거짓됨이나 조건 없이 자신의 모든 것을 전적으로 내어 맡기고 하나님의 진리의 말씀에 절대 복종해야 합니다."

'묵시가 없다'는 것은 '하나님에 대한 계시가 없다, 하나님에 대한 깨달음이 없다'는 말입니다. 하나님이 계신 것을 알고 마음 속에 깨달음이 있는 사람은 방자히 행하지 못합니다. 하나님의 법을 깨달은 만큼 방자한 행위를 버리고 경건한 삶을 살게 되는 것입니다. 하나님의 법은 하나님의 뜻을 담고 있으며, 거룩하신 주님의 형상대로 닮아 갈 수 있는 지침을 제시해 줍니다. 그러므로 우리는 하나님의 법을 삶의 지침으로 삼고 우리의 삶 가운데 지킴으로써 하나님의 성품으로 변화되어야 합니다.

당신은 우리 삶의 지침이 되는 하나님의 말씀에 온전히 순종하는 삶을 살고 있습니까?

> "사람이 교만하면 낮아지게 되겠고 마음이 겸손하면 영예를 얻으리라"
> 잠 29:23

12월 15일

어느 날, 아브라함 링컨 대통령이 백악관 현관에서 직접 구두를 닦고 있었습니다. 이때 그 옆을 지나가던 비서가 깜짝 놀라며 말을 꺼냈습니다.

"각하, 이게 어찌된 노릇입니까?"

"어찌된 노릇이라니?"

"일국의 대통령이 존귀하신 몸으로서 천한 사람이나 하는 구두닦이를 손수 하시다니 이게 될 법한 일입니까?"

그러자 대통령이 대답했습니다. "제임스군, 자기 구두를 자기 손으로 닦는 것이 당연한 일이지, 이게 무슨 잘못된 일이란 말인가? 또 구두를 닦는 일은 천한 일이라고 했는데, 그것은 잘못된 생각일세. 대통령도 구두닦이도 다 같이 세상을 위해 일하는 사람들이야. 어찌 구두닦이를 천하다고 할 수 있겠는가?"

교만한 사람은 실족하고 멸망하여 낮아지지만, 겸손한 사람은 하나님께서 높여 주심으로 말미암아 존귀와 영광을 얻게 되는 것입니다. 그러므로 우리는 하나님 앞에 자신을 낮추고, 또한 남을 자신보다 낫게 여기고 섬기는 겸손한 사람이 되어야겠습니다.

당신은 그리스도의 겸손을 본받고자 노력하고 있습니까?

> "사람을 두려워하면 올무에 걸리게 되거니와 여호와를 의지하는 자는 안전하리라"
> 잠 29:25

12월 16일

어느 위대한 왕이 궁전을 지었습니다. 궁전의 벽들을 수백 개의 거울로 덮었습니다. 그 궁전은 참으로 아름다웠습니다.

어느 날 밤 우연히 개 한 마리가 길을 잘못 들어 궁전으로 들어갔습니다. 개는 사방을 둘러보았습니다. 수백 마리의 개를 본 이 개는 너무나 겁이 났고 무서웠습니다. 어찌나 겁이 났는지 개는 들어온 문이 어디 있는지를 까맣게 잊어버렸습니다. 수백 마리의 개가 사방에 있으니 틀림없이 죽음을 당할 터였습니다. 개가 짖기 시작했더니 수백 마리가 따라서 짖기 시작했습니다. 개가 공격할 자세를 취하니 수백 마리의 개가 역시 공격할 자세를 취하였습니다. 개는 벽들을 향해 덤벼들었습니다.

아침에 보니 개가 죽어 있었습니다. 그리고 그곳에는 개 한 마리 이외에 아무것도 없었습니다.

누구나 두려움을 갖고 있습니다. 그리고 두려움으로 말미암아 그릇된 판단을 할 때가 많이 있습니다.

그러나 사람을 무서워하거나 사람을 믿고 그 말을 따르면 위험에 빠집니다. 오직 그리스도인은 하나님만을 바라봐야 합니다. 하나님을 경외하고 하나님의 말씀만 믿고 따르면, 아무리 사람들이 욕하고 손가락질하고 멸시하더라도 그 끝에는 평안이 다가오는 것입니다.

 당신은 하나님께서 주시는 평안을 가지고 있습니까?

> "주권자에게 은혜를 구하는 자가 많으나 사람의 일의
> 작정은 여호와께로 말미암느니라" 잠 29:26

12월 17일

위대한 과학자인 아인슈타인 박사가 별들이 빛나는 어느 날 밤 프린스턴 산책로를 따라 걷고 있었습니다. 그리고 아인슈타인은 줄곧 밤하늘을 바라보며 명상에 잠겼습니다. 한참 후 그는 한숨을 쉬며 다음과 같이 말했습니다.

"어쨌든 원자가 저 하늘을 파괴하지는 못해."

인간의 이성과 과학이 아무리 발달해도 하나님의 섭리나 주권을 침해할 수 없습니다. 바벨탑을 쌓던 사람들은 어떻게 되었습니까?

이처럼 인생의 생사 화복은 하나님께 있지 세상의 주권자에게 있는 것이 아닙니다. 세상의 주권자는 하나님께서 권세를 주어 세운 사람일뿐이며, 주권자 중의 주권자로서 절대 주권을 가진 분은 하나님이십니다. 절대 주권자이신 하나님께서는 어떠한 사람의 마음도 움직이시며, 생사 화복을 주고자 하는 자에게 주십니다. 따라서 세상의 주권자에게 은혜를 받아 성공해 보겠다고 탄원하기보다는 그들의 맘을 주관하시고 인도하시는 하나님께 은혜를 구하여야겠습니다.

당신은 전지전능하신 하나님을 온전히 신앙하고 있습니까?

> "나는 다른 사람에게 비하면 짐승이라 내게는 사람의 총명이 있지 아니하니라 나는 지혜를 배우지 못하였고 또 거룩하신 자를 아는 지식이 없거니와"   잠 30:2, 3

12월 18일

한 젊은이가 소크라테스를 찾아왔다.
"선생님, 저는 지혜와 학식을 원합니다." 소크라테스는 그를 데리고 해변으로 가서 물이 허리에 찰 때까지 바닷속으로 들어갔습니다. 그리고 소크라테스는 갑자기 그의 머리를 잡더니 물 속으로 밀어 넣었습니다. 한참 후 소크라테스는 그를 데려다 해변에 눕히고는 돌아왔습니다. 정신을 차린 젊은이가 소크라테스에게 다시 찾아와 그 이유를 묻자 대답 대신 그에게 되물었습니다. "물 속에 있을 때 당신이 가장 갈급했던 게 무엇이었는가?"
"숨을 쉬고 싶었습니다." "자네가 물 속에서 공기를 원했던 것만큼이나 지혜와 학식을 원한다면 그걸 가르쳐 달라고 그 누구에게 물을 필요가 없을 걸세."

사람이 하나님의 계시를 받아 하나님을 알면 알수록 인간의 무능력과 무지를 더 깊이 느끼게 됩니다. 아굴은 하나님께서 지혜를 주셔서 잠언을 전했습니다. 그럼에도 불구하고 아굴은 하나님으로부터 은혜를 받으면 받을수록, 하나님이 너무나 크시고 원대하시고 심오하시기 때문에 그 하나님을 아는 지식이 너무도 미미하다는 것을 깨닫고 자신의 무지를 고백할 수밖에 없었던 것입니다. 그리고 하나님께서는 바로 이러한 사람(겸손한 자)을 들어 사용하시는 것입니다.

당신은 하나님을 알기 위한 갈급한 심령을 가지고 있습니까?

"하나님의 말씀은 다 순전하며 하나님은 그를 의지하는 자의 방패시니라 너는 그 말씀에 더하지 말라 그가 너를 책망하시겠고 너는 거짓말하는 자가 될까 두려우니라"　잠 30:5, 6

12월 19일

로버트 모리슨은 중국에 파견된 개척선교사였습니다.

그가 성경을 중국어로 번역해 가던 중 "그가 나타내심이 되면 우리가 그와 같을 줄을 아는 것은 그의 계신 그대로 볼 것을 인함이니"라는 구절에 이르렀을 때의 일입니다. 함께 번역 작업을 해온 중국인 동료가 말했습니다.

"제 생각으로는 우리나라 사람들은 결코 구세주를 뵙게 될 것이라거나 하나님을 면전에서 맞대어 보게 될 것이라고는 믿지 않을 것입니다. 이 구절의 번역을 다르게 바꾸는 것이 좋을 것 같습니다."

그러자 모리슨이 대답하였습니다.

"사람들에게 하나님의 말씀을 있는 그대로 전하도록 합시다."

순전하다는 것은, 마치 뜨거운 불로 연단하여 찌꺼기를 모두 제거한 금처럼 순수하다는 것입니다. 하나님의 말씀은 순전해서 그 속에 더러운 것이나 잘못된 것이 없습니다. 그러므로 우리가 눈에는 아무 증거 안 보이고, 귀에는 아무 소리 안 들리고, 손에는 잡히는 것 없어도 말씀만 믿고 의지하고 나가면 그 말씀이 참으로 드러나는 것을 체험하게 되는 것입니다. 하나님께서는 말씀을 의지하고 하나님께 나아가는 사람을 모든 시험과 환난에서 지켜 보호해 주십니다.

말씀 가운데서 삶의 지혜를 공급받고 있습니까?

> "나로 가난하게도 마옵시고 부하게도 마옵시고 오직 필요한 양식으로 내게 먹이시옵소서" 잠 30:8

12월 20일

록펠러는 세계적인 부호가 되기까지 쉬는 날도, 이웃도, 친구도 없는 오직 성공에 대한 강한 집념만 갖고 일했기에 차츰차츰 몸은 쇠약해지더니, 피부병과 심한 우울증으로 고통의 나날을 보냈습니다. 더욱 불행한 일은 세계적인 부호인 그가 병으로 인해 식사로는 비스킷 몇 조각과 물 한 모금밖에 먹을 수가 없었던 것입니다. 그러던 그가 어느 목사님을 찾아가 상담을 하던 중 큰 감동을 받게 되었습니다. "그 동안 돈버느라고 잠 못자고 피곤하며, 숱한 스트레스에 정신과 육체가 쇠약해졌으니, 이제부터 남에게 베풀고 섬기는 사람이 되어 보라"고 했습니다. 록펠러는 목사님의 조언에 생각과 마음이 달라져 고아원과 양로원을 세우고, 대학과 불쌍한 자를 위하여 병원도 설립했습니다. 많은 자선단체를 설립했고, 봉사하는 동안 섬기며 베푸는 즐거움이 돈버는 기쁨보다 더 크다는 것을 깨달았습니다. 점차 그의 삶은 기쁨이 넘치는 생활로 변했습니다.

아굴은 너무 부하게도, 가난하게도 하지 말아달라고 합니다. 너무 부하여 하나님을 부인하는 악인의 길을 가지 않도록 해달라고 하면서, 너무 가난하여 도적질이나 비굴한 짓을 하여 하나님의 영광을 가리지 않도록 해달라고 합니다. 그는 하나님의 뜻에 따라 사는 삶 그것이 진실로 가치가 있음을 알았던 것입니다.

 당신은 진실로 가치있는 삶을 살고 있습니까?

"혹 내가 배불러서 하나님을 모른다 여호와가 누구냐 할까 하오며 혹 내가 가난하여 도적질 하고 내 하나님의 이름을 욕되게 할까 두려워함이니이다." 잠 30:9

12월 21일

남미 베네수엘라의 조지 메이슨 씨는 아주 인색한 사업가였습니다. 그의 가게에는 사람이 들어갈 만한 큰 금고가 있었는데 이 사람의 취미는 저녁마다 금고에 들어가 돈을 세어보는 것이었습니다. 그는 그 해 성탄절 대목에 큰돈을 벌었습니다. 크리스마스 이브에 금고에 들어가서 성탄 대목에 들어온 돈을 바라보며 흐뭇해했습니다. 그런데 나가려고 하니 문이 잠겨버렸습니다. 점원들이 이미 퇴근한 후라서 열어줄 사람도 없었습니다. 다행히 비상 구멍이 뚫려 있어서 질식하지는 않았습니다. 26일 아침 직원이 출근해서 금고에 열쇠가 꽂혀 있는 것을 보고 사장을 구출해주었고, 그는 금고에 갇혀서 지옥 같은 시간을 보내며 돈이 전부가 아니라는 것을 깨닫고 새 생활을 시작했습니다.

본절은 세상의 네 가지 악한 무리에 대해 말씀하고 있습니다. 이와 같은 네 부류의 무리는 실로 타락하여 부패한 악인의 모습을 그대로 보여 줍니다. 이들은 자신만 아는 이기주의자요, 바리새인처럼 외식하는 자요, 자신의 바벨탑을 높이 쌓는 자요, 먹이를 찢는 맹수와 다름없는 자입니다. 이들은 악행을 하여 큰 유익을 얻고 형통할 줄 알지만, 이들이 가는 길은 멸망의 길이며, 이들의 결국은 사망입니다.

당신은 이기적이고, 바리새인과 같은 신앙생활을 하고 있지는 않습니까?

> "거머리에게는 두 딸이 있어 다고 다고 하느니라 족한 줄을 알지 못하여 족하다 하지 아니하는 것 서넛이 있나니"
> 잠 30:15, 16

12월 22일

땅에 욕심이 무척 많은 한 노인에게 임금이 말을 타고 해가 질 때까지 달려서 출발했던 지점으로 다시 되돌아오면 그 달려 온 땅을 모두 주겠다고 말했습니다. 이 말에 욕심이 생긴 노인은 새벽부터 저녁까지 달렸습니다. 그리하여 그 넓은 땅을 다 돌았으나 도착하자마자 지쳐서 말에서 떨어져 죽고 말았습니다. 임금은 이 노인의 묘비에 이런 글을 써서 나라 사람이 다 읽을 수 있게 하였습니다.

"이 무덤 속에 있는 사람은 이 나라의 반이나 되는 땅을 차지했다. 그러나 지금 그의 소유는 한 평밖에 되지 않는다."

'거머리의 두 딸'은 거머리의 몸 양끝에 있는 발판을 가리킵니다. 거머리는 그 두 개의 빨판으로 동물의 몸에 착 달라붙어서 계속 피를 빨아먹습니다. 그런데 아무리 빨아먹어도 족한 줄을 모르기 때문에 본 절에서 거머리는 끝없이 욕심을 부리는 탐욕자의 상징으로 표현된 것입니다.

족한 줄을 알지 못하는 인간의 욕심도 다함이 없습니다. 채우고 또 채워도 만족스럽기는 커녕 오히려 결핍증을 느낍니다. 욕심과 행복은 반비례합니다. 욕심이 클수록 불행해지는 것입니다. 그러므로 우리는 세상에 속한 모든 욕심을 버리고 자족하여야겠습니다.

 당신은 현재에 감사하며, 만족하고 있습니까?

> "땅에 작고도 가장 지혜로운 것 넷이 있나니 곧 힘이 없는 종류로되 먹을 것을 여름에 예비하는 개미와"
> 잠 30:24, 25

12월 23일

개미는 이 세상에서 가장 열심히 일하는 곤충으로서 자기 몸무게의 52배나 되는 짐을 운반할 수 있습니다. 또 개미는 사회적 동물로서 어떤 집단은 12마리밖에 안되지만, 어떤 집단은 24만 마리가 넘기도 합니다.

한편 꿀벌에 대한 몇 가지 사실을 생각해보면, 꿀 1파운드를 모으기 위해 꿀벌은 지구 둘레의 세 바퀴 이상에 해당되는 거리를 날아야 합니다. 꽃에서 1파운드의 꿀을 따 모으려면 적어도 20,000번의 여행을 해야 합니다. 꿀 1파운드를 생산하는 데에는 꿀벌 한 마리 당 100,000시간이 걸립니다. 일벌은 기껏 살아야 그 수명이 다섯 주간 내지 여섯 주간뿐입니다. 일벌의 날개는 꿀을 모으는 동안 다 닳아 헤어지게 됩니다. 꿀벌의 수분작용으로 말미암아 채소 및 기타 작물이 30%이상 결실을 맺게 됩니다.

개미는 작고 힘이 없는 곤충입니다. 그러나 뜨거운 햇살도 아랑곳하지 않고 여름내 부지런히 다니면서 먹이를 찾아다가 자기 땅굴 속에 저장해두는 지혜와 주어진 일에 최선을 다하는 열심을 갖고 있습니다. 하나님께서는 보잘것없이 보이는 미물에게도 나름대로 살아갈 수 있는 능력과 지혜를 주셨습니다.

따라서 우리는 이러한 자연을 통해서 하나님의 뜻을 발견할 수 있으며, 삶의 지혜를 배울 수 있는 것입니다.

당신은 맡은 일에 충성을 다하고 있습니까?

> "약한 종류로 되 집을 바위 사이에 짓는 사반과 임군이 없으되 다 떼를 지어 나아가는 메뚜기와 손에 잡힐 만하여도 왕궁에 있는 도마뱀이니라" 잠 30:26-28

12월 24일

펭귄은 참으로 기묘한 새 가운데 하나입니다. 새가 헤엄을 치면서 살아가는 것도 이상하지만, 날개를 나는데 사용하기보다는 헤엄치는 데 사용하는 것이 더 익살스러운 것입니다. 닭이 날개가 있지만 날지 못하고 땅에서만 다니는 것과 비슷합니다.

새는 날아야 하는 것임에도 불구하고 날지 못하는 것은 일종의 처해 있는 환경에 적응하여 그 기능이 퇴화한 것이라고 볼 수 있습니다.

하나님께서는 힘없고 보잘 것 없는 미물에게도 살아갈 수 있도록 지혜를 주셨는데, 하물며 사람은 말할 것도 없습니다. 하나님의 형상과 모양대로 지음 받은 인간은 이 세상 그 어떤 것보다도 지혜롭습니다. 사람에게도 하나님께로부터 처음부터 부여받은 능력과 그에 맞는 기능들이 있습니다. 그럼에도 불구하고 본래의 목적대로 살지 못하는 경우가 많다. 그 이유는 사람이 창조된 원리와 그 목적이 무엇인지를 모르는 무지에서부터 비롯된 것이며, 그 능력을 상실하고 지혜가 어두워지는 것은 죄 때문입니다.

그러므로 우리는 하나님의 피조물 속에 숨겨져 있는 하나님의 지혜를 발견하여 배우며, 항상 죄를 회개하고 돌이켜 우리에게 주신 하나님의 지혜가 어두워지지 않도록 하여야겠습니다.

 당신은 하나님께서 주신 재능을 아름답게 성장시키고 있습니까?

"잘 걸으며 위풍 있게 다니는 것 서넛이 있나니 곧 짐승 중에 가장 강하여 아무 짐승 앞에서도 물러가지 아니하는 사자와 사냥개와 숫염소와 및 당할 수 없는 왕이니라" 잠 30:29-31

12월 25일

미국 에이브러햄 링컨 대통령의 아버지는 제화공이었습니다. 귀족들은 신분이 낮은 제화공 아들이 대통령에 당선된 것이 못마땅했습니다. 그래서 약점 찾기에 혈안이 돼 있었습니다. 링컨이 취임연설을 하기 위해 의회에 도착했을 때 한 늙은 의원이 비아냥거렸습니다. "링컨씨. 당신의 아버지는 한때 내 구두를 만드는 사람이었소. 이곳에 있는 의원들 중 상당수가 당신의 아버지가 만든 구두를 신고 있소. 그런 형편없는 신분으로 대통령에 당선된 사람은 아마 없을 거요." 링컨은 조금도 불쾌한 감정을 나타내지 않고, 잔잔한 미소를 지으며 대답했습니다. "취임연설 전에 아버지를 상기시켜주셔서 감사합니다. 제 아버지는 '구두의 예술가'였어요. 혹시 아버지가 만든 구두에 문제가 생기면 내게 즉시 말씀해주십시오. 제가 잘 수선해 드리지요."

우리는 만왕의 왕이신 하나님의 자녀요, 왕 같은 제사장이라 하면서도 열등감과 좌절감을 가지고 실패자의 모습, 낙오자의 모습을 보일 때가 있습니다. 그러나 우리는 우리의 능력으로 사는 것이 아니라 하나님의 자녀로서 전능하신 하나님께서 주신 능력으로 살아간다는 것을 결코 잊어서는 안 됩니다. 따라서 우리는 하나님을 믿는 자녀로서 긍지를 가지고 당당하게 인생을 살아야 합니다.

당신은 하나님의 백성으로서 당당하게 살고 있습니까?

> "네 힘을 여자들에게 쓰지 말며 왕들을 멸망시키는 일을 행치 말지어다" 잠 31:3

12월 26일

경건한 사람으로 유명한 존 구흐가 그의 생애 마지막인, 필라델피아에서 열린 청년 집회에서 단상에 올라서자마자 이렇게 외쳤습니다. "젊은이들이여, 성결한 생활을 하십시오!"

잠시 침묵이 흐른 뒤 그는 같은 말을 또 반복했습니다.

그러자, 집회에 참석한 사람들은 의아해 하기 시작했습니다. 연사가 똑같은 말을 세 번씩이나 반복하고는 아무 말도 하지 않았기 때문입니다. 그런데 잠시 후 존 구흐는, "젊은이들이여, 성결한 생활을…"하며, 채 말을 끝맺지 못하고 단 위에서 그대로 쓰러지는 것입니다. 이미 늙고 쇠약해진 그는 죽음을 맞이하면서까지 '성결한 삶'을 외친 것이었습니다. 유명한 강연자로서 세계 각지의 젊은이들에게 '성결한 생활'을 강조해온 그의 과거는 도저히 구원받을 수 없는 방탕의 삶이었습니다. 그러나, 어릴 적 신앙의 뿌리가 그를 붙들었고 결국 그는 다시 하나님 앞에 설 수 있었던 것입니다.

본 절에서 지혜자는 성적 방종에 대해 경고하고 있습니다. 왕이 전력을 다해 국사를 보지 않고 민심을 살피지 않으며 색욕을 좇고 방탕한 생활을 하는 것은 스스로 멸망을 자초하는 것이며, 나라의 쇠퇴를 초래하는 것입니다.

 당신은 앞은 유혹으로 부터 바른 길로 인도하시는 하나님의 도움을 바라고 있습니까?

"르무엘아 포도주를 마시는 것이 왕에게 마땅치 아니하고 왕에게 마땅치 아니하며 독주를 찾는 것이 주권자에게 마땅치 않도다 술을 마시다가 법을 잊어버리고 모든 간곤한 백성에게 공의를 굽게 할까 두려우니라" 잠 31:4, 5

12월 27일

아라비아에 전해지는 이야기입니다.

하루는 악마가 어떤 사람에게 나타났습니다.

"너의 죽을 기간이 닥쳐왔다. 내가 세 가지를 제시할 테니 그 중에 어떤 것이든 한 가지만 실행하면 너는 살 수 있다. 네 어미를 죽이든지 네 누이를 팔든지, 그렇지 않으면 큰 술잔으로 술 열 잔을 먹든지 어느 것이든지 선택하라."

"우리 어머니를 죽여? 내 누이를 팔아? 어떻게 그렇게 악한 짓을 하겠느냐? 내가 술 열 잔을 먹겠다."

그는 술을 먹고 집에 돌아갔으나 술에 취하여 제 누이를 팔았고 나중에는 제 어머니까지 죽였습니다.

술은 판단을 흐리게 합니다. 무엇이 정의이고, 무엇이 악인지 분별할 수 없게 만드는 것입니다.

왕은 한 나라를 주도해 나가는 최고 통치권자입니다. 그런 왕이 술을 마시고 취하면 정의의 법을 잊어버립니다. 그래서 간신들의 아부만 듣게 되고, 그들이 원하는 대로 들어줌으로 말미암아 가난한 국민들은 압제와 착취를 당하여 고통받고 망국의 길로 치닫게 되는 것입니다.

당신은 음주로 말미암아 그릇된 판단을 한 일은 없습니까?

> "너는 벙어리와 고독한 자의 송사를 위하여 입을 열지니라 너는 입을 공의로 재판하여 간곤한 자와 궁핍한 자를 신원할지니라" 잠언 31:8, 9

12월 28일

링컨이 변호사로 일할 때 어떤 사람이 소송사건을 하나 의뢰해 왔습니다. 소송인은 과부에게 받을 6백 달러를 찾게 해 달라고 했습니다. 그러나 링컨은 그 소송이 떳떳하다고 생각하지 않아서 의뢰인에게 이렇게 말했습니다.

"자네를 소송에 이기게 하는 것이 어려운 일이 아니야. 내가 동리 사람들을 모두 이간시키고, 과부와 여섯 자녀를 곤경에 빠뜨려서 자네가 6백 달러를 받게 해줄 수도 있어. 하나 내가 보기에는 그 돈은 자네 못지 않게 그 과부댁에서도 주장할 만한 권리는 있네. 자네 소송은 내가 맡지 않겠네마는 무료로 내가 한마디 충고를 해 주겠네. 자네는 보기에 원기 왕성한 사람 같으니 무슨 다른 방법으로 6백 달러를 벌도록 노력해 보는 것이 좋겠네."

자기 스스로를 잘 변호할 줄 모르는 벙어리 같은 사람이나 아무도 도와주지 않는 힘없는 과부와 고아 같은 사람들의 송사에는 그들의 입장을 대변해 줄 사람이 꼭 필요합니다. 또한 가난하고 힘없고 딱한 처지에 있는 사람은 돈 많고 권세 있는 사람에게 억압받고 착취당하며 억울한 일을 당할 때가 많습니다. 그러므로 이러한 사람들을 신원하고 돌보아 주어야 하는 것입니다.

이렇게 다스리는 왕이야말로 성군이며, 이러한 왕은 온 국민의 추앙을 받고 그 위가 굳건해지는 것입니다.

당신은 혹시 어려운 처지의 이웃을 등한히 하지는 않았습니까?

"누가 현숙한 여인을 찾아 얻겠느냐 그 값은 진주보다 더하니라 그런 자의 남편의 마음은 그를 믿나니 산업이 핍절치 아니하겠으며 그런 자는 살아 있는 동안에 그 남편에게 선을 행하고 악을 행치 아니하느니라" 잠 31:10-12

12월 29일

제스타는 시라쿠사 왕의 누이동생이며 그 나라의 재상인 포리크테나스의 부인입니다. 그런데 왕의 폭정을 보다못한 포리크테나스가 반기를 들어 시라쿠사 왕과 교전했습니다. 그러나 재상은 패배를 하고 외국으로 피신하였습니다.

왕은 잡혀 온 누이동생을 심문했습니다.

"누이여, 너는 네 남편이 도망치는 것을 알고서도 어찌하여 나에게 알리지 아니했느냐?"

"오라버님, 저는 제가 공경하는 남편을 위급하다고 해서 헌신짝처럼 내버리고 일신의 편안을 누릴 그런 몹쓸 사람은 아닙니다. 저는 편히 앉아서 폭군의 누이동생이라고 불리기보다는 차라리 외딴 마을에서 사는 한이 있더라도 의인의 아내라고 불리고 싶습니다." 이 말을 들은 왕은 포리크테나스 부부의 죄를 용서해 주고 자기도 죄를 회개하여 어진 왕이 되었습니다.

여기서 '여인'은 아내를 가리킵니다. 현숙한 아내는 깊은 이해심과 부드러운 마음과 큰사랑으로 남편을 내조하며 살림을 알뜰히 합니다. 그리고 이러한 여인은 남편을 잘 내조하여 남편으로 하여금 안정과 힘을 얻고 사회에 나가서 성공할 수 있게 해줍니다. 그러므로 현숙한 아내는 참으로 귀하고도 귀한 보배와 같은 것입니다.

 당신은 외모로 여성을 판단하고 있지는 않습니까?

> "그 자식들은 일어나 사례하며 그 남편은 칭찬하기를 덕행 있는 여자가 많으나 그대는 여러 여자보다 뛰어 난다 하느니라" 잠 31:28, 29

12월 30일

영국의 유명한 정치가 디즈레일리는 독신으로 지내다가 35세가 되었을 때 15세나 연상인 어느 과부와 결혼했습니다. 하지만 이는 결혼 역사상 가장 행복한 결혼이었습니다.

미모의 여인이었기 때문일까요? 아닙니다. 그녀는 아름답지도 않았고, 재주도 없었습니다. 그러나 결혼생활에서 가장 중요한 한 가지만을 갖추고 있었습니다. 그것은 곧 사람을 다루는 기술과 존경심이었습니다. 그녀는 남편이 정치관계로 이 사람 저 사람에게 시달리다가 기운이 쇠진하여 집으로 돌아오면 반가이 맞아주고 존경했습니다. 그리하여 연상의 아내인 자기와 가정에서 지내는 시간이야말로 이 세상에서 가장 행복한 시간으로 알게 했습니다. 남편의 사랑은 아내의 신임을 얻기에 충분했습니다. 이렇게 30년을 함께 살았습니다. 그리고 디즈레일리는 다음과 같이 말했습니다. "결혼생활 30년에 아내 때문에 마음 상했던 적이 한 번도 없었다."

지혜, 근면, 성실, 사랑의 실천과 희생 등 인생을 올바로 사는데 꼭 필요한 미덕을 자신의 삶을 통해 가르친 현숙한 여인은 온 가족의 존경과 찬사를 받습니다. 그리고 이렇게 지혜롭고, 현숙한 여인이 되는 길은 바로 하나님과 동행하는 삶에서 비롯되는 것이기도 합니다.

 많은 양이함으로 실수했던 일을 적어봅시다.

"고운 것도 거짓되고 아름다운 것도 헛되나 오직 여호와를 경외하는 여자는 칭찬을 받을 것이라 그 손의 열매가 그에게로 돌아갈 것이요 그 행한 일을 인하여 성문에서 칭찬을 받으리라"   잠 31:30, 31

12월 31일

1517년 '95개 조항의 항의문'을 부착하면서 종교개혁을 시작한 마틴 루터는 강력한 도전과 위협을 받으면서 수심에 잠겨 고민했던 일이 있었습니다. 실망에 빠져 있는 루터를 본 그의 아내는 아무 말 없이 검은 상복을 입고 루터 앞에 나타났습니다. 루터는 "누가 죽었기에 상복을 입었소?" 하고 아내에게 물었습니다. 그러자 아내 카타리나는 "하나님이 죽지 않고서야 당신이 그렇게 실망을 할 리가 없지않아요?"라고 했습니다. 이렇게 상징적인 행동으로 루터의 아내는 남편의 영적 시련을 격려했습니다.

얼굴이 곱고 외모가 아름다운 것은 참 좋습니다. 그러나 외적인 아름다움은 세월이 흘러가면 다 사라져 버리고 맙니다. 그러나 내적인 아름다움은 세월이 흘러갈수록 빛이 납니다. 마음이 곱고 아름다운 여인은 날이 갈수록 그 진가가 드러나므로 남편의 사랑을 받고 주위 사람들의 칭찬을 받습니다.

또한 본문에서는 무엇보다 '하나님을 경외하는 것이야말로 인생에 있어서 최상의 성공을 보장해 주는 것'이라는 교훈을 줍니다. 그러므로 우리는 예수 그리스도를 믿고 하나님을 경외하여 하나님의 참 지혜를 얻고 성공적인 인생을 살아야겠습니다.

당신은 남편(혹은 아내)로서 배우자를 격려하며 칭찬하고 있습니까?